성자가 된 청소부

산다는것과 초월한다는것

바바 하리 다스, 1986년 봄 캘리포니아 오린다에서

눈을 뜨면 멀리 히말라야의 영봉이 만년설에 뒤덮여 있고, 그 산의 밀림 속으로 수행과 진리 발견, 신과의 만남을 위해 걸어들어가는 고독한 수도승을 바라보면서 그는 경외감과 신비에 젖은 채 어린 시절을 보냈다. 반면에 주위의 현실로 눈을 돌리면, 가난과 욕망과 고통으로 얼룩진 삶이 그를 에워싸고 있었다. 집착과 고통의 생활, 그리고 그것을 초월하여 멀리서 은은히 빛나고 있는 신과 진리의 세계, 이 두 세계는 어린 그에게 많은 영향을 끼쳤다. 속세를 떠나지 않고 삶을 통해 우리가 마음의 평화를 얻는 길은 없을까? 여기 그가 쓴 일곱 편의 글은 온갖 역경을 거쳐 비로소 자기 내면에 신이 존재한다는 사실을 깨닫고 생의 집착에서 해방되어 마음의 평화를 얻은 사람들의 이야기다.

성자가 된 청소부
산다는것과 초월한다는 것

바바 하리 다스 | 류시화 옮김

정신세계사

옮긴이 류시화는 시인이자 번역가이다. 시집으로 『그대가 곁에 있어도 나는 그대가 그립다』 『외눈박이 물고기의 사랑』과 엮은 시집 『지금 알고 있는 걸 그때도 알았더라면』이 있으며, 산문집 『삶이 나에게 가르쳐 준 것들』 인도여행기 『지구별 여행자』, 『하늘호수로 떠난 여행』 등이 있다. 이밖에 『그곳에선 나 혼자만 이상한 사람이었다』 『나는 왜 너가 아니고 나인가』 『달마』 『우주심과 정신물리학』 『성서 속의 붓다』 등 인간의 의식 탐구와 영적 진화에 관한 많은 책들을 번역해 왔다.

성자가 된 청소부
Sweeper to Saint

바바 하리 다스(Baba Hari Das) 짓고 류시화 옮긴 것을 정신세계사 정주득이 1998년 9월 28일 고쳐 펴내다(제2판). 제1판은 1988년 7월 25일 펴내다. 정신세계사의 등록일자는 1978년 4월 25일(제1-100호), 주소는 03785 서울시 마포구 성산로4길 6 2층, 전화는 02-733-3134(대표전화), 팩스는 02-733-3144, 홈페이지는 www.mindbook.co.kr, 인터넷 카페는 cafe.naver.com/mindbooky 이다.

2024년 9월 24일 박은 책(제2판 제28쇄)

ISBN 978-89-357-0114-8 03840

침묵의 성자 바바 하리 다스

지난 30년 동안 침묵을 지켜온 인도의 성자가 있다. 그의 이름은 바바 하리 다스(Baba Hari Das)— 그는 말을 하지 않고, 언제나 작은 칠판에 글을 써서 자신을 찾아오는 사람들에게 진리의 메시지를 전한다. 그가 칠판에 쓰는 내용들은 장황한 설교나 긴 설명이 아니라, 짧은 경구(警句), 한 마디의 핵심, 평생을 두고 간직할 만한 소중한 이야기들이다. 그리고 어떤 글을 쓰든지 그의 칠판은 침묵의 메시지를 담고 있다. 그 칠판은 차츰 전세계에 알려져, '바바 하리 다스의 칠판'으로 유명해졌다. 바바 하리 다스의 칠판에 씌어진 글들은 소중히 모아져 여러 권의 책으로 출판되었다.

바바 하리 다스는 북인도 히말라야 지방에서 태어났다. 눈을 뜨면 멀리 히말라야의 영봉이 만년설에 뒤덮여 있고, 그 산의 밀림 속으로 수행과 진리 발견, 신(神)과의 만남을 위해 걸어들어가는 고독한 수도승들을 바라보면서 그는 경외감과 신비에 젖은 채 어린 시절을 보냈다. 반면에 현실로 눈을 돌리면, 가난과 욕망과 고통으로 얼룩진 삶이 주위에 가득했다. 가난하고 비참한 인도의 생활, 그리고 그것을 초월하여 멀리서 빛나고 있는 신과 진리의 세계 — 이 두 세계는 어린 바바 하리 다스에게 많은 영향을 끼쳤다.

그리하여 그는 열두 살에 집을 떠나서 밀림 속의 고행자들과 함께 생활을 시작하였다. 그 이후 지금까지 그는 평생을 요가 수행자로 살아왔다. 1953년부터 그는 모우니 사드후(mauni sadhu), 소위 '침묵의 수행자'가 되어 현재까지 완벽한 침묵 속에 가르침을 펴오고 있다. 왜 말을 하지 않느냐는 질문에 그는 "말다툼을 피하기 위해서"라고 농담 섞인 대답을 하곤 한다.

인도에서 바바 하리 다스는 엄격한 고행과 수도생활을 거친 다음 몇 곳의 명상센터를 운영하는 한편, 아름다운 사찰과 건물들을 설계하고 건축도 했다. 그러다가 제자들의 권유로 1971년에 미국으로 건너가 캘리포니아 산타크루즈에서 삶의 의미를 찾는 많은 사람들과 매주 모임을 갖기 시작했다. 물론 이 자유토론에서도 바바 하리 다스는 말을 하는 대신 허리춤에 매어 갖고 다니는 작은 칠판에 글을 써서 대답한다.

요가를 가르치거나 대화를 하지 않을 때면 바바 하리 다스는 글을 쓴다. 어린이들을 위한 감동적인 동화나 어른들을 위한 단편소설, 희곡, 요가에 대한 논문, 자연과 존재의 의미에 대한 수필 등을 여러 권 썼다. 그가 쓰는 문장에는 군더더기가 없다. 오랜 침묵 생활을 통해 그는 가능한 한 짧은 말로 깊은 내용을 전달하는 뛰어난 재능을 키웠다.

이 책에 실린 주옥 같은 글들은 북인도 히말라야 지역에서의 자신의 생활체험을 바탕으로 씌어진 그의 대표작품들이다. 하늘과 맞닿은 산봉우리, 깊은 동굴, 그리고 상인과 거지와 농부와 승려와 마술사가 등장하는 각 지역마다의 특색──이 모든 것이 그의 풍부한 상상력 속 뛰어난 구성으로 엮어진다. 그리고 이 글들은 단순한 문학작품이 아니다. 이 작품을 통해 그는 제자들에게 삶의 진리와 깨달음을 가르치고 있는 것이다.

다른 글들에서처럼 바바 하리 다스는 이 작품들을 통해 인생의 깨달음은 그것을 선택하는 사람 모두에게 열려 있음을 생생하게 보여준다. 군더더기 없는 사건의 진행, 험한 인생역정을 누그러뜨리는 듯한 평온한 문체, 감동적인 끝맺음, 문장 속에 스며 있는 침묵들……. 이 모든 것을 통해 바바 하리 다스가 우리에게 보여주고자 하는 바는 다름아닌 '집착에서의 해방'이고, 거기서 얻어지는 '마음의 평화'이다.

굳이 깨달음을 얻은 성자들의 말을 빌리지 않아도 우리의 인생은 고통이다. 그리고 대부분의 고통은 삶의 집착에서 비롯된다. 집착과 고통이 있는 한 마음은 평화롭지 못하다. 그렇다면 생의 집착과 고통에서 벗어나 마음의 평화를 얻을 길은 없을까?

어떤 이는 "마음을 비우라."고 말하고, 어떤 이는 "만물 속에 깃든 신의 모습을 보라."고 가르친다. "사랑을 통한 헌신의 길을 가라."는 가르침도 있다.

그리고 역사 속에는 마음의 평화를 얻은 인물들이 우리를 손짓하여 부르고 있다. 어떤 사람은 고행을 통해서, 금욕과 자기억제와 혹독한 정신수련을 통해서 그 길을 간다. 그 길은 험하고 길다. 그는 세상을 등지고 산으로, 동굴로, 사원으로 떠나 자기 존재의 철저한 완성만을 추구한다.

또 어떤 사람은 신에게 귀의함으로써 그 길을 간다. 종교가 그의 길이다. 그는 신을 섬기고, 신 앞에서 겸허하게 자신을 비움으로써 마음의 평화를 획득한다.

어떤 이는 사랑을 통해 그 길을 간다. 사랑에 자신을 바침으로써 험난한 인생의 강을 건넌다.

그러나 우리는 대부분 그냥 살아간다. 사랑도 하고, 종교도 갖고, 가끔 금욕적인 수행도 하지만 그것을 통해 얻는 마음의 평화는 진정한 것이 아니라, 자기만족이나 환상에 불과하다. 왜냐하면 그같은 행위들이 오히려 더 큰 집착을 안겨주기 때문이다.

그렇다면 속세를 떠나지 않고, 속세에 살면서 삶을 통해 우리가 마음의 평화를 얻는 길은 없을까? 삶의 도피가 아닌 진실하게 부딪치는 삶의 과정을 통해 그 길을 갈 수는 없을까?

여기에 소개하는 바바 하리 다스의 글 일곱 편은 바로 그러한 길을 우리에게 보여주고 있다. 청소부로 태어나 성자가 된 사람, 감자농사를 짓다가 생의 집착에서 벗어난 사람, 온갖 역경을 거쳐 비로소 자기 내면에 신이 존재한다는 사실을 깨달은 사람들의 감동적인 이야기이다. 실로 생을 한 차원 너머에서 바라보는 시선의 결정체(結晶體)이다.

미사여구 없는 평범한 문체, 단순한 구성, 그 너머에서 다가오는 인생의 진리, 그러한 것들이 한데 어울려 감동을 더해주는 여기 바바 하리 다스라는 영적 스승의 글 일곱 편이 당신의 영적 성장에 영원한 동반자가 된다면, 그리하여 복잡한 여러 인생살이를 거치면서 당신 또한 이 글의 주인공들처럼 생의 집착에서 벗어나 '마음의 평화'를 얻게 된다면 이 책을 펴내는 기쁨 또한 클 것이다.

이 책의 원본은 1980년 스리 라마 재단에서 발행한 《Sweeper

to Saint》이다. 그리고 바바 하리 다스의 사상과 가르침을 소개하기 위해 책 끝머리에 간추려 실은 《바바 하리 다스의 칠판에서》는 같은 재단에서 발행한 1982년판 《Silence Speaks》를 사용했다. 스리 라마 재단은 바바 하리 다스의 가르침을 책자로 펴내는 비영리 단체이다.

류시화

차 례

침묵의 성자 바바 하리 다스
5

성자가 된 청소부
12

말랑 사히브의 정체
108

눈먼 시인과 아내
124

연꽃처럼 피어난 영혼
148

내면의 소리
196

진정한 스승
224

깨달음의 동굴
246

바바 하리 다스의 칠판에서
315

성자가 된 청소부

집 안에 갇힌 것이나 왕궁에 갇힌 것이나
마찬가지다. 어느 곳에서나 자유로워지고
싶은 욕망은 한결같다. 완전한 자유를 얻으려면
욕망에서 벗어나야 한다.
이제 나는 평화의 바다에서 마음을 쉬리라.

― 성자(聖者) 자반(St. Jhabban)

자반은 '라니켓'이라는 작은 도시의 청소부 집안에서 태어났다. 인도 사회에서 청소부라고 하면 가장 낮은 천민계급에 속하며, 이들의 직업은 자손대대로 이어진다.

불촉천민[1]이긴 하지만 청소부는 이 사회에서 언제나 큰 역할을 한다. 만일 청소부가 없다면 거리는 잠시도 깨끗할 날이 없을 것이다. 청소부들이 일을 중단하는 날이면 곳곳에 쓰레기가 쌓이고, 오물이 거리로 흘러넘칠 것이다.

그래서 인도에서는 청소부를 '마하타르'라고 부른다. 산스크리트어로 마하타르(mahatar)는 위대한 사람을 가리키는 마하트(mahat)

---

[1] 인도의 세습적 신분제도인 카스트 중에서 가장 낮은 노예계급. 이 계층의 사람들은 집 안에 들어올 수도 없고, 몸이 스치기만 해도 부정을 탄다고 해서 불촉천민이란 이름이 붙었음.

의 최고 높임말이다. 실제로 이들은 매우 위대한 존재이다. 이들의 도움이 없다면 도시든 마을이든 전부가 지옥으로 변했을 것이다. 이들의 힘든 노동 덕분에 사람들은 그나마 천국에서 살 수 있는 것이다.

자반은 라니켓에서 가장 번화한 거리 하나를 청소할 자격을 물려받았다. 자반이 물려받기 전에는 자반의 아버지가 그 일을 했었다. 자반의 아버지는 자반이 열세 살 때 중풍으로 세상을 떠났다.

자반은 아홉 살 때부터 아버지의 청소일을 거들었기 때문에 아버지가 죽었어도 자신이 물려받은 직업이 어떤 성격의 일인지 쉽게 이해했다.

자반에게는 한 살 아래인 어여쁜 여동생이 하나 있었는데, 자반의 아버지는 죽기 전에 그 딸을 바로 옆 구역에서 일하는 청소부 집안의 어린 아들에게 시집을 보냈다. 딸을 시집보내면서 자반의 아버지는 지참금으로 자기 구역에 있는 집 두 채에 대한 청소 권리를 넘겨주었다.

자반은 하루 종일 쉬지 않고 일을 했다. 집집마다 매달 일정한 수고비를 그에게 지불했으며, 매일같이 음식도 주었다. 쓰레기를 치우다 보면 종종 사람들이 입던 옷가지며 부러진 우산, 빈병 등이 생기기도 했다.

음식은 넉넉해서 열 사람이 먹고도 남을 정도였는데, 자반에게는 딸린 식구가 어머니 한 사람밖에 없었다. 여동생은 이미 남편 집안으로 가서 그 집 식구가 되어 일하고 있었던 것이다.

자반의 어머니는 자반이 얻어 오는 음식 중에서 먹고 남는 것으로 돼지를 치기 시작했다. 돼지들은 거리를 청소하는 데에 큰 도움이 되었다. 아침 일찍 자반의 어머니가 돼지막 문을 열어주면 돼지들은 거리로 달려나가 잔뜩 쌓인 쓰레기들을 먹어 치웠다. 이것은 자반이 할 일이 그만큼 덜어진다는 것을 의미했다. 이따금 하수구가 막히면 돼지들이 하수구 속으로 들어가 구멍을 막고 있는 쓰레기더미를 밀어내 주기도 했다.

그러나 자반의 어머니가 돼지를 치는 진짜 목적은 그놈들을 팔아 돈을 모으려는 데에 있었다.

자반은 매달 받은 돈을 쓰지 않고 저금해 두었다. 거기에다 돼지를 판 돈, 부러진 우산과 신발, 옷가지 등을 수선해서 판 돈까지 합쳐 자반은 어느덧 청소부 사회에서 소문난 부자가 되었다.

열여섯 살이 되자 자반은 아름다운 처녀와 결혼할 수 있을 만큼 많은 돈을 모았다.

자반은 그리 잘생긴 편은 아니었다. 작은 키에 뚱뚱했으며, 피부도 검은 편이었고, 코는 뭉툭한 감자코였다. 얼굴에는 마마를 앓은 곰보자국까지 있었으며, 게다가 마마를 심하게 앓아 한쪽 눈이 거의 먼 상태였다. 그러나 돈이 있었기 때문에 청소부 사회에서 가장 아름다운 처녀와 결혼할 자격이 있었다.

하루가 멀다 하고 자반의 어머니는 여러 집으로부터 청혼을 받았다. 저녁에 일을 마치고 돌아오면 자반은 새옷으로 갈아입고서, 청혼을 해 온 처녀의 집으로 초대를 받아서 가곤 했다.

사방에서 청혼이 들어오자 자반은 무척 자랑스러웠다. 자반으로서는 결혼하는 일보다, 그렇게 매일 서로 다른 처녀들을 만나는 일이 더 신이 났다. 처녀의 부모들은 그를 왕자처럼 대접해 주었다.

아들이 어떤 처녀의 청혼도 받아들이지 않자 자반의 어머니는 당연히 걱정이 되었다. 어서 빨리 아들의 결혼을 보고 싶어 안달이 났다. 게다가 돼지들이 급속도로 불어났기 때문에 도와줄 일손이 필요했다.

마침내 자반은 한 처녀의 청혼을 받아들였다. 이웃 도시에 사는 어떤 처녀가 마음에 들어 자반은 그녀와 결혼을 했다. 그런데 막상 결혼을 하고 보니, 신부는 그가 고른 여자가 아닌 다른 여자였다. 이 사실을 알고 자반은 큰 충격을 받았다.

정작 신부로 나타난 처녀는 자반보다 나을 것이 하나도 없었다. 게다가 자반은 처녀의 부모가 지참금으로 많은 돈을 내놓을 줄 알았는데, 그 집안에서는 한푼도 내놓지 않았다. 그제서야 그는 처녀 쪽 부모의 속임수에 넘어간 사실을 깨달았다.

애초에 그가 고른 처녀는 매우 아름다웠는데, 그와 결혼한 여자는 키가 작고 뚱뚱한 데다 살결도 검었다. 그리고 얼굴에는 마마자국까지 있었다. 다만 면사포로 얼굴을 가리고 있었을 뿐이었다.

자반과 신부는 마치 쌍둥이처럼 외모가 비슷했다. 그러나 천성은 매우 달랐다. 자반이 말수가 적고 차분한 반면에, 이름이 줌꼬인 그의 아내는 수다스럽고 기가 센 여자였다.

자반은 도저히 줌꼬하고는 오래 같이 살 수 없을 것 같다는 생각을 자주 했다. 그러나 결혼이란 신의 뜻에 의해서 결정되는 것이라고 믿었기 때문에 같이 살 수밖에 없었다. 어쩌면 줌꼬는 지난 몇 차례의 전생에서 그의 아내였는지도 모를 일이었다.

자반의 어머니 역시 매우 성깔있는 여자라서, 줌꼬가 조금만 실수를 해도 참지 못했다. 그래서 줌꼬가 자반의 집안에 발을 들여놓은 바로 그날부터 싸움이 끊이지 않았다.

자반은 아직 열여섯 살이었고, 줌꼬도 나이가 같았다. 자반에게는 결혼이란 돼지를 돌보고, 밥을 짓고, 빨래를 하고, 자신을 왕처럼 떠받들어 줄 어떤 여자와 같이 사는 것을 의미했다.

줌꼬는 자기가 할 일이 무엇인가를 잘 알고 있었다. 시집오기 전에 친정 오빠들이 결혼을 하면 오빠의 아내가 된 여자들이 그러한 일들을 자동적으로 맡아서 하는 것을 보았기 때문이다.

그러나 그녀는 돼지를 키우는 일만 맡고 다른 일들은 하려고 들지 않았다. 시어머니가 밥을 하라거나 청소를 하라고 하면 그녀는 속사포처럼 욕설을 퍼붓기 시작했다.

자반은 새벽녘에 집을 나갔다가 점심때쯤 돌아왔다. 점심을 먹고 나서 한 시간쯤 휴식을 취한 다음 다시 일하러 나가서는 어두워져서야 돌아왔다. 그래서 그는 어머니와 아내 사이에서 벌어지는 잦은 싸움을 잘 알지 못했다.

또한 이웃 청소부 집안들에서도 싸움은 드문 일이 아니었다. 이들 사회에서 싸움은 일종의 감정 해소였다. 아무도 그것이 나쁘다는 생각을 하지 않았다. 싸움은 거의 관습과 같은 것이었다.

하지만 줌꼬는 정도가 심했다. 날마다 누군가에게 한 시간쯤 욕을 퍼붓지 않으면 소화가 안 될 정도였다. 심지어 이웃에서 싸움이 없는 날이면 몹시 불안해하기까지 했다.

그럴 때면 그녀는 더러운 빗자루를 이웃집 대문에 집어던져 시비를 걸곤 했다. 일종의 도전이었다. 여자들끼리 머리채를 잡고 육박전을 벌이는 경우도 자주 있었다. 그런 싸움은 언제나 남자들이 와서 뜯어말렸기 때문에 그리 오래 가지는 않았다.

결혼 후 처음 여섯 해 동안을 자반은 자기한테 아내가 있다는 사실을 별로 실감하지 못하고 지냈다. 그러다가 차츰 자신이 진정으로 사랑할 수 있는 아내의 필요성을 느끼기 시작했다.

자반은 줌꼬를 사랑하려고 노력했지만 그녀는 눈만 뜨면 트집을 삽을 뿐이었다. 깁이 나서 그녀에게 말 힌마디 건넬 수조차 없었다. 싸움 잘하기로 소문이 난 자반의 어머니조차 줌꼬를 당해낼 수 없는데, 차분한 성격인 자반이 어떻게 그녀와 맞설 수 있겠는가?

사람은 가정에서 행복을 찾지 못하면 바깥에서 행복을 추구하기 마련이다. 자반은 이웃에 사는 친구들을 만나기 시작했다. 전에는 이웃의 누구하고도 친하게 어울리지 못했었다. 일을 하느라 늘 바빴기 때문이다. 그런데 이제는 무슨 이유로 자반이 친하게 접근하는지, 이웃들은 그 까닭을 잘 알았다. 그들은 팔을 벌리고 다정하게 맞아주었다.

자반은 친구들과 함께 있는 것이 무척 행복했다. 이제 와서 생각하니 지난 6년 동안 친구의 즐거움을 모르고 살아온 것이 후회스러웠다. 그는 친구들이 모두 행복해 보인다는 사실을 발견했다. 그러나 자신은 아직 그들처럼 행복하지 못했다.

어느 날 그는 젊은이들의 우두머리인 친구 칼리빠에게 자신이 아직도 남들처럼 행복하지 못한 이유를 물었다.

칼리빠는 당장에 이렇게 말했다.

"자네는 도대체 사람이 왜 그 모양인가? 자넨 지금까지 찬두(마약으로 만든 담배의 일종)를 한 모금이라도 피워본 적이 있는가?"

자반은 시선을 떨구고 아무 말도 하지 못했다.

칼리빠는 자반의 손을 잡고 옆방으로 들어갔다. 그곳에는 남자들이 모두 모여 뻥 둘러앉아 있었다. 그 한가운데의 바닥에는 작은 구멍이 파여 있고, 그곳에 긴 대나무 담뱃대가 연결되어 있었다.

그 방에 들어가자마자 칼리빠는 둘러앉은 사람들 틈에 자반의 자리를 마련해 주고 자기도 그 옆에 앉았다. 그런 다음 담뱃대를 손으로 잡더니 몇 마디 주문을 외웠다.

한 남자가 불이 붙은 나뭇가지를 구멍 속으로 집어넣자 칼리빠는 깊이 숨을 들이마셔서 마약연기를 폐 속까지 빨아들였다. 그 다음에 그 연기를 왼쪽에 앉은 사람의 입에다 내뿜었다. 이런 식으로 그 연기는 원을 완전히 한 바퀴 돌았다.

자반은 끝머리에 앉아 있었기 때문에 맨 마지막으로 마약연기를 들이마셨다. 다른 사람들을 지켜보니, 마약연기를 들이마신 후에는 총에 맞은 비둘기처럼 바닥에서 펄쩍펄쩍 뛰는 것이었다.

차례가 왔을 때 자반은 겁이 났지만 겁쟁이라는 소리를 듣고 싶지 않기 때문에, 똑같이 연기를 들이마시고 다른 사람들처럼 땅바닥을 뛰었다.

이튿날 아침, 마약에 취해 바닥에 널브러져 있던 사람들은 하나 둘씩 도마뱀처럼 머리를 들었다. 어떤 사람은 아직도 취한 상태였고, 어떤 자는 머리가 아픈 시늉을 했으며, 어떤 이는 일터로 나갔다.

자반은 기분이 무척 상쾌했다. 까닭없이 행복감이 밀려왔다. 몸이 매우 가볍고, 기운이 넘쳤으며, 기분이 새로웠다.

그로서는 마약흡연이 이번이 처음이었다. 그래서 마약은 그에게 약과 같은 효과를 주었다. 이제 그는 다른 친구들이 행복한 이유를 알았다.

칼리빠는 한때 청소부 사회에서 가장 힘센 사람이었다. '칼리빠'는 그의 실제 이름이 아니었다. 그가 모든 일에서 대장처럼 행동했기 때문에 사람들이 그를 아랍말로 '대장'이라는 뜻인 칼리빠로 부르기 시작한 것이다.

그런데 이제는 마약에 중독되어 일을 할 수가 없었다. 그래서 그의 아내와 자식들이 그를 집에서 내쫓아 버렸다. 집에서 내쫓긴 그는 마약 장사를 시작했다. 별로 이익이 없는 장사였지만, 대신 매일 마약을 손에 넣을 수가 있었다. 사람들이 번갈아 마약 재료인 찬두를 구해 오면 칼리빠는 장소를 제공해 마약담배를 피웠다.

자반은 처음 몇 번은 다른 사람들이 사 온 마약담배를 피웠지만 이번엔 자신이 마약을 구할 차례가 되었다. 마약을 살 돈이 충분했던 그는 모두를 위해 마약을 사 왔고, 사람들은 늘 하던 대로 그것을 즐겼다.

어느덧 자반도 마약중독자가 되었다.

마약은 중독성이 매우 강해서, 한번 중독되면 끊기가 거의 불가능하다. 마약을 즐기지 못하면 심한 육체적 고통이 뒤따르기까지 한다. 또한 마약은 기억력을 망가뜨리고 게으름, 공상의 원인이 되기도 한다.

마약중독자는 제대로 일을 할 수가 없다. 칼리빠가 그러했고, 이번엔 자반이 그런 상태가 되었다.

자반은 서서히 자신의 할 일을 다하지 못하는 것에 대해 변명을 늘어놓기 시작했다. 그래서 어떤 때는 그의 어머니가, 어떤 때는 아내 줌꼬가 대신 쓰레기 치우는 일을 했다.

그는 마약을 구하기 위해 어머니 몰래 싼값에 돼지를 내다 팔기 시작했다. 그리고 어머니가 뒷밭에 파묻어 둔 항아리에서 돈을 훔치기도 했다.

청소부 집단의 여자들은 남자들이 마약을 상습 복용한다는 것을 알고서 몹시 화가 났다. 그들은 이 모든 일이 칼리빠 때문이라는 것을 알았다. 그래서 그들은 칼리빠에게 달려가 마구 폭행을 가한 다음, 청소부 집단에서 영원히 추방했다.

자반의 어머니는 땅속에 감추어 두었던 돈이 도둑을 맞았으며, 누군가 돼지를 몰래 내다 팔았고, 게다가 자반이 일을 나가지 않고 있다는 사실을 알고는 자반과 줌꼬에게 저주를 퍼부었다. 그리고는 남아 있는 돼지를 모두 팔아 버린 다음, 자신이 직접 거리청소를 맡았다. 그녀는 얻어 오는 음식으로 자반과 줌꼬를 먹여 살리면서, 그들의 거처를 돼지막으로 옮기게 했다.

자반으로서는 아무래도 좋았다. 마약을 살 돈이 약간 필요하다는 것말고는 만족이었다.

그러나 줌꼬로서는 돼지우리에 산다는 것이 대단한 모욕이었다. 그녀는 자반에게 친정으로 돌아가겠다고 단호히 말했다. 이렇게 돼지 취급을 받으면서는 더이상 같이 살 수 없다는 것이 그녀의 주장이었다.

자반은 마약에 심하게 중독되어 있었다. 그런데 돈이 없어서 이틀 동안이나 마약을 구하지 못했기 때문에 깊은 절망에 빠졌다. 그래서 그는 처갓집에 가면 약간의 돈을 얻을 수 있을 것이라고 생각했다. 적어도 딸을 도로 데려가는 데 드는 비용 정도는 얻을 수 있을 것이고, 그 돈으로 마약을 사면 된다고 생각했다.

그래서 얼른 이렇게 말했다.

"좋아, 당신을 친정까지 데려다 주겠어. 당장 떠나자구."

그들은 걸어서 오십리를 갔다. 자반이 사람들만 다니는 좁다란 지름길을 알고 있었기에 망정이지, 아니면 백리길을 걸어야만 했을 것이다.

저물녘에 두 사람이 도착하자 줌꼬의 부모는 딸이 돌아온 것을 알고 몹시 놀랐다. 그들은 딸이 임신을 해서 친정엄마의 도움을 받으러 온 것이 틀림없다고 생각했다.

그러나 임신을 한 것이 아니라 이혼을 하려고 왔다는 사실을 알고 줌꼬의 부모는 자반에게 몹시 화를 냈다. 자반이 마약에 중독되었기 때문에 화를 낸 것이 아니라, 앞으로 줌꼬와 싸울 일이 싫어서 화를 낸 것이었다. 그들은 줌꼬와는 멀찌감치 떨어져 살기를 바랐다.

자반은 그들이 얼마라도 돈을 주기를 기대했다. 그의 머릿속에는, 돈을 구하면 칼리빠를 찾아 마약을 사서 피울 구체적인 계획이 세워져 있었다.

줌꼬의 부모는 그가 줌꼬를 도로 데려가길 원했다. 그러나 그랬다간 또다시 그의 어머니와 대판 싸움이 벌어질 게 틀림없었다. 그에겐 따로 갈 곳도 없었다. 그가 아버지로부터 유산으로 물려받은 거리 청소권은 그 구역의 주민들이 그를 해고하고 그의 어머니에게 주어버렸다. 그러니 이제 그곳에 갈 권리가 없었다.

만일 혼잣몸이라면 그의 어머니가 그를 받아들여 줄 것이고, 돼지우리 안에서라도 그에게 먹을 것을 갖다 줄 것이다. 그러나 그의 어머니는 다시는 줌꼬와 한집에서 살지 않겠다는 뜻을 분명히 했다. 그의 어머니는 모든 재난의 원인이 줌꼬에게 있다고 생각했다.

줌꼬의 부모는 자반을 하룻밤 묵어가게 했다. 그들은 딸 줌꼬가 타고난 성격 탓에 어디서도 살 수 없다는 것을 잘 알고 있었다. 그들로서는 자반이 7년 동안이나 줌꼬를 데리고 산 것만 해도 기적이었다.

그들은 자반에게 소금을 친 빵을 몇 조각 준 다음 구석의 마대자루를 가리키며 그 위에서 자라고 했다. 그곳은 이틀 전에 죽은 개가 누워 자던 곳이었다.

빵을 먹고 난 뒤, 자반은 마대자루 위로 올라가 누웠다. 이틀 동안이나 마약흡연을 못했기 때문에 몹시 불안했다. 마약연기를 들이마시는 환상이 자꾸만 눈앞에 어른거렸다. 신경통 환자처럼 온몸이 쑤셔 왔다. 개가 죽고 나서 이틀을 굶은 벼룩들은 재빨리 자반의 피를 빨기 시작했다.

자반은 잠을 이룰 수가 없었다. 그래서 한밤중에 혼자서 집으로 돌아가야겠다고 마음먹었다. 그는 살며시 일어나 줌꼬와 그녀의 어머니가 자고 있는 옆방으로 기어갔다. 줌꼬의 얼굴을 보기 위해서가 아니라, 밖으로 나가려면 어쩔 수 없이 그 방을 지나가야 하기 때문이었다.

그때 갑자기 한 생각이 머릿속에 떠올랐다.

'이 집의 쓸만한 것들을 훔쳐가면 되지 않는가! 그것들을 팔아 그 돈으로 마약을 사면 될 것 아닌가!'

자반은 값나가는 물건을 찾기 위해 어둠 속에서 더러운 바닥을 더듬어 나갔다. 패물이든, 옷가지든, 신발이든, 무엇이든 좋았다. 그의 손이 장모의 팔에 닿는 순간, 장모는 깊은 잠에 빠져 코를 골면서 옆으로 돌아누웠다. 장모가 깔고 자는 이불 밑으로 손을 넣었다가, 그는 삐져나온 웬 손잡이를 발견했다. 그것을 잡아당기자 이불 밑에 감추어져 있던 작은 상자 하나가 딸려 나왔다.

자반은 소리 안 나게 그 상자를 집어들고는 머뭇거리지 않고 당장 그 집을 떠났다. 어둠 속이라서 어디로 가야 할지 몰랐지만 어쨌든 가능한 한 빨리 그곳을 벗어나야만 했다. 그래서 무작정 걷다가 샛길을 발견했다.

밤새 걸어서 그는 아침나절에 어떤 강가에 도착했다. 몹시 지쳤기 때문에 나무 밑에 앉아 잠시 쉬면서 상자를 열어보니 은동전이 가득 들어 있었다. 그것을 보자 그전에 어머니의 돈을 훔친 일이 생각났다. 그 돈도 마찬가지 방식으로 숨겨져 있었다.

이제는 적어도 한 달 동안 마약을 살 돈이 충분히 마련되었기 때문에 그는 무척 행복했으나, 집으로 돌아가기는 두려웠다. 돈이 없어진 것을 알면 줌꼬와 그녀의 어머니가 당장에 그의 집으로 쳐들어올 것이 틀림없었다. 게다가 자반은 지금 자기가 있는 곳이 어딘지 알 수가 없었다. 한 시간쯤 쉰 다음 그는 곧장 산꼭대기를 향해 걸어 올라갔다.

배고프고 지친 몸으로 산을 올라가면서, 그는 옛날에 하루 종일 청소부 일을 하고, 돼지와 낡은 옷가지 등을 팔아 돈을 벌던 때에는 얼마나 자유롭고 행복했었는가를 생각했다. 그때는 청소부 사회에서 제일가는 부자였는데, 아내에 대한 욕심 때문에 그만 모든 재난이 닥치기 시작했다. 마약에 손을 대기 시작했으며, 일도 안 하고 돈을 훔치기 시작했다.

또다른 생각이 마음속에 떠올랐다. 아무래도 처가로 되돌아가 돈이 든 상자를 돌려줘야 할 것만 같았다. 그러나 마약에 중독된 욕망이 그를 붙잡았다.

그는 생각했다.

'장모도 나를 속였다. 나에게 아름다운 처녀를 보여주고는 못생긴 줌꼬를 시집보냈다. 그러니 내가 돈을 훔쳤다 해도 별로 죄가

되지 않는다. 그들은 벌을 받아 마땅하다.'

이렇게 자신의 도둑질을 합리화하기는 했지만, 당장 어디로 가야 할지 막막하기만 했다.

우선 사람을 만나는 것이 두려웠다. 산꼭대기에 거의 다 올라왔을 때 그는 작은 마을을 발견했다. 몇 사람이 옥수수밭에서 일을 하고 있었다.

자반은 그들이, "넌 누구냐? 꼭 도둑놈처럼 보이는데!" 하고 물을까봐 겁이 났다.

자반은 생각했다.

'어쩌면 저 사람들은 나를 때릴지도 몰라. 아니면 돈이 든 상자를 보고 빼앗아 갈지도 몰라.'

그는 온갖 것을 걱정하기 시작했다. 덤불에 손만 닿아도 누군가 자신을 붙잡는 것 같아 두려웠다. 그는 주의깊게 주변을 살피면서 수풀 속에 몸을 가리고 계속해서 길을 따라 올라갔다.

마을 사람 하나가 샛길 근처의 덤불 뒤에서 대변을 보다가 하필이면 자반이 고양이처럼 살금살금 덤불 속을 지나갈 때 몸을 일으켰다. 두 사람의 얼굴이 덤불을 사이에 두고 정면으로 마주쳤다. 자반은 잔뜩 겁을 먹고 있던 상태에서 갑자기 웬 사람이 바로 앞에서 솟아오르자 너무 놀라서 비명을 지르며 바닥에 쓰러졌다.

그 마을 사람은 자기 때문에 자반이 기절하자 너무나 미안해서 근처에서 일하고 있던 농부들을 모두 불러모았다. 그들은 자반이 정신이 들 때까지 휴식을 취하도록 근처의 오두막집으로 옮기기로 했다.

그들은 자반을 들어 오두막집으로 데려가서는 나무탁자 위에 두꺼운 담요를 깔고 그 위에 눕혔다. 그리고 나서 자반의 머리며 얼굴과 가슴에 물을 뿌리고, 입에도 물을 넣어주었다. 가슴이 시원해지도록 웃옷과 셔츠의 단추를 모두 풀어놓았다.

자반은 아직도 기절한 채 땀을 흘리고 있었다. 마을 사람들은 자반의 허리춤에 상자 하나가 묶여 있어서 그의 등을 압박하는 것을 알고는 상자를 끌러 그의 옆에다 가만히 놓아두었다.

자반은 겨우 정신이 돌아오긴 했지만 열은 아직도 높았다. 너무 기운이 없어서 잘 일어나지도 못했다. 그래서 여전히 나무탁자 위에 누워 있었다. 그러다 갑자기 상자 생각이 났다. 허리춤을 만져 보았지만 헛일이었다.

그는 황급히 일어나 앉아 눈을 크게 뜨고서 마을 사람들을 둘러보며 물었다.

"내 상자 어디 갔소?"

마을 사람들은 얼른 그의 옆에 놓아두었던 상자를 집어 그에게 보여주었다. 자반은 안심하고는 상자를 두 손으로 움켜쥐고서 다시 나무탁자 위에 쓰러졌다.

시간이 지날수록 열이 높아갔다. 밤이 되자 자반은 허깨비를 보기 시작했다. 이따금 겁에 질려 비명을 지르기도 했고, 칼리빠와 함께 마약담배 만드는 방법을 토론하기도 했다. 마을 사람들은 그 내용을 하나도 이해할 수가 없었다. 그저 그가 무척 불쌍해 보일 뿐이었다.

이틀 동안 그렇게 고열과 정신착란 상태가 계속되다가, 3일째 되던 날 비로소 열이 내리고 정상을 되찾았다.

이제 자반은 마을 사람들이 그의 돈을 빼앗지 않으리라는 사실을 분명히 알았다. 하지만 또다른 두려움이 생겼다. 만일 불촉천민인 청소부가 자기들의 집 안에 들어와 있다는 사실을 알면 그들이 용서할 것 같지가 않았다.

아직 몸이 쇠약한 상태였지만 그는 마을을 몰래 빠져나갈 기회를 엿보기 시작했다. 마을 사람들은 그의 순진함에 감동하여 그가 영원히 그 마을에서 살기를 원했다.

그 오두막집은 늘 누군가가 지키고 있었다. 자반을 감시하기 위해서가 아니라, 집에 아무도 없는 것을 알면 원숭이들이 들어와 난장판을 만들어 놓기 때문이었다. 마을에는 원숭이를 쫓는 맹견도 여러 마리 있어서 날마다 마을 주변의 들판을 돌아다니며 시끄럽게 짖어대곤 했다.

자반은 그곳에서 일주일 동안 머물렀다. 이제 다시 여행을 할 수 있을 만큼 기운도 되찾았다. 그래서 마을 사람들한테 떠나게 해달라고 부탁했다.

그는 자신이 어디로 갈 것인지 말할 수가 없었다. 왜냐하면 그 자신도 어디로 가야 할지 몰랐기 때문이었다.

그는 산속에 나 있는 샛길이 어디로 통하는지를 물었다.

마을 사람들은, 산 밑에 우거진 숲이 있는데, 그 숲을 지나면 '카트고담' 철도역이 나온다고 설명해 주었다. 카트고담에서 기차를 타면 '바레일리'로 갈 수가 있고, 버스를 타면 그의 집이 있는 라니켓으로 갈 수 있다는 것이었다.

자세한 설명을 들은 후, 자반은 마을을 떠나 행복한 마음으로 카트고담을 향해 떠났다.

그는 산속에서 자랐기 때문에 원숭이처럼 오르내리며 산길을 걷는 것에 익숙해 있었다. 그런데 평지에 이르자 태양이 뜨겁게 내리쬐었고, 땅이 불타는 듯했다. 걷기가 무척 힘이 들었다. 빨리 걸을 수도 없어서 나무 그늘 아래에서 자주 쉬어야만 했다.

이틀 만에 카트고담 철도역에 도착했다. 마을 사람들이 음식을 넉넉히 싸주었기 때문에 배가 고프거나 지치지는 않았다.

그러는 사이 자반은 마약에 대한 생각을 서서히 잊기 시작했다. 처음에는 몸이 아파서 그랬고, 그 다음에는 하루 종일 걷느라 마약 생각을 할 틈이 없었다. 가끔 사람들끼리 빙 둘러앉아 마약연기를 마시는 상상을 하긴 했지만, 마약에 대한 욕망이 옛날처럼 강렬하지는 않았다.

카트고담에 도착한 자반은 바레일리가 어떤 곳인지 전혀 모르는 상태에서 무작정 그곳으로 가는 열차표를 끊었다. 바레일리가 큰 공장이 많은 도시라는 얘기를 들은 적이 있었기 때문에, 그곳으로 가면 쉽게 일자리를 구할 수 있으리라는 생각에서였다.

그러나 그곳에서 살면 어떤 위험이 닥칠지는 미지수였다. 온갖 종류의 질 낮은 사람들이 그곳의 산업체와 공장과 가내수공업체에서 일을 하고 있었기 때문이다.

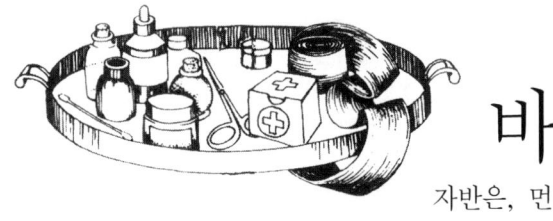

바레일리에 도착하여 기차역을 빠져나온 자반은, 먼저 시내 중심가로 가서 일자리를 알아봐야겠다고 생각했다.

시내 쪽으로 걸어가는데, 어떤 건물 입구에서 한 남자가 자반에게 들어오라고 손짓을 했다. 그곳은 '새마음 기독교 선교회'라는 이름의, 외국 선교사가 운영하는 단체였다.

자반이 가까이 가자 남자가 말했다.

"피터, 마침내 돌아와 주었군! 자네가 반드시 돌아오리라는 것을 알고 있었네!"

자반은 이해할 수가 없었다. 그 신사가 말하는 피터라는 사람이 자기 뒤편에 있나 싶어서 돌아보았지만, 주위엔 자기말고는 아무도 없었다.

남자가 다시 말했다.

"피터, 무슨 일이 있었나? 나를 기억 못하겠어? 나 닥터 로버트 헤이일세."

자반은 이 사람이 혹시 자기가 옛날에 청소하던 구역에 살던 사람이 아닌가 해서 기억을 되살리려고 애를 썼다. 만일 그렇다면 당장에 그 자리를 피해 달아나고 싶었다.

그러나 그는 그 구역에 사는 사람들의 얼굴을 모두 잘 알고 있었다. 이 사람은 그곳에 산 적도 없었고, 전에 만난 적도 없었다.

그래서 자반은 그를 쳐다보며 말했다.

"선생님, 아무래도 저를 피터라는 사람으로 잘못 보신 것 같습니다. 제 이름은 자반입니다. 그리고 저는 바레일리에 온 것이 이번이 처음입니다."

닥터 헤이가 말했다.

"도무지 믿을 수가 없군! 그렇다면 혹시 당신한테 쌍둥이 형제가 있소?"

자반이 말했다.

"그렇지 않습니다. 저한테는 여동생이 하나 있을 뿐인데, 우리는 외모가 하나도 닮지 않았고, 그애 역시 바레일리에 온 적이 없습니다."

닥터 헤이가 말했다.

"피터라는 사람은 나와 함께 여기서 4년을 살았는데, 두 달 전에 내 아내와 다투고는 이곳을 떠나버렸소. 나도 그 사람이 떠나는 것을 원치 않았고, 내가 알기로는 그 사람 역시 이곳을 떠나고 싶어 하지 않았소. 그런데 어쩌다가 그만 떠나버린 것이오."

여기까지 말하고 나서 닥터 헤이가 물었다.

"혹시 지금 일자리를 찾고 있소?"

자반은 그 말을 듣자 반가워서, 무슨 종류의 일인지 묻지도 않고 얼른 그렇다고 대답했다.

닥터 헤이는 뛸 듯이 기뻐하며 곧바로 집 안에 대고 소리쳤다.

"도로시, 이리 나와 봐요! 피터가 돌아왔소!"

도로시가 뛰어나오며 소리쳤다.

"뭐라구요? 피터가 돌아왔다구요? 아, 피터! 나를 용서해 줘요! 순전히 내 잘못이었는데 당신만 나무랐어요. 돌아올 줄 알았어요. 이제 이전처럼 하던 일을 계속해 줘요."

자반은 어리둥절하게 서 있었다. 자신이 어떤 일을 해야 하는지 알 수가 없었다.

닥터 헤이가 큰 소리로 웃으며 말했다.

"도로시, 이 사람은 피터가 아니오! 피터의 쌍둥이 형제도 아니고, 동생이나 형도 아니고, 친척도 아니오. 그렇다고 피터의 고향 친구도 아니오."

도로시가 말했다.

"믿을 수가 없어요. 절 놀리지 말아요. 저를 속이려고 이 사람이 다른 사람인 것처럼 그러시는 거죠? 다 알아요."

그때 마침 학교에 갔던 아이들이 돌아왔다. 아이들이 자반에게 뛰어와서 말했다.

"피터, 언제 돌아왔어요? 왜 떠났어요? 얼마나 보고 싶었다구요."

아이들이 웃고 떠드는 소리를 듣고 선교회의 다른 사람들도 몰려와서 말했다.

"피터, 돌아와 주었군. 당신은 정말 착한 사람이야."

이렇게 해서 자반은 자동적으로 피터가 되었다. 모두가 그를 피터라고 불렀다. 아무도 그가 피터라는 사실을 추호도 의심하지 않았다.

피터의 자리를 대신한 자반은 자신이 할 일을 재빨리 익혔다. 그의 걸음걸이, 말투, 몸놀림 할 것 없이 모두 피터와 똑같았다.

그러나 닥터 헤이만은 약간의 차이를 느낄 수 있었다. 피터가 조금 둔한 반면에 자반은 매우 민첩했다. 그러면서도 둘 다 차분하고, 친절하고, 정이 많았다. 자연히 닥터 헤이는 새로운 피터에게 관심이 높아졌고, 집안일만 시키지 않고 자신이 운영하는 병원에 데리고 다니면서 간호사 자격으로 자기 옆에서 일하게 했다.

자반은 집안일엔 별로 흥미가 없었다. 마룻바닥이나 쓸고 유리창이나 닦고 탁자나 청소하는 등의 일은 너무나 무미건조했기 때문이다. 반면에 병원에서 상처를 닦아내고, 약을 나눠주고, 붕대를 감는 등의 일을 할 때에는 아주 열심이었다. 차츰 발전해서 그는 어느새 주사놓는 법까지 배웠다.

사람들 중에는 특별히 치료의 손을 가진 경우가 있다. 피터(실제로는 자반)가 바로 그러한 능력을 가진 사람이었다. 그의 손길은 너무나 부드러워서 환자들의 마음을 따뜻하게 해주었다.

병원에는 훈련받은 간호사와 조수들이 여럿 있었지만, 환자들은 피터가 약을 주거나 주사를 놓아주는 것을 더 좋아했다. 차츰 환자들은 피터야말로 어떤 환자라도 고칠 수 있는 뛰어난 의사라고 말하기 시작했고, 모두들 그를 '닥터 피터'라고 불렀다.

사람들은 피터가 상처를 닦아주거나 약을 발라주면 당장에 치료가 된다고 알고 있었다. 그가 약을 주면 금방 열이 내리고 회복되었다.

처음에 닥터 헤이는 어째서 모든 환자들이 피터에게서만 약을 받으려고 하는지 이유를 알지 못했다. 그러다가 환자들로부터, 피터에게서 약을 받으면 반드시 치료가 된다는 얘기를 들었다. 또 환자들이 그를 '닥터 피터'라고 부르는 것도 들었다.

닥터 헤이는 기뻤다. 그는 피터가 지성을 갖춘 인물이라는 것을 알고 있었다. 그러나 그는 피터가 약을 준다고 해서 그 약이 특별한 효력을 발휘한다고는 믿지 않았다.

닥터 헤이는 피터가 특별한 치료능력을 갖고 있다는 것이 환자들 사이에 잘못 퍼진 믿음이라고 생각했다. 어떤 사람이 수술의 전문가라는 얘기는 인정할 수 있었다. 왜냐하면 그것은 숙련된 손놀림과 집중을 요하는 기술이기 때문이다. 마찬가지로 피터가 환자의 상처 부위를 아주 부드럽게 닦아주기 때문에 환자가 전혀 아픔을 느끼지 못한다는 사실은 인정할 수 있었다. 그것은 그가 자신의 눈으로 직접 목격한 바였다.

이제 닥터 헤이는 피터가 좀더 자신의 일에 몰두할 수 있도록 북돋아 주었다. 피터를 수술실에까지 데리고 들어가 새로운 기구에도 익숙해지게 해주었다. 그리고 왕진을 갈 때에도 데리고 다녔다.

여러 달이 지나면서, 피터는 아주 유명한 사람이 되었다. 의과대학에서 정식으로 공부한 어떤 의사보다 실제 경험이 풍부해졌다. 처음 선교회 건물에 발을 들여놓았을 때에는 읽지도 쓰지도 못했던 그가 이제는 병원의 모든 기구, 약품의 이름과 용도를 빠짐없이 알게 되었다.

그는 일에 너무나 몰두하느라 마약에 대한 것도, 친구에 대한 것도, 어머니와 아내에 대한 것도 모두 잊었다.

어느 날 닥터 헤이는 근처 감옥으로부터 환자를 봐달라는 연락을 받았다. 죄수 하나가 칼에 찔린 상처가 곪아 팔이 심하게 썩어 들어가고 있다는 것이었다.

닥터 헤이는 필요한 약과 치료기구를 챙겨서 감옥으로 갔다. 환자를 진찰해 보니 상처가 몹시 심했다. 그는 담당 간수에게 자신의 조수가 이틀에 한 번씩 와서 상처를 치료하고 붕대를 갈아줄 것이라고 말하고 병원으로 돌아왔다.

닥터 헤이는 그 감옥에 피터를 보냈다. 어느 날 감옥에 가서 환자의 상처에 붕대를 감아주고 있던 피터는, 건너편 감방에서 누군가 자신을 부르는 소리를 들었다.

"자반, 자네가 여기 웬일인가?"

처음엔 자신의 이름이 '자반'이라는 것을 잊고 있다가 두세 번 더 듣고 나서야 그는 복도 맞은편의 감방을 쳐다보았다. 그곳에는 옛 친구 칼리빠가 철창문을 붙잡고 서 있었다.

"칼리빠! 자네야말로 여기에 웬일인가? 어쩌다 감옥엘 들어왔나?"

칼리빠가 말했다.

"별일 아닐세. 옆집에서 돈이 든 상자를 훔쳤는데, 사람들이 경찰에 신고를 하는 바람에 붙잡혀서 여기까지 왔지."

피터는 당장에 마약 생각이 났다. 잠시 마약에 대한 욕망이 다시 일었다.

그 다음에는 어머니가 감추어 두었던 돈을 훔친 일이 생각났다. 역시 장모의 돈상자를 훔친 일도 기억이 났다. 현기증이 나기 시작했다.

그래서 그는 서둘러 말했다.

"칼리빠, 다음에 또 얘기하세. 난 지금 일터로 돌아가야 돼."

피터는 장모의 돈을 훔친 것에 대한 심한 죄책감에 사로잡힌 채 병원에 도착했다. 그는 자신에게 말했다.

'그때는 가진 것이 없어서 돈을 훔쳤었다. 그런데 이제 나는 충분한 돈을 갖고 있다. 그러니 장모에게 돈을 돌려줄 수가 있다. 내가 훔친 상자에는 35개의 은동전이 들어 있었다. 이제 나는 장모에게 그 4배를 돌려줄 수가 있다.'

그는 당장 닥터 헤이한테 가서 자신의 장모에게 140루삐[2]를 보내 달라고 부탁했다. 닥터 헤이는 아무 이유도 묻지 않고 전표에 그 액수를 써주었다. 피터는 전표 밑에 다음과 같이 장모에게 보내는 편지를 써달라고 부탁했다.

"장모님, 저는 장모님께서 이불 밑에 감추어 두셨던 돈 35루삐를 훔쳤습니다. 여기 140루삐를 보냅니다. 부디 저의 잘못을 용서해 주십시오."

처음에 닥터 헤이는 피터가 돈을 훔쳤다는 얘기를 듣고 큰 충격을 받았다.

'저렇게 온순한 사람이 돈을 다 훔치다니!'

그의 생각을 알아차리고서 피터가 말했다.

"선생님, 그것은 사실입니다. 저는 정말로 처가에서 돈을 훔쳤습

---

[2] 인도, 파키스탄, 실론의 화폐단위.

니다. 그리고 어머니의 돈을 훔친 적도 있습니다. 그러나 저는 도둑이 아닙니다. 그 당시에는 돈이 필요했지만, 지금은 필요없습니다. 선생님께서는 제가 선생님의 집에서도 돈을 훔쳐갈까봐 두려우신 거군요. 그렇지 않습니까?"

그러자 의사가 대답했다.

"오, 아니야, 피터! 절대 그렇지 않아. 난 단지 자네가 어째서 그런 짓을 했는지 의아했을 뿐이야. 자네가 내 돈을 훔치지 않으리라는 것을 잘 알고 있네."

피터가 화제를 바꾸어 말했다.

"선생님, 병원에 비어 있는 방이 하나 있습니다. 허락하신다면 오늘부터 그곳에서 자고 싶습니다. 병원에서 생활을 하면 환자들을 돕는 데 더 많은 시간을 쏟을 수 있을 것 같습니다."

닥터 헤이는 실제로 피터가 자기 집에서 돈을 훔쳐가지 않을까 두려웠던 터라 얼른 대답했다.

"그렇게 하게, 피터. 자네가 원한다면 어디에 있어도 좋아. 병원의 식당에서 밥을 먹을 수도 있어. 자네는 언제까지라도 병원의 직원이야."

피터는 월급을 달라고 한 적도 없었고, 자신이 의사의 개인적인 하인이든 병원의 영구 직원이든 신경을 써본 적이 한 번도 없었다. 그에게 필요한 것은 모두 닥터 헤이가 알아서 다 대주었다.

'새마음 기독교 선교회'는 가난한 사람들을 여러 방법으로 도와주는 자선단체였다. 이 선교회 안에는 병원도 있고, 아이들을 가르치는 학교도 있고, 교회의 작은 채소밭도 있었다.

그렇지만 비기독교인을 기독교 신자로 만드는 것이 이 선교회의 주된 목적이었다. 그들은 기독교인이 아니면 구원을 받지 못한다는 믿음을 갖고 있었다. 그래서 비기독교인을 신자로 만들어 구원을 베푸는 것이 그들의 공동목표였다.

닥터 로버트 헤이는 바레일리 시에 있는 '새마음 기독교 선교회'의 창시자였다. 그는 유럽에서 온 기독교인이었는데, 아마도 독일 사람 같았다. 쉰 살쯤 된 그는 일에 아주 열성이었다. 그는 의사이면서 목사이기도 했다.

그는 누구든지 교회에서 세례를 받는 즉시 죄가 사라지고 구원을 받는다는 확고한 믿음을 갖고 있었다. 그의 아내 도로시 역시 사람들을 돕는 일에 헌신적이었으며, 눈에 띄는 사람마다 열심히 기독교로 개종시켰다.

처음에 이 공동체로 왔을 당시 자반은 힌두교의 카스트 제도에서 가장 낮은 계급인 불촉천민이었는데, 병원으로 와서 갑자기 '피터'라는 사람이 되었다. 원래의 피터는 닥터 헤이의 하인이었는데, 의사의 전도로 기독교 신자가 된 사람이었다.

그래서 자반을 피터로 오인한 사람들은 누구 하나 그에게 기독교에 대한 얘기를 하지 않았고, 당연히 그가 기독교 신자인 줄로만 생각했다.

피터에게는 힌두교나 불교나 기독교나, 모든 종교가 다 마찬가지였다. 어떤 종교로 개종을 해도 불촉천민은 어디까지나 불촉천민이라는 것이 그의 믿음이었다.

이러한 믿음에도 불구하고 그는 매일 다른 사람들처럼 예배에 참석했다. 다른 이들한테는 교회에 가는 것이 일의 한 부분이었지만, 피터의 경우는 달랐다.

그는 목사의 설교를 한마디도 빠짐없이 새겨듣고, 깊이 생각했다. 그는 기도하는 것도 좋아했다. 매일 다른 이야기를 듣는 것도 좋았다. 하지만 비기독교인을 기독교 신자로 만들기 위해 온갖 수단을 동원해야 한다는 말을 들을 때면 마음이 언짢았다.

그는 이렇게 생각했다.

'자신이 진실로 정직하고 올바른 길을 걷고 있다면 남들에게 나를 따르라, 너희를 천국으로 데려다 주겠노라고 말할 필요가 없다. 그런 말을 안 해도 사람들이 저절로 그를 따를 것이다.'

장모에게 돈을 보낸 후로 피터는 마음이 훨씬 편해졌다. 큰 짐을 벗은 기분이었다.

다음날 그는 환자를 보러 다시 감옥으로 갔다. 복도를 지나면서 보니 칼리빠가 쇠창살을 붙잡고 서 있었다. 아무래도 자반을 기다리고 있었던 것 같았다.

자반이 지나가는 것을 보자 칼리빠가 소리쳤다.

"자반, 여기야!"

자반이 칼리빠의 감방 앞으로 가서 말했다.

"칼리빠, 여기서는 아무도 내가 자반인 것을 모르고 있어. 내 이름은 '피터'야. 그리고 나는 이제 기독교인이야. 난 더이상 불촉천민인 힌두교의 청소부가 아니야."

칼리빠는 기독교에 대해 아무것도 몰랐다. 그는 오로지 자신이 불촉천민이라는 것만 알았다. 마약연기 때문에 그의 머리는 잔뜩 녹이 슬어 있었다. 그래서 그의 마음은 과거나 미래를 생각할 틈이 없었다.

오로지 눈앞의 현실에만 관심이 있었던 그로서는 현재가 만족스러우면 만사가 끝이었다. 그에게는 마약을 구할 수 있는 곳이 가장 위대한 종교였으며, 자신에게 마약을 주는 사람은 신이나 다름없었다.

그가 말했다.

"자반, 난 자네가 무슨 말을 하는지 영문을 모르겠네. 다 잊었나? 난 칼리빠야. 나는 자네를 알아. 자네는 자반이야. 우리는 함께 찬두를 피우지 않았는가? 기억이 안 나나?"

피터는 칼리빠가 아무것도 이해를 못하기 때문에 더이상 그와 얘기를 한다는 것이 헛수고라는 것을 알았다.

그래서 말했다.

"칼리빠, 자네가 옳아. 모든 것을 기억하고 있네. 그런데 자네는 여기서도 마약담배를 구할 수가 있나?"

칼리빠가 주위를 둘러보고 나서 말했다.

"여기선 모든 것을 손에 넣을 수 있다네."

그러더니 피터의 귀에 대고 뭐라고 속삭였다. 피터가 그를 엄숙하게 바라보면서 말했다.

"죄야, 칼리빠. 그것은 죄를 짓는 일이야. 사람은 누구나 행한 대로 대가를 치르는 법이야. 간수와 자네는 둘 다 죄인이야. 더이상 그런 얘기를 듣고 싶지 않네. 오늘로 여기서의 내 일은 끝나기 때문에 나는 더이상 이 감옥에 오지 않을 거야. 나는 선교회의 병원에서 살고 있네. 병에 걸리거나 나를 만나고 싶으면 그리로 연락하게."

칼리빠가 말했다.

"난 여기에 두 달만 더 있으면 끝이야. 형기가 2년인데, 두 달 뒤면 다 채우는 셈이지. 난 여기가 행복해. 하루 종일 아무 일도 할 필요가 없거든. 잠이나 잘 뿐이야. 밤에는 자유지. 어디든지 내 맘대로 갈 수 있어. 난 석방되는 것이 싫어. 감옥에서 나가 봐야 여기처럼 행복할 것 같지가 않아. 나한테는 여기가 천국이야. 이해하겠나?"

시간이 늦었기 때문에 피터가 그에게 말했다.

"칼리빠, 잘 있어. 난 일을 해야 해."

말을 마치자 그는 환자에게 갔다. 환자는 거의 치료가 되었기 때문에 약을 바를 필요가 없었다. 그는 붕대를 벗겨낸 다음 환자에게 상처가 저절로 아물도록 내버려두라고 말했다. 그리고 나서 생각했다.

'병원으로 찾아오면 닥터 헤이가 틀림없이 칼리빠를 그곳에서 살게 할 거야. 닥터 헤이는 한 사람이라도 더 기독교 신자가 되기를 바라기 때문에, 칼리빠가 어떤 종류의 사람인지 알려고도 하지 않을 거야.'

피터는 다시 한번 생각했다.

'칼리빠의 나쁜 습관 때문에 나까지 비난을 받을 거야. 내가 칼리빠를 선교회에 받아들이지 말라고 해도, 닥터 헤이는 내 말을 듣지 않고 그에게 기독교를 전도하려고 할 거야.'

저녁에 닥터 헤이가 병원 내의 환자들을 둘러보러 왔다. 평상시처럼 피터는 그를 따라다녔다. 그의 모습은 전처럼 즐거운 표정이 아니었지만 닥터 헤이는 눈치채지 못했다.

환자들을 방문할 때마다 닥터 헤이는, 걸을 수 있는 사람이면 누구나 교회에 참석해야 된다고 말했다. 환자들은 거의가 찢어지게 가난했고, 병원에서 나가면 생계가 막연한 사람들이었다. 그런 환자들은 기독교 신자로 만들기가 무척 쉬웠다. 왜냐하면 닥터 헤이가 음식과 옷과 일자리와 잠잘 곳을 제공해 주기 때문이었다. 그래서 바레일리의 '새마음 기독교 선교회'는 나날이 번창했다.

닥터 헤이가 집으로 돌아가려고 할 때 피터가 말했다.

"선생님, 며칠간 여행을 보내 주십시오. 어머니와 친지들, 그리고 이웃들을 만나고 오겠습니다."

닥터 헤이가 말했다.

"피터, 자네가 떠나면 어떻게 하나? 자네의 일을 대신할 사람이 아무도 없다는 걸 잘 알지 않는가? 모든 환자들이 자네를 필요로 하고 있어. 진정한 기독교인은 가난한 이들을 위해 봉사해야만 하네. 나를 보게. 나는 불과 열일곱 살에 고향을 떠나서 한 번도 부모님을 뵈러 간 적이 없네."

피터는 의사가 자기를 보내 주지 않으리라는 것을 알았다. 그래서 이렇게 말했다.

"선생님, 진정한 기독교인은 먼저 제일 가까운 부모형제에게 복음을 전해야 합니다."

의사가 잠시 생각하더니 말했다.

"피터, 자네가 옳아. 어쩌면 자네의 가족을 전부 이리로 데려올 수 있을지도 모르지. 좋아, 다녀오게. 하지만 될 수 있는 대로 빨리 와야 하네. 그리고 사람들을 가능한 한 많이 데리고 오게."

다음날 아침 병원에서 피터의 모습은 보이지 않았다. 그가 어디로 갔는지 아는 사람이 아무도 없었다. 의사 역시 어젯밤에 그와 나눈 이야기를 잊어버리고 몹시 걱정을 했다. 그러다가 그는 피터가 가족을 모두 기독교로 인도해 오기 위해서 떠났다는 사실을 기억해 냈다.

하루하루가 지나면서 병원의 일은 날이 갈수록 엉망이 되어 갔다. 모두가 닥터 헤이의 지시만 기다리고, 피터처럼 스스로 환자를 보살피는 일에는 흥미가 없었다.

그러던 어느 날, 무척 신기하게도 피터가 갑자기 나타났다. 그는 떠날 때와는 달리 다 떨어진 옷을 걸치고 있었다. 빗지 않은 머리에 수염이 잔뜩 자라 있었다.

의사는 당장 그를 알아보고서, 그에게 목욕을 하고 수염도 깎고 새옷을 입으라고 말했다. 피터는 더러운 껍질을 벗고 전처럼 깨끗해졌다.

닥터 헤이가 말했다.

"피터, 자네가 없어서 병원의 기능이 거의 마비상태였네. 모두가 내가 나서서 일을 시켜야만 움직이니, 내 일이 좀 많았겠나? 지쳐서 쓰러질 지경이었네. 자네가 돌아와 줘서 기쁘네. 다시 병원의 일을 맡아 주게."

피터가 말했다.

"선생님, 저는 병원에서 일할 수가 없습니다. 병원 일에 대해서는 아무것도 모릅니다. 전에 하던 일을 계속할 수는 있습니다만."

"바로 그거야. 다른 말이 아니라, 자네가 전에 병원에서 하던 일을 계속해 달라는 걸세."

피터는 도대체 무슨 말인지 이해할 수가 없었다. 그래서 어리둥절한 상태에서 다시 의사의 집에서 일을 하기 시작했다.

이 자가 바로 진짜 피터였지만, 아무도 그가 자반이 아니라는 것을 알지 못했다. 그가 집안에서 일을 하는 것을 보고서야 의사는 그가 원래의 피터라는 사실을 알아차렸다. 그러자 처음의 기쁨이 크게 줄었다. 이 피터는 둔하고, 집 안을 청소하거나 빗자루질을 하는 것 외에는 아무것도 모른다는 사실을 잘 알고 있었던 것이다.

그러나 의사는, 만일 그를 병원으로 데려가면 환자들이 피터가 돌아왔다고 느끼고는 다들 행복해하리라는 것을 알았다. 그래서 그는 이렇게 생각했다.

'이 피터는 환자들한테 약을 주거나 상처를 치료하고 주사를 놓는 일은 못할 것이다. 그러나 환자들을 행복하게 하는 데에는 이용할 수 있다.'

그래서 진짜 피터는 집안일을 하면서 자반이 했던 것처럼 닥터 헤이와 함께 병원에도 갔다. 모든 이가 이 피터와 그전의 피터의 일하는 방식에서 약간의 차이를 느끼기는 했지만 크게 신경을 쓰지는 않았다.

피터(실제로는 자반)에 대한 강한 신념이 있었기 때문에 병원의 일은 다시 순조롭게 돌아가기 시작했다.

한편 감옥에서 풀려난 칼리빠는 바레일리 시내를 배회하기 시작했다. 때로는 구걸을 하기도 하고, 때로는 무거운 짐을 들어다 주고 돈을 벌었다.

몇 달 간 이런 식으로 배회하던 그는 어느 날 우연히 선교회 건물의 정문 앞에 서 있는 피터를 보았다. 그는 반갑게 달려가 그를 껴안으며 말했다.

"자반, 이제야 자네를 찾았군, 찾았어. 자네의 주소와 바뀐 이름을 잊어먹었거든."

피터는 웬 낯선 사람이 아주 친한 친구처럼 행동하는 데에 몹시 당황했다.

"자반이 누구요? 내 이름은 피터요."

당장에 칼리빠가 소리쳤다.

"맞아, 피터야, 피터. 그 이름을 까먹었으니. 자네는 이제 피터라고 그랬지. 이제부터 잊지 않고 자네를 피터라고 부르겠네."

피터는 칼리빠가 머리가 돌아버린 사람이라고 생각하고는 의사한테 데려갔다. 그는 사람들이 선교회에 도움을 받으러 오는 것을 의사가 바라고 있다는 사실을 알고 있었다.

닥터 헤이는 직업적인 사랑을 가득 품고서 칼리빠에게 말했다.

"칼리빠. 지낼 곳을 찾는다면 이 선교회에 있어도 좋아. 자네는 어떤 일을 할 수 있나?"

칼리빠는 병원 구내나 하수구, 변소를 청소할 수 있다고 대답했다. 마침 의사는 그런 일을 할 수 있는 사람을 찾고 있었다. 그래서 칼리빠는 당장 병원 직원으로 취직이 되었다.

칼리빠한테는 피터가 그의 친한 친구 '자반'이었다. 그러나 자기 딴에도 그를 '자반'이라고 불러서는 안 된다는 것을 알고 있어서 남들처럼 피터라고 불렀다. 그러나 마음속으로는 그를, 같이 마약담배를 피우던 '자반'이라고 느끼고 있었다.

피터는 그다지 예민한 사람은 아니었지만, 누군가 자기한테 대단한 애정을 쏟는 것을 알고는 자신도 그 사람에게 애정을 느꼈다. 칼리빠가 과거에 있었던 일을 이야기할 때마다 어리둥절했지만 그다지 신경을 쓰지 않았다.

칼리빠는 매달 월급을 받았다. 식사와 옷이 제공되었기 때문에 그다지 많은 액수는 아니었다. 월급을 받는 즉시 그는 시장으로 가서 마약담배의 재료를 사 왔다. 그는 친구 피터가 동참해 줄 것이라고 생각했다. 혼자였다면 마약소굴로 갔을 것이다. 혼자서 마약담배를 피우는 것은 하나도 재미가 없기 때문이다.

밤중에 몰래 의사의 집으로 간 칼리빠는 피터의 방을 찾았다. 그는 피터에게, 자기 방으로 오면 놀라게 해줄 일이 있다고 말했다.

피터는 놀랄 일이 있다는 얘기에 매우 흥분이 되어 당장에 칼리빠를 따라갔다. 방 한가운데에는 작은 구멍이 파여 있었고, 긴 대나무담뱃대가 연결되어 있었다. 칼리빠는 피터를 놀라게 해주려고 그 위에 보자기를 덮어놓았다. 피터가 방 안으로 들어서자 칼리빠는 "짜안!" 하면서 보자기를 벗겼다.

피터가 말했다.

"이게 뭐야? 이건 찬두 파이프가 아닌가?"

피터는 다른 사람이 마약담배를 피우는 것을 본 적이 있지만, 직접 경험한 적은 한 번도 없었다.

"기억이 안 나나? 오, 자네는 하나도 기억을 못하지. 자네는 이제 피터니까. 오늘 내 월급을 털어 이것들을 사 왔다네. 이제 우리는 매일 마약담배를 피울 수가 있어."

피터는 마약담배를 경험해 보고 싶었다. 마약담배 경험자들로부터 이야기를 무척 많이 들었었다. 그는 사람들이 원을 그리고 둘러앉아 피우는 것도 보았다. 마약담배를 피우는 데에는 많은 기술이 필요한 것도 아니었다.

두 사람이 얼굴을 마주보고 앉은 다음 칼리빠가 담뱃대를 잡고 피터가 구멍에 불을 붙였다. 두 사람밖에 없었기 때문에 마약가루는 아주 조금이었다.

칼리빠가 연기를 들이마신 다음 두 사람은 그 연기를 서로의 입에 대고 두세 번 교환했다. 그리고 나서 죽은 듯이 바닥에 나가떨어졌다.

아침에 눈을 뜬 피터는 자신이 칼리빠의 방에 와 있다는 사실을 알았다. 그는 얼른 자리에서 일어나 자기의 거처로 갔다. 칼리빠는 아직도 정신을 못 차렸다. 그는 피터보다 연기를 두 모금이나 더 마셨던 것이다.

피터는 매우 상쾌함을 느꼈다. 몸 전체에 힘이 솟는 것 같았다.

그는 무척 행복해져서 중얼거렸다.

"확실히 마약담배는 대단해. 그래서 경험자들이 그렇게 추켜세우는 모양이야."

아침 열시에서 정오까지 일하게 되어 있었던 칼리빠는 느지막이 정신이 든 뒤에도 별로 일할 걱정을 하지 않았다. 그에게는 마약이 인생의 전부였다. 마약담배를 피우지 않으면 온몸이 굳고 뼈마디가 나무토막처럼 뻣뻣해졌다. 그래서 일도 할 수가 없었다.

저녁에 칼리빠는 다시 마약담배를 준비해 두고서 피터가 오기를 기다렸다. 그는 부르러 가지 않아도 피터가 제 발로 오리라는 것을 알고 있었다.

피터는 집안일을 마치고 나서 칼리빠의 방을 찾아갔다. 처음에 그는 마약에 관한 것을 잊으려고 애를 썼다. 그러나 자신의 방으로 가자, 옷을 갈아입는 대신에 침상을 정돈하고 창문을 닫은 다음 자신도 모르는 사이에 발길을 칼리빠의 방 쪽으로 돌렸다. 마치 칼리빠가 그에게 최면을 걸어 잡아당기는 것 같았다.

피터가 방으로 들어서자 칼리빠가 말했다.

"자네가 올 줄 알았네, 피터. 그런데 둘이서만 마약담배를 피우면 재미가 없어. 왜 정원사와 요리사를 데려오지 않나? 그들은 자네의 친구가 아닌가? 나는 새로 온 사람이니 내가 얘기하는 것보다 자네가 말하는 것이 낫지 않겠어?"

피터가 말했다.

"내가 그 사람들한테 마약담배 이야기를 했더니 흥분을 감추지 못하더군. 다들 오고 싶어했어. 그러나 그들은 아홉시 이전에는 올 수가 없네. 우리 잠시 산보갔다가 돌아오는 길에 주방에 들러 그들을 데려오세."

칼리빠는 피터의 생각에 동의했다. 그들은 길거리로 나가 시내 쪽으로 향했다. 칼리빠의 마음은 오로지 마약담배에 관한 생각뿐이었다. 그는 너무 늦기 전에 서둘러 집에 돌아가고 싶었다.

1마일쯤 걸은 뒤에 칼리빠가 말했다.

"너무 늦었어. 이제 그만 돌아가세."

그러나 피터는 그렇게 빨리 돌아가고 싶지 않았다. 요리사가 일을 끝내려면 아직 한 시간이나 남아 있었다. 길을 건너면서 그가 말했다.

"칼리빠, 시내를 한 바퀴 돈 다음에 돌아가세."

거리를 몇 개 지난 다음 그들은 마약상인이 사는 골목을 지나가게 되었다. 늙고 빼빼 마른 마약상인이 집 앞 거리의 의자에 나와 앉아 있었다.

칼리빠와 피터가 지나가는 것을 보고 노인이 소리쳤다.

"칼리빠, 별일 없나?"

칼리빠는 대번에 그 사람을 알아보았다. 그들은 마약소굴에서 몇 차례 만난 적이 있었고, 바로 옆자리에 나란히 앉아 마약담배를 피운 적도 있었다.

칼리빠가 걸음을 멈추고 말했다.

"아즈말, 여기에 사십니까? 아, 이제야 기억이 나는군요. 마약담배를 피우러 이곳에 온 적이 있었지요."

'아즈말'이라는 이름의 노인이 칼리빠에게 속삭이듯이 말했다.

"자네가 참석했던 그 마약소굴은 내 것일세. 그리고 난 아편도 팔지. 정부에서 받은 아편 판매 허가증도 갖고 있네. 나는 아편을 집 안에서만 팔지. 내 고객들은 다 알고 있어서, 굳이 아편가게라는 간판을 내걸 필요도 없어."

칼리빠는 길가에 서서 노인의 집 안을 들여다보려고 했지만, 안이 너무 어두워서 탁자 위에 놓인 희미한 등잔불만 보일 뿐이었다. 노인과 함께 아편과 마약담배에 관한 이야기를 하다 보니 칼리빠는 어서 빨리 마약담배를 피우고 싶어서 견딜 수가 없었다.

그가 말했다.

"피터, 이제 그만 돌아가세."

그리고 나서 빠른 걸음으로 앞장서서 걸어가기 시작했다. 피터는 할 수 없이 그 뒤를 따랐다.

칼리빠와 피터가 아즈말의 시야에서 멀어지자 한 남자가 아즈말의 집에서 빠져나와 소리 안 나게 고양이처럼 어두운 거리로 사라져 갔다. 칼리빠와 피터의 눈에 뜨이고 싶지 않았던 것이다. 칼리빠가 마약상인과 이야기하고 있는 동안에 그는 집 안에서 지켜보면서 그들이 떠날 때까지 기다렸다.

아즈말은 그가 집 안에서 나오는 것을 보고 함께 이야기를 나누려고 했다. 왜냐하면 그는 지난 몇 해 동안 자신의 꾸준한 고객이었기 때문이다. 그러나 그 사람은 아즈말이 잘 가라는 인사를 할 틈도 주지 않고 서둘러 가버렸다.

그전에는 항상 집 앞 의자에 앉아 장시간 이야기를 나누었던 터라 아즈말은 그 사람이 아무 말도 없이 가버리자 몹시 의아했다. 아마도 급한 일이 있기 때문에 담소를 즐길 시간이 없는 모양이라고 생각했다.

칼리빠와 피터가 병원의 주방에 도착했을 때 요리사는 막 일을 끝내려던 참이었다. 정원사는 벌써 일을 끝내고 쉬고 있었다.

몇 분 후에 그들은 모두 칼리빠의 방으로 갔다.

칼리빠는 마약담배의 대가였고, 피터도 스스로 대단한 경험자처럼 행동했다. 요리사와 정원사는 한 번도 마약담배를 피워본 적이 없었다. 그래서 그들은 약간 흥분도 되고, 약간 겁이 나기도 했다.

네 사람은 담뱃대 주변에 원을 그리고 둘러앉았다. 칼리빠가 몇 마디 주문을 외운 다음에 피터가 불을 붙였다. 칼리빠가 한 모금 길게 빨아들인 다음 그 연기를 피터의 입에다 내뿜고, 피터는 다시 요리사의 입에 내뿜고, 요리사는 정원사의 입에 내뿜었다. 이런 식으로 네 사람은 모두 마약연기에 취해 바닥에 나가떨어졌다.

아침에 그들은 모두 의식을 되찾았다. 저마다 무척 행복하고 몸이 가뿐했다. 몸이 결리고 아프던 것도 전부 사라졌다. 몸 구석구석이 상쾌했다. 칼리빠는 마약소굴에서 선배들한테 배운 대로 마약담배를 찬양하는 말을 몇 마디 지껄인 다음 그들을 일터로 보냈다.

선교회를 떠나면서 자반은, 어머니를 만나 자신의 죄를 모두 고백해야겠다고 마음먹었다. 마찬가지 이유에서 장모도 만나고 싶었다. 그러려면 먼저 어머니가 사는 라니켓으로 돌아갈 필요가 있었다. 그런데 그에게는 돈이 한푼도 없었다. 그는 승차권 없이 기차에 올라타고 싶지도 않았고, 그렇다고 돈을 얻으러 다시 닥터 헤이에게 돌아가고 싶지도 않았다.

어쨌든 기차역으로 간 자반은 길가의 돌 위에 앉아 잠시 쉬면서, 자신이 과거에 한 행위들에 대해, 그리고 어떻게 하면 죄책감을 씻을 수 있을까에 대해 깊은 생각에 잠겼다.

그때 갑자기 어떤 목소리가 들렸다.

"닥터 피터, 왜 여기 앉아 계십니까? 저를 모르시겠어요? 다리에 상처가 나서 병원에 입원해 있었는데 당신이 치료해 주셨지요. 기차를 타고 어딜 가시려는 길입니까? 저는 여기서 철도 인부로 일하고 있습니다. 저희 집이 이 근처인데, 기차를 기다리시는 동안 저희 집에서 잠시 쉬었다 가십시오."

피터가 말했다.

"아, 예. 생각납니다. 다리를 아주 심하게 다쳤었지요. 신께서 당신의 다리를 치료해 주신 겁니다. 이제 다리가 완전한 것을 보니 기쁘군요. 나는 카트고담으로 가려고 합니다. 그런데 기차표를 살 돈이 없군요."

그러자 인부가 말했다.

"내 처남이 열차 청소부로 일하고 있는데, 선생님을 태워줄 수 있을 겁니다. 열차는 곧 떠납니다."

그는 피터를 처남에게 데려가 자신이 치료받은 이야기를 하고 카트고담까지 태워다 줄 것을 부탁했다. 그 청소부는 닥터 피터를 만나게 되어서 무척 기뻤다. 그전부터 그에 대한 이야기를 많이 들었던 것이다. 또한 가난한 사람들에게는 병원 사람들과 인연을 맺는 일이 무척 중요했다. 그래야 어려울 때 도움을 받을 수 있기 때문이다. 그래서 그는 아주 기쁜 마음으로 피터를 열차에 태워주었다.

카트고담에 도착한 피터는 걸어서 이틀 만에 집에 도착했다. 그의 어머니는 자반이 돌아온 것이 기쁘긴 했지만, 옛날에 돈을 도둑맞은 것을 잊지 않고 있었다.

게다가 자반이 시러진 뒤에 그의 장모가 도둑맞은 돈 때문에 그 집에 찾아왔었고, 그 일로 그의 어머니와 장모는 대판 싸움을 벌였다. 그래서 그의 어머니는 아직도 아들의 나쁜 습관을 두려워하고 있었다. 더욱이 자반은 최신식 복장에 새 신발을 신었으면서도 호주머니는 빈털터리였던 것이다.

어머니가 말했다.

"자반, 너는 여기서 살 수 없다. 게다가 네가 또 내 돈을 훔칠까 봐 겁이 난다. 나는 이제 늙었고, 돈이 없으면 병이 들어도 도움을 받을 수 없어. 너는 아직 젊으니 늙었을 때를 걱정하지 않아도 되겠지. 하지만 너도 늙어 봐라. 돈을 갖고 있어야 한다는 생각이 들 테니."

"어머니 돈을 훔쳐서 대단히 죄송합니다. 용서를 받기 위해서 이렇게 돌아온 겁니다. 저는 돈이 필요없습니다. 장모의 돈을 훔친 것에 대해서도, 이미 네 배로 보내 주긴 했지만 심한 죄책감을 느끼고 있습니다. 장모한테도 가서 용서를 빌고 오겠습니다. 어머니도 알다시피 저는 한때 마약에 빠졌었고, 마약을 사기 위해서 돈을 훔쳤던 겁니다. 그러나 이제는 마약을 끊었고, 따라서 돈도 필요없습니다."

아들의 말에 굳었던 마음이 풀린 어머니는 눈물을 흘리며 아들을 껴안았다.

"모든 것이 다 네 것이다, 자반. 이제 너의 직업을 돌려주마. 너를 재혼시킬 수 있을 만큼 돈도 충분히 모았다."

그녀는 돈으로 가득 찬 단지를 꺼내 보여주었다.

"봐라, 이렇게 돈이 많단다. 이 돈이면 너는 제일 아름다운 여자와 결혼할 수 있다. 처가에는 갈 필요가 없다. 네 아내였던 줌꼬는 이미 재혼을 했단다. 그리고 장모에게 네 배로 갚았다면 다시 찾아

갈 필요가 없다."

자반이 말했다.

"아닙니다, 어머니. 장모를 만나서 죄를 고백하고 용서를 받아야 해요. 그 이유말고는 그곳에 다른 볼일이 없습니다. 금방 돌아오겠습니다."

다음날 자반은 장모의 집으로 떠났다.

같은 날 우연하게 그의 옛 아내 줌꼬도 새남편과 함께 그곳에 왔다. 그녀의 새남편은 몸집이 크고 매우 사나운 사람이었다. 그는 걸핏하면 줌꼬를 두들겨 팼으며, 장모가 줌꼬의 편을 들면 장모한테까지 폭행을 서슴지 않았다. 당연히 장모는 그를 몹시 무서워했고, 그래서 자반을 보자 말할 수 없이 반가웠다.

세 사람이 동시에 찾아오자 장모는 어떻게 행동해야 할지 몰랐다. 그녀가 거북해하는 것을 알고 자반이 먼저 말했다.

"장모님, 저는 장모님의 돈을 훔쳤습니다. 그때 저는 마약담배를 피우는 못된 습관에 빠져 있었기 때문에 그런 짓을 했습니다. 저를 용서해 주십시오."

그의 장모는 이미 네 배나 되는 돈을 받았기 때문에 그 일을 무척 큰 행운이라고 생각하고 있었다. 그녀는 자반이 네 곱절의 돈을 돌려보냈으면서 왜 새삼 용서를 비는지 까닭을 알 수가 없었다.

그녀는 아마도 자반이 큰 부자가 되어서 그녀에게 돈을 더 주려고 하거나, 아니면 줌꼬를 도로 데려가려고 한다고 생각했다. 그러자 그녀의 머릿속에 욕심의 물결이 여름날 뭉게구름처럼 일기 시작했다. 그녀는 어떻게 하면 자반의 돈을 빼앗을 수 있을까 궁리했다.

그녀는 줌꼬가 새남편을 겁내고 있었기 때문에 가능하면 사위의 비위를 맞추고자 했다. 그래서 자반에게는 아무 말도 없이 먼저 줌꼬의 남편을 데리고 방 안으로 들어갔다.

한편 줌꼬 역시 새남편을 몹시 무서워하고 있었기 때문에 자반에게 돌아가고 싶은 마음이 간절했다. 그러나 남편에 대한 두려움이 더 심했다. 그는 어찌나 포악한 사람인지, 그녀를 묶어 놓고 때리기까지 했다.

장모가 줌꼬의 새남편과 이야기하는 사이에 줌꼬는 기회를 얻어 자반에게 속삭였다.

"자반, 저 짐승으로부터 나를 구해 줘요. 저 사람은 나를 죽일지도 몰라요."

자반은 정이 많은 사람이었다. 그리고 줌꼬의 새남편의 행동거지로 미루어 무척 잔인한 사람이라는 것을 대번에 알아차렸다. 그는 만일 줌꼬가 그를 받아들이고자 한다면 그녀를 도로 데려가야겠다고 생각했다.

방 안에서는 장모와 줌꼬의 새남편이 아주 비밀스럽게 대화를 나누고 있었다. 잠시 후에 그들은 진지한 표정으로 밖으로 나왔.

그제서야 장모는 자반을 들어오라고 해서 가족과 한자리에 앉혔다. 그들은 둘러앉아 이런저런 이야기를 나누었다. 자신의 직업과 병과 돈 따위에 관한 이야기들이었다.

자반은 그들과 함께 있는 것이 심히 불편해서 어서 떠나고 싶었다. 그가 장모에게 말했다.

"이제 저는 집으로 돌아가야겠습니다. 지금 떠나지 않으면 너무 어두워질 것 같습니다."

장모가 말했다.

"이렇게 오랜만에 왔는데 벌써 떠나려구? 적어도 하룻밤 정도는 자고 가야지. 줌꼬가 다른 남자한테 시집갔다고 해서 자네가 여기에서 하룻밤 묵지 말라는 법이 있나? 줌꼬의 새남편은 아주 좋은 사람이라네. 이 사람 역시 자네가 하룻밤 묵고 가기를 바라고 있어."

자반은 머물고 싶지 않았지만 거절할 수도 없었다.

자반이 말했다.

"좋습니다. 저는 바깥의 비어 있는 닭장에서 자겠습니다. 저는 탁 트인 곳에서 자는 것이 좋거든요."

장모는 맛있는 음식을 대접하면서 자반을 즐겁게 해주려고 노력했다.

식사를 마친 다음 그들은 다시 대화를 나누었고, 자반은 다시금 자리가 불편해서 먼저 자러 갔다.

줌꼬는 모두가 잠든 한밤중에 살며시 닭장으로 가서 자반을 흔들어 깨웠다. 자반이 놀라서 깨어 보니 줌꼬가 옆에 서 있었다. 그는 줌꼬가 그와 함께 떠날 준비가 된 모양이라고 생각하고는 벌떡 일어났다.

줌꼬가 속삭였다.

"어서 도망쳐요. 내 남편과 어머니가 당신의 돈을 강탈할 음모를 꾸미고 있어요. 어쩌면 당신을 죽일지도 몰라요."

이렇게 말하고 나서 그녀는 어둠 속으로 사라졌다.

자반은 벌써부터 그들의 행동이 수상했기 때문에 더이상 머뭇거릴 이유가 없었다. 그는 서둘러 소지품을 챙겨 닭장을 떠났다.

멀리 달아나다가 자반은 줌꼬의 비명소리와 남편의 고함소리를 들을 수 있었다.

"이 죽일 년아, 네가 저놈을 도망치게 했지? 저놈 대신에 네가 죽어 봐라."

아침이 되자 그는 지난번처럼 강가에 도착했다. 그는 더욱 빨리 걸어서 마침내 몇 년 전에 앉아서 쉬었던 그 나무 아래 도착했다.

그는 다시 그 나무 아래 앉았다. 지난번에 돈을 훔쳤을 때와는 달리 이번에는 사람들이 겁나지 않았다. 그는 가진 돈도 없었고, 대낮이었기 때문에 장모와 그녀의 새 사위가 추격해 올 수도 없었다.

한 시간쯤 쉰 뒤에 그는 강물에 목욕을 하고 나서 산을 향해 걸어 올라가기 시작했다. 그는 옛날의 마을에 도착해서 사람들을 만났다. 아이들은 많이 컸지만 어른들은 그대로였다.

마을 사람들 역시 그를 알아보고 집 안으로 초대했다. 자반은 마음속으로, 지난번에는 몸이 아팠으며 그들의 집말고는 쉴 곳이 없었던 것이라고 생각했다. 하지만 이번에는 몸이 아프지 않기 때문에 자신이 불촉천민 청소부 출신이라는 사실을 숨겨서도 안 되며, 그래서 마을 사람들이 그를 내쫓으면 다른 곳으로 떠나야만 한다고 생각했다.

자반이 말했다.

"나는 여러분에게 내가 불촉천민의 청소부 출신이라는 사실을 말하기 위해 이곳에 왔습니다. 따라서 나는 여러분의 집 안에 들어갈 수가 없습니다. 여러분은 내가 누구인지 모르지만, 그렇다고 내가 여러분에게 진실을 숨길 이유는 없습니다."

마을 사람들은 당장에 물을 끼얹은 듯이 조용해졌다. 마치 어떤 끔찍한 일이 발생한 것처럼.

그때 한 청년이 말했다.

"내가 병원에 입원해 있을 적에 내게 밥을 가져다 준 사람도 청소부였습니다. 병원에서 청소부와 마주앉아 있을 수 있는데 집 안에서 청소부와 마주앉지 못할 이유가 뭡니까? 저는 가난한 사람들은 모두 같은 신분, 같은 계급이라고 생각합니다. 당신은 우리의 형제입니다. 망설이지 말고 우리와 함께 집 안으로 들어갑시다."

청년은 자반의 등을 밀어 집 안으로 데리고 갔고, 온 마을 사람들은 말없이 그 행동을 받아들였다.

자반은 어서 빨리 라니켓으로 돌아가 어머니와 함께 있고 싶었다. 그런데 마을 사람들이 그를 3일씩이나 붙들어 두었다. 마침내 그는 더이상 지체할 수가 없다고 말하고서 길을 떠났다.

자반은 라니켓에서 그다지 멀리 떨어져 있지 않았다. 그래서 그는 서너 시간 만에 집에 도착했다.

자반이 처가로 떠난 바로 그날 밤, 자반의 어머니는 심한 병에 걸렸다. 그가 돌아왔을 때, 그의 어머니는 막 숨이 넘어가려는 찰나였다. 그녀는 아들에게 유언도 하지 못했다. 자반이 도착하고 나서 불과 몇 분 후에 세상을 떠났다.

어머니의 갑작스런 죽음에 자반은 심한 충격을 받았다. 어째서 이런 일이 벌어졌는지 이해할 수조차 없었다. 그는 이웃의 도움을 받아 어머니의 장례식을 치렀다.

어머니가 청소하던 거리는 이제 청소할 사람이 없었다. 자반이 돌아왔다는 소문을 들은 거리의 주민들은 그에게 유산으로 물려받은 직업을 다시 이어받으라고 부탁했다.

자반도 거리와 집과 변소를 청소해서 사람들에게 봉사하고 싶었지만, 다른 일을 통해 인류에게 더 큰 봉사를 할 수 있으리라고 생각했다. 그래서 그는 청소 권리를 포기할 테니 그것을 다른 사람에게 넘겨주라고 말했다.

이제 자반은 무엇을 할 것인가를 결정해야만 했다. 선교회로 돌아간다? 혹은 다른 병원에서 일자리를 구한다? 그는 결정을 내릴 수가 없었다.

문득 그는 어머니가 약간의 돈을 갖고 있었다는 것이 생각났다. 그 돈이라면 유용하게 쓸 수 있을 것 같았다. 그 돈으로 약을 사서 판자촌의 가난한 사람들에게 나누어줄 수도 있었다. 나중에 그들이 돈을 벌면 되돌려 받을 수도 있는 일이었다. 그는 가난한 사람들한테 자신의 도움이 필요하다는 굳은 신념을 갖고 있었다.

자반의 마지막 애착은 어머니에 대한 것이었다. 그런데 이제 그의 어머니는 세상에 없었다. 그는 자기 소유의 집도, 땅도, 아무것도 없었다. 이제 그는 세상에 애착을 가질 것이 하나도 없었다.

이튿날 아침 자반은 어머니가 저축해 둔 돈만 챙기고 다른 것은 있던 그대로 놓아두었다. 그는 어머니의 직업을 대신할 새 사람한테 그 집과 집 안의 모든 것을 사용해도 좋다고 말했다.

그리고 나서 그는 카트고담으로 가는 버스에 올라탔다. 카트고담에 도착한 그는 곧바로 바레일리 시로 갔다. 밤중에 도착한 그는 기차역의 한쪽 구석에서 잠이 들었다.

이른 아침 눈을 뜬 자반은 시 변두리의 마을을 향해 걸어갔다. 마을 사람들이 시내에 내다 팔기 위해 자전거 양쪽에 큰 우유통을 싣고 달려오고 있었다. 여인네들은 설탕통을 머리에 이고 바삐 걸어오고 있었다. 통으로 가득 찬 소달구지는 설탕공장으로 가는 길이었다.

아침이라서 거리는 매우 부산했다. 해가 중천에 솟으면 너무 뜨겁기 때문에 모두가 될 수 있는 대로 빨리 시내에 도착하려고 서두르고 있었다.

정오가 되자 자반은 더이상 걸을 수가 없었다. 도로는 뜨겁게 불타고 있었다. 자반은 그늘에서 쉬어가기로 작정하고는 어떤 나무 아래 앉아 오후 세시가 될 때까지 쉬었다. 그는 가능한 한 멀리 있는 마을까지 걸어가 그곳에서 하룻밤 묵을 계획이었다.

그가 다시 걷기 시작했을 때, 우유를 팔고 오던 한 마을 사람이 자전거를 타고 가다가 자반의 앞에서 멈추었다. 그 남자가 말했다.

"라트람 마을로 가십니까?"

자반은 딱히 어떤 마을로 가겠다는 계획은 서 있지 않았지만 아무튼 그렇다고 대답했다. 그러자 그가 말했다.

"그렇다면 내 자전거 뒤에 타시오. 태워다 줄 테니."

자반은 자전거 뒤에 올라탔다. 자전거 뒤의 양 옆에는 빈 우유깡통 두 개가 매달려 있어서 울퉁불퉁한 길을 마구 덜컹거리며 달려갔으나 그런 일 따위에 신경쓸 때가 아니었다.

우유배달부가 이름을 물었다. 자반은 '피터'라고 대답했다.

그 목축업자가 말했다.

"그렇다면 당신은 기독교인이군요. 라트람은 힌두교 마을인데, 왜 그 마을에서 지내려고 하십니까?"

피터가 말했다.

"나는 하룻밤만 묵고 아침이면 사람들이 나를 필요로 하는 곳으로 떠날 계획입니다."

이 말에 그 남자가 깜짝 놀라서 말했다.

"그렇다면 어디로 갈지 확실하지도 않고, 라트람에 친척이나 친구가 있는 것도 아니란 말인가요?"

피터가 대답했다.

"예, 그렇습니다. 나는 산골짜기에서 온 사람인데, 병들고 약을 구할 수 없거나 병원에 갈 수 없는 가난한 사람들을 돕기 위해 이곳까지 오게 된 것입니다. 나는 그러한 사람들을 보살펴 줄 수가 있습니다. 돈을 벌려는 것이 아니라, 단지 사람들에게 봉사하고 싶을 따름입니다."

목축업자는 아무런 대가도 바라지 않고 가난한 사람들에게 봉사하고자 하는 사람을 보고 더욱 놀랐다. 그는 피터가 약간 미쳤거나 아니면 사기꾼이라고 생각했다. 그는 피터를 자기 집으로 데려가 정말로 가난한 사람들을 도우려는지 알아봐야겠다고 마음먹었.

자전거는 잘 지어진 어떤 집 앞에 멈추었다. 흙벽돌에 지붕은 볏짚으로 엮어진 집이었다. 매우 깨끗했으며, 온갖 꽃들이 길가에 만발해 있었다.

목축업자는 망고나무 아래 자전거를 세워놓고, 피터를 손님 접대용 방으로 데리고 들어갔다.

그 사람이 말했다.

"나는 구자르(소치는 사람) 계급에 속합니다. 이 마을 사람들은 모두 나와 같은 신분입니다. 우리는 가난하지만, 한 장소에서 젖소를 키우고, 그 우유를 팔아 생계를 이어가고 있습니다. 그렇게 하는 것이 젖소우리를 청결히 하기도 쉽고, 들판에서 풀을 뜯고 있는 젖소들도 한 사람이 지킬 수 있기 때문입니다. 이 주변에 젖소가 눈에 띄지 않는 이유도 그 때문입니다."

목축업자는 피터에게 큰 잔으로 우유를 대접했다. 피터가 우유를 다 마시자 그 사람이 말했다.

"우리 밖으로 나갑시다. 당신에게 구경시켜 주겠소."

그들은 밖으로 나와 푸른 잔디로 덮여 있는 길을 따라 걸었다. 길 옆에는 작은 개천이 있었고, 마을의 집들은 말굽모양을 이루며 모여 있었다.

각 집들은 분리되어 있었고, 두 개의 침실과 거실, 현관, 그리고 정원이 있었다. 집 앞에는 바나나나무와 야자나무가 울타리를 이루며 늘어서 있었다. 부엌은 건물들 뒤에 따로 떨어져 있는 공동부엌이었다. 부엌 뒤쪽에는 젖소우리가 있었다.

그 너머로 넓은 들판은 말뚝과 대나무들이 촘촘히 박혀 울타리를 이루고 있었다. 젖소들은 작은 울타리 안에서 여물을 먹고, 황소들은 울타리 근처를 어슬렁거리고 있었다.

피터와 사내는 마을을 한 바퀴 돈 다음 집으로 돌아왔다.

피터가 말했다.

"이 마을은 무척 깨끗하군요. 집들도 체계적으로 세워져 있고, 집집마다 꽃밭이 있군요."

사내가 말했다.

"그렇소. 내가 여기서 협동농장을 시작했소. 몇 해 전까지만 해도 나는 군대에 있었는데, 막사를 지을 때 우리는 철저한 계획을 세워 건물과 도로와 정원을 배치하곤 했었소. 제대한 뒤 나는 여기에서 똑같은 일을 한 것이오. 우리는 모든 일을 함께 합니다. 돈도 함께 벌고, 식사도 같이 합니다. 집은 각각이지만 우리는 매일 한 집에서 모임을 가집니다. 아이들을 위한 학교도 지었습니다. 이제 약에 대해 잘 아는 사람을 구해 진료소를 차리기만 하면 됩니다."

피터는 모든 일이 척척 맞아들어가고 있다고 생각했다. 그는 어쩌면 이것이 신의 뜻인지도 모른다고 생각했다.

'이곳 사람들은 나를 필요로 하고, 나도 그들이 필요하다. 이 마을 사람들은 세상을 살아가는 법을 한결 잘 이해하고 있는 것 같으니 함께 일하기가 쉬울 거야.'

피디가 말했다.

"내게 1천 루삐가 있습니다. 이 돈으로 진료소를 차릴 수 있도록 이 협동농장에 기부하겠습니다."

자기 앞에 놓인 1천 루삐를 보고 소치는 사람은 잠시 할 말을 잃었다. 잠시 후 그가 외쳤다.

"1천 루삐씩이나!"

그는 그 돈이 진짜인지 가짜인지를 확인해 보고 나서 이렇게 물었다.

"이게 진짜로 당신의 돈이요, 아니면 어디서 주웠소?"

차마 어디서 훔친 것 아니냐고는 물을 수 없었던 것이다.

피터가 대답했다.

"분명히 내 돈입니다. 며칠 전에 어머니가 돌아가셨는데 이 돈을 내게 물려주셨습니다. 나는 이 돈을 좋은 목적으로 쓰고 싶습니다. 훔친 돈은 아니니 안심하십시오. 당신은 정직한 사람 같고, 또 협동농장의 생활을 개선하기 위해 애를 쓰는 것 같습니다. 나도 같은 생각입니다. 다만 나는 어떠한 신분이나 계급, 어떤 종교, 종파에 속하는 사람이든 도움을 필요로 하는 가난한 사람들을 돕고 싶을 따름입니다."

소치는 남자가 말했다.

"피터, 나는 이 협동농장의 대표인 푸울 싱그요. 당신을 만나게 된 것을 신께 감사드립니다. 자, 함께 저녁을 먹으러 갑시다. 그런 후에 진료소에 대한 이야기를 합시다."

협동농장에는 50세대가 살고 있었다. 모두 함께 저녁을 먹은 다음 푸울 싱그의 집을 진료소로 쓰고, 그의 가족들은 다른 작은 집에서 살기로 결정했다.

이튿날 푸울 싱그의 식구는 작은 초가집으로 이사를 했다. 새 집을 지을 때까지 그 집을 임시본부로 사용하기로 했다.

당장에 진료소가 문을 열었다. 피터는 푸울 싱그에게 온갖 상처와 병에 필요한 약의 목록을 만들어 바레일리에서 사 오게 했다. 푸울 싱그는 우유를 팔러 날마다 바레일리 시내로 나가고 있었다.

의사와 병은 함께 붙어다니기 마련이다. 의사가 없을 때는 조금 아픈 것은 신경도 쓰지 않던 사람들이 이제는 약간이라도 열이 나거나 머리가 아프거나 다쳐도 피터에게 달려와 치료를 받았다.

차츰 다른 마을 사람들도 피터에 대한 소문을 듣고 치료를 받으러 오기 시작했다. 한 달 만에 피터는 그 근방에서 가장 유명한 의사가 되었다.

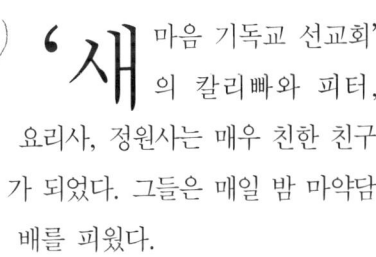

'새 마음 기독교 선교회'의 칼리빠와 피터, 요리사, 정원사는 매우 친한 친구가 되었다. 그들은 매일 밤 마약담배를 피웠다.

사람이 여럿일수록 마약 재료를 사는 비용이 줄어들뿐더러 재미도 한결 더했다. 그래서 네 사람은 더 많은 사람들을 마약 집단에 끌어들이려고 애를 썼다.

학교 선생은 늙어서 신경통에 시달리고 있었다. 원래 그는 신앙심이 강한 사람이었으나, 피터는 신경통이 사라질 것이라는 감언이설로 그를 유혹했다. 학교 선생은 마약담배를 하룻밤 피워 보니 금방 허리의 통증이 가시고 기운이 솟는 것을 느꼈다. 그러나 일단 중독이 되자, 마약담배를 피우지 않으면 통증이 더욱 심해졌다. 그래서 그는 매일 밤 마약담배에 매달려야만 했다.

요리사는 조수 요리사를 데리고 왔다. 이런 식으로 마약 집단은 열두 명으로 불어났다. 모두 일은 뒷전으로 밀어두고 밤의 마약 행사에만 몰두했다.

정원사는 나무에 물 주는 것을 잊어버리는 일이 한두 번이 아니었고, 요리사는 국에 소금을 타는 것을 잊거나 아예 요리할 생각을 잊기도 했다. 피터는 자느라고 집안 청소를 제대로 하지 않았다. 학교 선생은 전보다 기력은 좋아졌지만, 무슨 말을 하는지도 모르면서 아이들을 가르쳤다. 그는 하루 종일 온갖 말을 지껄여대는 버릇이 생겼다. 식사가 제대로 나오지 않자 환자들은 닥터 헤이에게 그 사실을 보고했다. 닥터 헤이는 모든 상황이 내리막길로 치닫고 있음을 느꼈다. 그는 일의 질서를 바로잡으려고 최선을 다했다.

어느 날 닥터 헤이는 선교회의 모든 사람에게, 돌아오는 일요일 아침에 한 사람도 빠짐없이 교회에 참석하라고 알렸다. 정신상태를 바로잡기 위해 '새마음 기독교 선교회'의 목적과 이념과 이상에 대해 긴 설명을 하고 싶었던 것이다.

토요일 밤 칼리빠는 평상시보다 두 배나 독한 마약담배를 만들었다. 일요일은 쉬는 날이었기 때문이다. 그는 일요일 아침에 교회에 참석해야 한다는 사실을 깜빡 잊었던 것이다.

열두 명의 사내들은 자정까지 노래와 춤으로 분위기를 잡은 뒤 원을 그리고 둘러앉아 평소처럼 마약담배를 피웠다. 방 안은 칠흑 같았다. 등불이 마지막 한숨을 내쉬고는 꺼지자, 방은 완전한 어둠 속에 잠겨들었다.

아침이 되자 교회의 종소리가 울리고, 사람들은 제일 깨끗하고 좋은 옷을 차려입고 교회로 모였다.

닥터 헤이는 선교회의 사명과, 사람들이 그 사명을 제대로 완수하지 못하고 있음에 대해 설교를 시작했다. 그러다 문득 몇 사람이 빠진 것을 발견했다. 그는 그 사람들이 왜 예배에 참석하지 않았는지를 물었다. 누군가 칼리빠의 방에서 자정까지 노래부르는 소리가 들렸다고 말했다.

예배가 끝난 뒤 닥터 헤이는 칼리빠의 방으로 갔다. 가보니 열두 명의 남자가 아직도 마약에 취한 상태에서 뒹굴고 있었다. 닥터 헤이는 생각했다.

'내가 가장 걱정했던 일이 사실로 드러났군. 얼마 전에 피터와 칼리빠가 마약상인인 아즈말 노인과 얘기하는 것을 보았을 때 그들 사이에 뭔가 있다는 것을 눈치챘었다. 이제야 모든 것이 분명해졌군.'

닥터 헤이는 곧장 집으로 돌아갔다. 일요일이었기 때문에 그 역시 일이 없었다.

마약흡연자들은 해가 중천에 떠오르고 나서야 의식을 되찾았다. 학교 선생이 말했다.

"너무 독했던 것 같아, 칼리빠. 난 아직도 머리가 아프네. 제대로 걸을 수 있을 때까지 여기서 좀 쉬어야겠어."

몇 사람은 몸을 일으켜 비틀거리는 걸음으로 제 방으로 돌아갔고, 몇 사람은 머리를 무릎에 파묻고서 쉬고 있었다.

피터는 집안일 담당이었기 때문에 휴일이 없었다. 마룻바닥을 닦고 닥터 헤이의 방을 청소해야 하는데, 시간이 너무 늦어 도로시가 그게 화를 낼 것이 뻔했다. 그래서 그는 허겁지겁 집으로 달려가 청소를 시작했다.

도로시가 방에서 나와 말했다.

"피터, 지금이 몇 시인지 알아요? 열한시예요. 어디 갔었어요? 교회에서도 안 보이던데. 식사시간이 다 되어서 바닥을 닦기 시작하면 어떻게 하죠?"

도로시는 화가 났지만, 가능하면 표현하지 않으려고 애를 썼다. 피터가 다시 도망가 버릴까봐 겁이 났던 것이다.

피터는 아무 대꾸도 하지 않았다. 그는 제시간에 할 일을 하지 않은 것에 대해 죄책감을 느끼고 있었다. 그래서 닥터 헤이와 도로시가 기뻐하도록 마룻바닥을 빛이 나도록 열심히 닦고, 집 안 전체를 청소했다.

전에는 그렇게 열심히 일한 적이 없었다. 도로시는 매우 흐뭇해져서 말했다.

"피터, 늦었다고 너무 미안해할 것 없어요. 오늘은 그렇게 열심히 했으니 됐어요. 자, 어서 식사를 하고 좀 쉬어요."

저녁에 닥터 헤이는 평소처럼 피터를 데리고 병원을 방문했다. 피터는 병원에서 할 일이 없었지만, 닥터 헤이가 일일이 환자를 진찰하며 한 바퀴 도는 동안 뒤를 따라다니는 것이 그의 의무였다.

진찰이 끝난 뒤 닥터 헤이는 피터를 데리고 산보를 나갔다. 피터는 닥터 헤이가 시내의 아는 사람들을 만났다가 너무 늦게 돌아갈까 봐 걱정이 되었다. 그렇다고 "멀리까지 따라갈 수는 없습니다." 하고 말할 수도 없었다.

시간이 늦어도 닥터 헤이가 돌아갈 조짐을 보이지 않자 피터는 다리를 절룩거리기 시작하면서 닥터 헤이가 하는 말에 귀를 기울이지도 않았다.

닥터 헤이가 물었다.

"아니, 젊고 튼튼한 사람이 조금 걸었다고 다리를 절룩거리나?"

"그게 아닙니다, 선생님. 발목을 삐었습니다. 괜찮으시다면 저 먼저 돌아가야 할 것 같습니다."

닥터 헤이가 말했다.

"그렇다면 함께 돌아가서 발목을 진찰해 보세. 당장 붕대를 감아 주지 않으면 더 나빠질지도 모르니까. 자, 내 어깨에 기대게."

피터는 말했다.

"아닙니다. 혼자서도 걸을 수 있습니다."

집으로 돌아오는 즉시 의사는 피터의 발목에 뜨거운 물찜질을 해 주었다. 그리고 붕대를 감아준 후 피터에게 돌아다니지 말고 가만히 쉬라고 지시했다.

그러자 피터는 자리에서 일어서며 말했다.

"이젠 다 나은 것 같습니다. 조금도 아프지가 않아요. 보세요. 이렇게 똑바로 걸을 수 있지 않습니까?"

의사가 말했다.

"그래도 오늘은 발목에 힘을 가하지 않는 것이 좋아. 그 상태로 걸으면 또다시 통증이 생기니까."

피터는 자기 방으로 돌아가며 말했다.

"그럼, 쉬겠습니다."

의사는 피터가 발목을 삔 것이 아니며 거짓으로 아픈 척하고 있었던 것을 알았다.

8시가 다 되어 있었다. 피터는 몰래 칼리빠의 방으로 향했다. 의사는 피터가 떠나기를 기다리고 있었다. 피터가 나간 것을 확인하자, 그는 길고 검은 외투에 인도식 모자를 쓰고 방에서 나와 칼리빠의 방으로 갔다.

모두들 앉아서 어젯밤의 환각 상태에 대해 얘기를 주고받고 있었다. 등불이 희미하게 내리비치고 있었지만, 어둠 속이라 누가 누구인지는 분명하지 않았다.

닥터 헤이는 몰래 문 밖에 서 있었다. 마약흡연 의식이 시작되고 연기가 문가에 앉은 사람에게까지 돌아왔을 때, 의사는 재빨리 그 사람 옆에 끼여앉았다. 그리고는 목을 길게 빼고 입을 벌렸다. 마약연기는 곧바로 그의 뱃속으로 들어왔고, 그는 그 연기를 다시 옆 사람의 입에 내뿜었다.

몇 분 만에 흡연의식이 끝나고 방 안은 침묵에 잠겼다. 아침에 정신을 차린 사람들은 닥터 헤이가 고개를 들려고 애쓰는 모습을 보았다. 그는 아직도 취한 상태였다.

칼리빠가 말했다.

"이게 어찌된 일이지? 어젯밤엔 없던 사람이 어떻게 이곳에 끼여들었지? 아마도 술에 취해 방을 잘못 들어온 모양이야."

피터가 의사를 부축해 일어나 앉게 했다.

닥터 헤이가 말했다.

"아편 주사보다 훨씬 강하군. 아, 마음에 들었어. 피터, 왜 진작 이런 게 있다는 사실을 말해 주지 않았지? 자네들이 아즈말 노인의 집 앞에 있는 것을 보고 뭔가 비밀이 있다고 생각했었지. 아, 아주 기분이 좋은데. 천국이 따로 없군."

피터는 도로시가 이 일을 알면 난리가 날 것이라고 생각했다. 만일 집 안에서 마약냄새가 조금만 나도 도로시는 그들을 용서하지 않을 것이다. 그는 의사가 오래 전부터 상습적인 아편복용자였으며, 이번에 처음으로 마약담배를 피웠다는 사실을 알지 못했다.

피터가 말했다.

"선생님, 집으로 가시죠. 제대로 걸으실 수 있겠습니까?"

닥터 헤이가 말했다.

"괜찮아. 혼자서도 충분히 걸을 수 있어. 가자구."

집으로 가는 도중에 피터가 말했다.

"선생님, 저희더러 마약담배를 끊으라고 하시면 당장 끊겠습니다. 그러니 제발 사모님께는 아무 말씀도 하지 말아 주십시오. 사모님께서 아시면 노발대발하실 것입니다."

의사가 말했다.

"피터, 나는 오히려 자네가 내 아내한테 아무 말도 하지 말았으면 좋겠네. 내가 칼리빠의 방에서 마약담배를 피운 얘기를 절대로 하면 안 되네."

두 사람은 이 모든 사실을 비밀로 할 것을 맹세했다.

나머지 사람들은 의사가 선교회 내에서의 마약흡연을 금지할까 봐 겁이 났다. 그들은 지난밤에 의사와 함께 마약담배를 피웠다는 사실을 믿을 수가 없었다. 그들은 그가 술에 취해 방을 잘못 들어왔거나, 그들의 행위를 조사하러 왔다가 일부러 마약담배에 취한 것처럼 꾸몄거나 둘 중의 하나라고 생각했다. 흐린 불빛이었지만 아무도 그가 연기를 들이마시는 것을 보지 못했던 것이다.

그들은 그날 하루 종일 조만간에 칼리빠의 방에서 마약흡연을 한 사람들은 마약을 끊거나 당장 선교회를 떠나라는 발표가 있을 것 같아 조마조마했다. 그러나 정오가 지나고, 저녁이 되어 해가 졌는데도 여전히 아무 발표가 없었다. 밤이 되자 사람들은 의사가 내일 발표할 모양이라고 생각하기 시작했다. 그렇다면 오늘이 마지막 기회였다.

모두 같은 생각으로 선교회 단체에서의 마지막 마약흡연을 즐기려고 칼리빠의 방으로 모여들었다. 내일로 모든 게 끝장일지 아무도 모르지 않는가?

사람들은 만일 칼리빠의 방에서 마약담배를 못 피우게 하면 어디로 갈 것인지를 걱정했다. 아즈말의 아편소굴로 가자는 사람도 있었으나, 그러자면 돈이 많이 들 것이었다. 아즈말은 그 사업을 통해 많은 이득을 취하고 있었던 것이다. 그는 매달 경찰에 뇌물을 바치고 있었는데, 그 비용을 모두 가격에 포함시켰다.

칼리빠의 방에서는 아주 싼 값에 마약담배를 즐길 수가 있었다. 돌아가면서 돈을 내 마약 재료만 구입하면 되기 때문이었다.

칼리빠가 말했다.

"오늘은 즐기기나 하세. 내일 일을 걱정해서 무엇 하나? 마음을 편하게 가져, 다 잊어 버리라구."

사람들은 원을 그리고 둘러앉았다.

의사는 저녁을 먹고 나서 아내한테 산보를 다녀오겠다고 말했다. 그는 일꾼들과 함께 마약담배를 피우고 싶지 않았다. 그러나 욕망이 그를 가만 내버려 두지 않아서, 잠시 멀리까지 걸어갔다 오면 그 욕망을 잊을 수 있을 것이라고 생각했다.

그는 건물 밖으로 나와 마치 꿈 속을 걷는 것처럼 걷기 시작했다. 그런데 잠시 후에 정신을 차려 보니 어느새 자신이 칼리빠의 방에 와 있었다. 그의 옆자리에는 피터가 앉아 있었고, 마약의식이 막 시작되려는 찰나였다.

연기가 그의 앞까지 돌아오자 그는 욕망을 참지 못하고 자동적으로 입을 벌렸다. 마약의식이 끝나고, 방 안은 다시 침묵에 잠겼다. 아침에 닥터 헤이는 정신이 돌아오자마자 얼른 집으로 돌아갔다.

다른 사람들도 서서히 감각을 되찾았다. 몇 사람은 일터로 떠나고, 몇 사람은 잠시 앉아서 쉬었다.

칼리빠는 의사도 그 의식에 참여했다는 것을 모르고 있었다. 의사 옆에 앉았던 두세 명만이 그 사실을 알았다.

마약중독자들은 어떤 것에도 별로 흥미를 느끼지 못하고, 하루 종일 반쯤은 잠든 상태로 살아간다. 그래서 의사가 마약흡연에 동참하고 있다는 사실을 알고도 그들은 별로 기뻐하지 않았다. 그들은 그 사실을 당연한 듯이 받아들였다. 다만 선교회 내에서의 마약 흡연을 금지당할 걱정만이 크게 줄어들었다. 이제는 아무도 그런 걱정을 하지 않게 되었다.

갑자기 선교회는 큰 활기를 띠기 시작했다. 병원은 환자들로 가득 찼다. 물론 그들은 진짜 환자들이 아니라, 기록상으로만 환자인 마약흡연자들이었다. 병원은 선교회의 큰 재정 수입원이 되었다. 더불어 기독교로 개종하는 사람들이 늘어났다. 마약중독자들은 마약을 얻을 수만 있으면 어떤 종교든 행복하게 받아들였다. 그들한테는 어떤 종교나 학파, 어떤 신도 마약보다 위대하지 못했다.

닥터 헤이는 '새마음 기독교 선교회'의 지도층으로부터 많은 존경을 받기 시작했다. 병원 일이 잘 되어 가고, 교회엔 기독교로 개종한 신자들 수가 크게 늘었다는 것을 기록이 증명하고 있었기 때문이다.

닥터 헤이는 매우 행복했다. 환자들에 대해서 더이상 걱정할 필요가 없었기 때문이다. 그들은 실제 환자들이 아니었다.

게다가 많은 사람들이 기독교를 받아들이고 있었다. 이렇듯 그의 주된 목적이 충족되자, 그는 날마다 마약담배를 피웠다. 그들이 설교를 듣고 있든 않든, 꾸벅꾸벅 졸고 있든, 의자에 엎어져 자고 있든 그는 상관하지 않았다. 단지 그가 원하는 것은 교회에 나오는 사람들의 머릿수가 많아지는 것이었다.

평생 동안 칼리빠는 사람들로부터 인정을 받은 적이 없었다. 그런데 어느 날, 닥터 헤이가 그를 불러 의견을 물었다. 남이 그에게 의견을 묻기는 이번이 처음이었다.

"칼리빠, 자네는 기독교인이고 우리 선교회의 영구 회원일세. 그런데 사람들이 너무 많이 몰려와서 그들을 다 수용할 능력이 없어. 갈수록 더 많은 사람들이 몰려올 테니 걱정일세. 게다가 자네 방도 넓은 편이 아니구 말이야. 벌써부터 병원에는 사람들이 넘쳐나서 학교 건물까지 차지하고 있는데, 무슨 묘안이 없을까?"

칼리빠의 머리는 이미 오래 전에 녹이 슬어 버렸다. 그가 아는 것이라고는 오로지 마약담배를 만드는 방법뿐이었다.

칼리빠가 말했다.

"선생님, 저도 방법을 모르겠습니다. 다만 더이상 어쩔 수 없을 때에는 사람들을 두 패로 나누어 한 팀은 아침에, 한 팀은 저녁에 마약흡연을 시키면 어떻겠습니까?"

닥터 헤이는 아주 좋은 계획이라고 생각했다. 그는 그저 병원과 교회기록부에 매일 다른 사람들의 이름이 가득 차는 것만을 원했던 것이다. 만일 칼리빠가 2교대를 실시한다면 훨씬 도움이 될 것이다.

선교회는 기록상으로는 대단한 발전을 하고 있었다. 회원들이 급속도로 늘어났다. 하지만 내부를 들여다보면 마약흡연말고는 제대로 되는 일이 하나도 없었다.

도로시는 지도층의 칭찬이 자자하고 교회에도 날이 갈수록 더 많은 사람들이 예배를 보러 왔기 때문에 매우 행복했다.

닥터 헤이 역시 행복했다. 마약흡연 때문에도 행복했고, 병원에서 할 일이 없어졌기 때문에도 행복했다. 그는 마약흡연실에도 환자들의 이름을 잔뜩 기록해 놓기만 하면 되었다.

한편 라트람 마을의 푸울 싱그와 피터(실제로는 자반)는 열심히 일해 진료소를 만드는 데에 성공했다. 아침부터 밤 늦게까지 피터는 환자들을 돌보느라 한눈팔 새가 없었다. 그는 매우 겸손하고 친절했으며, 밤낮으로 사람들에게 봉사할 준비가 되어 있었다.

그래서 그를 만난 사람들은 누구나 쉽게 친구가 되었다. 환자들은 이렇게 말하곤 했다.

"피터의 손은 마력을 지니고 있어요. 환자를 만지기만 해도 금방 병이 나아요."

라트람을 포함해 주변의 몇몇 마을은 왕가(王家)의 후손인 어떤 지주의 소유였다. 그런데 이 지주가 팔목에 피부병이 생겼다. 여러 의사가 약을 처방했지만 병은 낫지 않았다.

피터의 소문을 들은 지주는 당장 그를 데려오라고 명령했다. 피터는 이십리를 걸어가려면 세 시간이 소비되는데, 그 정도의 시간이면 다른 많은 가난한 사람들에게 봉사할 수가 있다고 생각했다.

그래서 심부름꾼에게, 거기까지 갈 시간이 없으니 지주가 시간을 내서 라트람까지 와주었으면 좋겠다고 말했다.

피터의 대답을 들은 지주는 기분이 상했으나, 그래도 그가 지어주는 약으로 피부병이 낫는다면 용서할 수 있는 일이라고 생각했다. 그러나 병이 낫지 않으면 명령불복종죄로 당장 마을에서 쫓아낼 심산이었다.

이튿날 아침 지주가 도착하자 피터는 그의 팔을 진찰했다. 그 역시 무슨 병인지 알 수 없었다. 여태껏 그런 종류의 피부병은 본 적이 없었다.

피터는 매우 공손하게 말했다.

"어르신, 저도 이 병이 무슨 병인지 알 수가 없습니다. 제가 보기엔 병이 아주 오래된 것 같군요."

지주는 피터가 자기 집까지 와주지 않았으므로 벌써부터 화가 나 있었다. 게다가 무슨 병인지도 모른다고 하자 더욱 열이 올라 소리쳤다.

"이 사기꾼 녀석아! 너는 여기서 가난한 사람들을 속여먹는 사기꾼이다. 병에 대해서 잘 알지도 못하면서 의사 행세를 하는 이유가 뭐냐?"

피터는 차분히 듣고 있다가 말했다.

"어르신, 약을 한 가지 지어 드리겠습니다. 효과가 있을지도 모릅니다만, 자신할 수는 없습니다."

지주가 마음을 가라앉히고 물었다.

"얼마면 되겠는가?"

피터가 말했다.

"돈은 필요없습니다. 마늘 1킬로그램과 버터 500그램이면 됩니다. 거기에 약초를 몇 가지 섞겠습니다. 오늘 밤에 만들어서 내일은 약을 바를 수 있도록 해드리겠습니다."

지주는 피터가 말하는 재료를 구해 주고 돌아갔다가 이튿날 다시 찾아왔다.

환자가 많아 피터는 무척 바빴다. 지주가 도착하자 그는 연고 한 병을 꺼내 환부를 마늘즙으로 닦아낸 다음 그 위에 발랐다. 피터는 나머지 연고를 건네주면서 날마다 상처를 마늘즙으로 닦은 뒤에 그 연고를 바르라고 했다. 그리고 일주일 뒤에 다시 한번 찾아와 달라고 덧붙였다.

피터는 매우 바빴기 때문에 지주에 대한 일을 거의 잊고 지냈다. 푸울 싱그를 비롯한 마을 사람들은 지주가 피터에게 화를 냈다는 얘기를 듣고, 피터가 불손하게 행동했으니 이번엔 직접 지주의 집으로 진찰을 하러 가야 된다고 생각했다.

밤에 그들은 피터에게 달려가, 일주일 되는 날에 그가 직접 지주의 집으로 가야만 한다고 말했다.

피터는 아무 말도 하지 않았다. 지주가 부자이기 때문에 그의 집까지 진찰을 가야 한다는 것은 옳지 않다고 생각했다. 피터한테는 부자든 가난뱅이든, 어떤 종교, 어떤 신분이든 모든 환자가 다 똑같았다.

일주일째 되는 날 아침, 이른 시각부터 환자를 돌보던 피터는 진찰 대기 환자들 틈에 그 지주가 끼여 있는 것을 보았다. 피터는 그의 팔을 살펴보고 말했다.

"이제 다 나았습니다."

지주가 웃으면서 말했다.

"다 나은 것은 니도 알고 있소. 그것을 알려주기 위해 이렇게 일찍 온 것이오. 나는 마을 사람들이 당신에 대해 하는 이야기를 많이 들었소만, 당신이 특별한 치료의 힘을 가지고 있다는 말을 믿을 수가 없었소. 그러나 나를 치료한 것은 약이 아니라, 당신이 갖고 있는 치료의 힘이오. 이제 나는 그 말을 믿소."

피터는 그와 장시간 이야기를 나눌 시간적인 여유가 없었다. 그래서 피터는 미소를 지으며 말했다.

"병이 다 나을 때까지 의사는 환자의 친구가 되어야 합니다. 이제 저는 다른 친구들을 만나봐야 합니다."

그리고 나서 그는 다른 환자에게 약을 주기 시작했다.

지주는 그 방을 나와 바깥의 나무그늘 아래 앉았다. 피터가 그에게 특별한 관심을 기울이지 않고 다른 환자들과 똑같이 대했기 때문에 그는 약간 당황했다. 병이 완쾌된 것이 너무나 기뻤기 때문에 그는 피터와 많은 이야기를 나누고 싶었던 것이다.

정오가 되어 밖으로 나온 피터는 지주가 그때까지 나무 아래 앉아 있는 것을 보고는 그에게 다가가 말했다.

"그렇게 아침 일찍 오셨는데도 아직 계시는군요. 아직 점심을 안 드셨을 텐데, 괜찮으시다면 저와 함께 식사를 하시죠."

그래서 그들은 방 안에 마주앉았다. 피터가 지주에게 음식과 우유를 대접했다. 식사를 마치고 나서 지주가 말했다.

"당신에게 많은 돈을 기부하고 싶소. 내 간절한 희망이니 거절하지 말고 받아 주시오."

피터는 더이상 개인적인 돈은 필요없었다. 하지만 지주가 병원을 지어 준다면 가난한 사람들에게 큰 도움이 될 것이라고 생각했다. 그래서 그는 그 돈으로 병원을 지어 달라고 말했다. 지주는 쾌히 승낙하고 그곳을 떠났다.

밤에 모든 협동농장 사람들이 모였을 때 피터는 지주가 병원을 지어 주기로 했다는 사실을 알렸다. 푸울 싱그와 친구들은 대단히 기뻐했다.

이튿날 아침 푸울 싱그는 일어나자마자 지주에게 달려가 병원을 세워 주어서 고맙다는 인사를 했다.

지주가 말했다.

"병원을 짓고자 하는 것은 피터의 바람이다. 사실 나는 피터 개인에게 돈을 준 것인데, 그는 돈을 갖기를 원치 않고 대신 병원 짓는 데 기부한 것이다."

푸울 싱그가 말했다.

"그래도 어디까지나 그 돈은 어르신의 것입니다. 그러니 병원은 어르신의 이름으로 세워져야 합니다."

푸울 싱그는 다소 어리둥절한 상태로 마을로 돌아왔다.

겉으로 볼 때 협동농장원들은 피터와 둘도 없는 친구 사이였다. 그러나 피터의 명성이 급격히 높아져 갔기 때문에 그들은 서서히 자존심이 상했다. 푸울 싱그도 피터가 개인적인 욕심에 관계된 일은 하나도 하지 않았기 때문에 곧잘 당황하곤 했다. 그런 일은 지도자로서 그의 자존심을 건드렸다.

마을의 가난한 사람들이 공사장 인부로 취직해 병원 건물이 지어지기 시작했다. 공사에 참여한 마을 사람들이 모두 자기 일처럼 열심히 했기 때문에 일이 무척 빨리 진행되었다. 시멘트 벽돌로 벽을 세우고, 지붕은 골이 파인 양철로 이었다. 불과 두어 달 만에 건물이 완성되어 피터는 새 건물에서 진료를 시작했다.

지주는 피터를 신뢰하긴 했지만, 정부에서 좀더 훈련된 정식 의사를 보내 주길 원했다. 그래서 그는 정부에 의사의 필요성을 설명하고, 가능한 한 빨리 의사 한 사람을 보내 달라고 요청했다.

정부에서도 라트람 마을에 의사가 필요하다고 보고 금방 의사 한 사람을 보내 주었다. 병원은 이미 제 기능을 하고 있던 터라 새 의사가 업무를 시작하기도 쉬웠다.

이제 라트람 병원은 나라에서 보조하는 병원이 되었다. 모든 직원은 국가공무원이 되었으며, 다달이 월급도 받았다.

피터는 월급에 대한 욕심이 없었다. 그는 단지 가난한 사람들한테 봉사하길 바랄 뿐이었다. 몇 가지 이유 때문에, 그는 자신이 일의 보수를 받으면 환자를 치료할 수 없게 된다고 믿고 있었다.

대여섯 달 동안에 '새마음 기독교 선교회'는 완전히 변했다. 드디어는 경찰도 그곳이 마약소굴이라는 것을 알게 되었으며, 어느 날 밤 모두 마약에 취해 정신이 없을 때 덮쳐 전부 체포해 갔다.

다행히 닥터 헤이는 그날 밤 그곳에 없었다. 그날은 마약흡연이 아침 차례였던 것이다. 칼리빠와 피터를 비롯한 다른 사람들은 거의 모두 감옥에 갇혔다. 몇몇 새로운 사람만이 선교회에 남아 있었다.

그제서야 닥터 헤이의 눈이 떠졌다. 그는 입으로는 설교를 하면서 엉뚱한 짓을 하고 있었던 것이다. 그는 자신에게 말했다.

'정직과 친절과 자비는 어떤 한 종교만의 특성이 아니다. 종교 자체에는 그러한 특성이 없다. 종교가 아닌 인간 개인이 정직과 친절과 자비를 가질 수 있는 것이다. 나는 커다란 무지 속에 빠져 있었으며, 그로 인해 많은 사람들을 무지로 인도했다. 이러한 모든 부정부패와 마약중독의 책임은 다 나한테 있다. 하나님 앞에 내 죄를 고백해야 한다.'

일요일, 담임목사가 예배를 진행하기 위해 교회를 방문했다. 목사의 설교가 끝났을 때, 닥터 헤이가 자리에서 일어나 말했다.

"목사님과 대중 앞에 저의 모든 죄를 고백합니다. 저 역시 마약중독자였으며, 그 때문에 학교와 선교회의 모든 활동이 중지된 것입니다. 기독교로 개종한 것처럼 기록되어 있는 저 신자들 이름은 모두 가짜입니다. 그들은 마약중독자이며, 저는 마약중독자에게는 종교가 없다는 사실을 잘 알고 있습니다. 그들의 종교는 오로지 마약을 손에 넣는 일뿐입니다."

새로 온 담임목사는 늙고 친절한 사람이었다. 그는 닥터 헤이가 자신의 죄를 고백하는 것을 듣고 이렇게 말했다.

"하나님은 자비롭습니다. 하나님께서는 자신의 죄를 고백하는 사람을 용서해 주십니다."

예배가 끝나고 사람들은 각자 집으로 돌아갔다. 도로시는 남편도 마약중독자였다는 말을 듣고 큰 충격을 받았다. 그녀는 남편에게 아무 말도 할 수가 없었다. 닥터 헤이도 그녀의 고통을 느꼈으나 이미 지난 일을 어찌할 수가 없었다. 그한테는 고백이 가장 중요했다. 그는 죄를 숨겨 평생을 죄책감에 사로잡혀 살고 싶지 않았다.

그날 밤 도로시는 일찌감치 잠자리에 들었다. 닥터 헤이는 서재에서 책을 읽고 있었다.

아침에 도로시가 차를 끓여 가보니 닥터 헤이는 침실에도, 서재에도, 사무실에도 없었다. 사방을 찾아 보고 나서 그녀는 생각했다.

'아마도 너무 슬퍼서 잠이 오지 않아 멀리 산보라도 갔겠지.'

그러나 한참을 기다려도 그가 돌아오지 않자, 그녀는 다른 사람들에게 그를 보지 못했느냐고 물었다. 하지만 아무도 그의 행방을 일지 못했다. 그녀는 그를 기다렸지만 하루가 그냥 지나가고, 며칠

이 지나도 남편은 돌아오지 않았다.

도로시는 용기있는 여자였다. 그녀는 남편이 시작한 사업을 성공적으로 이끌어가고 싶었다. 그래서 그녀는 모든 책임을 자신이 지고 열심히 일을 하기 시작했다.

종교사업은 한번 명성을 잃으면 다시 회복하기가 어려운 법이었다. 붙잡혀 가지 않은 마약중독자들은 모두 선교회를 떠났다. 그들은 이미 깊이 중독된 상태였고, 선교회 내에서는 더이상 마약을 구할 길이 없었기 때문이다.

여자 몇 사람만이 남았다. 병원도 텅텅 비었다. 환자도, 직원도, 의사도 없었다.

도로시는 현명한 여자였다. 그녀는 선교단체를 고아원으로 바꾸었다. 어린아이들을 돌보는 데에는 남자의 힘이 필요없었다. 그리고 그곳에는 네댓 명의 아주 정직하고 성실한 여성들이 있었다. 그들에게도, 고아는 아니지만 아버지가 없는 자식들이 있었다.

그래서 우선은 자기 자식들을 중심으로 고아원을 시작해 점차 병원에서 데려오는 미혼모의 아이나, 길에 버려진 가난한 집의 아이들을 받아들이기 시작했다.

도로시와 두세 명의 여성은 매일 도시를 돌면서 도움을 필요로 하는 아이가 있으면 고아원으로 데려와 키웠다. 한 달 만에 고아원에는 그들의 자식을 포함해 스무 명의 아이들이 모였다.

지도층 인사들은 '새마음 기독교 선교회'의 닥터 헤이가 사라졌다는 소식을 접하고 심각한 고민에 빠졌다. 왜냐하면 닥터 헤이가 바레일리 시에 그 선교회를 시작한 장본인이기 때문이었다.

그들은 닥터 헤이에게 큰 기대와 희망을 걸고 있었는데, 갑자기 그가 사라진 것이다. 그들은 그가 마약담배를 피운 것에 대해서는 비난하지 않았다. 그들은 모든 일이 재정비되어 이전처럼 선교회가 제 기능을 수행하기를 기대했다.

그들이 볼 때 고아원은 그다지 매력적인 사업이 아니었지만, 병원에 기부되는 돈이 고아원 운영에 사용되고 있으니 그나마 어떤 형태로든 선교회의 명맥을 유지하는 것이라고 여겨야만 했다.

이제 라트람 병원은 환자들로 인산인해를 이루었다. 새로 온 의사는 대학을 갓 졸업한 젊은이였다. 그는 병원에서 실제로 환자를 치료해본 경험이 전혀 없었다. 그래서 그는 환자들이 끝없이 밀어닥치자 몹시 당황했으며, 때로는 도움을 청하는 환자들에게 신경질을 부리기도 했다.

피터는 의사가 환자들을 대하는 태도를 보고 몹시 걱정을 했다. 그러나 피터는 조수였으며, 간호사의 자격도 아니었다. 비록 환자들로부터는 의사보다 더 많은 존경을 받았지만, 병원 기록에는 그가 노무자로 되어 있을 뿐이었다.

이 사실이 의사를 당황하게 했다. 그는 병원 노무자에 불과한 사람이 의사인 자신보다 더 많은 존경을 받는 것을 참을 수 없었다.

그는 피터가 환자들을 대하는 자신의 태도를 못마땅해하는 것을 알고는 더욱 신경질을 부리기 시작했다. 어떤 때에는 자신의 우월감을 보이기 위해 환자들 앞에서 피터에게 바닥 닦는 일을 시키기도 했다.

피터는 바닥을 닦았을 뿐만 아니라 그릇도 씻고, 침대 시트도 갈았다. 그는 무엇이든지 환자들에게 봉사하는 것을 즐거워했으며, 환자들도 그와 함께 있기를 좋아했다.

피터는 병원이 부드럽게 돌아가게 하기 위해 의사의 기분을 맞춰주려고 최선을 다했다. 그러나 의사는 피터가 자신의 총애를 받기 위해 아양을 떠는 것이라고 생각했다.

푸울 싱그는 병원을 바라볼 때마다 행복했으며, 의사의 친구가 된 것이 무척 자랑스러웠다. 그는 저녁이면 의사의 집에서 카드놀이를 하기도 했다.

의사가 피터를 몹시 미워한다는 것을 알고는 푸울 싱그 역시 피터를 피하기 시작했다. 그는 한때 군대에 몸담고 있었기 때문에 의사가 대단한 존재라는 것을 알고 있었다. 따라서 의사의 친구가 된다는 것은 그만큼 많은 존경을 받는다는 것을 뜻했다.

그는 또 환자를 치료하는 것은 약이라고 생각했다. 의사는 모든 종류의 약을 잘 알고 있으니, 정식 의사가 아닌 피터보다는 그 의사가 병원에 더 필요한 인물이라고 판단했다.

어느 날 의사가 말했다.

"피터, 당신은 병원의 노무자요. 당신의 일에 대해 정부가 월급을 주고 있소. 정부는 보수를 바라지 않는 사람이 병원에서 일하는 것을 원치 않으니, 보수를 받든지 아니면 이곳을 떠나든지 하시오. 나는 왜 당신이 월급을 안 받으려는지 잘 알고 있소. 그것은 당신이 병원 노무자라는 소리를 듣고 싶지 않기 때문이오. 당신은 마치 의사처럼 행동하고 있소."

피터에게는 병원 노무자든, 의사든, 청소부든 다 매한가지였다.

모두가 나름대로의 방법으로 환자들에게 봉사하고 있었다. 그는 의사로 불린다고 해서 자랑스러울 것도, 병원 노무자나 청소부로 불린다고 해서 부끄러울 것도 없었다.

의사 뒤에 서 있던 푸울 싱그도 의사를 거들었다.

"선생님, 제가 피터를 이 마을로 데려왔고, 피터는 제가 살던 집에서 진료소를 시작했습니다. 사실 그는 진료소를 위해 협동농장에 1천 루삐를 기부했습니다. 그러니 아마도 피터는 이 병원에 대한 자신의 권리를 주장할 것입니다. 만일 선생님이 그를 이 병원에서 떠나게 한다면 우리는 그의 돈을 돌려주어야 합니다."

피터가 말했다.

"선생님, 환자들을 진찰할 시간입니다. 이제 저는 가봐야 합니다. 선생님의 뜻은 잘 알겠습니다."

그는 일을 하러 나갔다. 그가 떠나자 의사가 불평을 터뜨렸다.

"저런 바보 같은 녀석. 저 인간 때문에 병원에 문제가 생긴단 말이야."

그는 사무실 문을 쾅 닫고 밖으로 나가 버렸다.

푸울 싱그 혼자서 그 자리에 남아 있었다. 그는 의사가 무엇 때문에 피터에게 그토록 화를 내는지 잘 알 수가 없었다. 그가 보기에는 피터가 잘못한 게 아무것도 없었다. 그러나 만일 피터가 병원을 떠나지 않으면 틀림없이 의사가 문제를 일으킬 것이고, 그렇게 되면 마을에 큰 손해라고 그는 판단했다.

밤에 협동농장 사람들이 저녁을 먹으러 모였을 때 푸울 싱그는, 진료소가 병원으로 변했고 그들이 진료소에 투자한 돈을 정부가 이미 보상해 주었기 때문에 피터의 돈을 돌려주어야만 한다고 발표했다. 다들 피터의 명성에 질투를 느끼고 있던 터라 그 제안을 선

뜻 받아들였다.
 푸울 싱그는 돈을 돌려주려고 피터에게 갔다. 그러나 그는 돈을 돌려주기가 겁이 났다. 피터가 돈을 받지 않으리라는 것을 잘 알고 있었기 때문이다. 게다가 돈을 돌려주는 것은 그에게 이곳을 떠나라고 말하는 것이나 마찬가지였다.
 조금 전까지만 해도 의사 편에 서 있던 푸울 싱그는 갈등을 일으켰다. 그는 비로소 피터의 정직함과 성실함, 사랑을 느끼기 시작했다. 그는 그 돈을 몰래 피터의 가방에 넣어두기로 작정했다. 떠날 때는 가방을 들고 갈 것이고, 떠나지 않는다면 낡은 셔츠와 천조각 몇 개밖에 들어 있지 않은 그 가방을 열어볼 일이 없을 것이라고 생각했기 때문이다.
 푸울 싱그는 피터가 저녁을 먹고 방을 나간 틈을 타서 가방 속에 몰래 돈을 넣어두었다.
 한밤중에 피터는 그곳을 떠나기로 결심했다. 그는 가방을 내려 열어보았다. 그 속에는 1천 루삐가 들어 있었다. 그는 그 돈이 "피터, 이 마을을 떠나라."는 뜻인 것을 알았다.
 그는 혼자 생각했다.
 '이 돈은 내가 협동농장에 기부한 것이기 때문에 이 사람들 소유이다. 내가 이 돈을 가져간다면 도둑질하는 것이나 다름없다.'
 그는 가방에서 셔츠 하나만 꺼내들고 가방은 그냥 내버려둔 채 그곳을 떠났다.
 아침에 피터가 일을 하러 나타나지 않았다. 피터가 일하러 오지 않았다는 소식을 듣고 환자들은 동요하기 시작했다. 피터에게 대단한 애착을 갖고 있었던 그들은 그가 혹시 병에 걸리거나 나쁜 일을 당한 것이 아닌가 걱정하기 시작했다.

푸울 싱그도 피터가 가버렸다는 소식을 듣자 가슴이 온통 허전해졌다. 의사의 기분을 맞추기 위해 피터 앞에서 화를 낸 것이 죄스러웠다. 그래도 피터가 충분한 돈을 가지고 떠났으니 그나마 안심이 되었다.
 그는 피터의 방을 사무실로 쓰기 위해 청소하러 갔다. 그런데 구석에 가방이 그대로 놓여 있었다. 그는 어쩌면 피터가 떠나지 않은 것인지도 모른다고 생각했다.
 가방을 열어 보니 셔츠만 없어지고 돈은 그대로 있었다. 푸울 싱그는 탄식했다.
 "아, 얼마나 정직한 사람인가! 그는 성자다. 그는 결코 평범한 사람이 아니다. 나는 유리조각을 얻기 위해 다이아몬드를 버렸구나. 어떻게 하면 그를 다시 찾을 수 있을까? 적어도 그가 있었기에 우리 마을에 병원이 들어설 수 있었다. 우리는 여태껏 많은 것을 받아 왔다. 그러나 이제는 우리가 그런 자격이 없기 때문에 그가 떠난 것이다."
 한편 의사는 무척 기뻤다. 피터는 그의 명성을 가로막는 큰 장애물이었던 것이다. 이제 그의 앞길이 환히 열렸다.
 그는 병원에 있는 환자들을 진찰하러 갔다. 그가 진찰하는 모든 환자들이 그에게 피터의 소식을 물었다. 어떤 환자는 의사가 피터를 몹시 질투했기 때문에 피터가 떠난 것이라고 추측했다. 어떤 환자는 의사의 못된 성격을 비난하면서 그 자리에서 병원을 떠나기도 했다.
 보석이 빠진 왕관은 아무 쓸모가 없다. 피터는 그 병원의 보석과 같은 존재였다. 그 병원의 명성은 다 피터 때문이었다.
 그가 떠나자마자 병원은 금방 빛을 잃었다. 환자들 대부분이 다른 병원으로 떠났고, 새로 진찰을 받으러 오는 환자도 아주 적었다.

의사는 사람들을 감동시키기 위해 최선을 다했다. 그는 아주 겸손한 사람이 되었고, 심지어 피터처럼 행동하려고 애를 썼다. 그러나 모든 게 헛수고였다.

피터는 밤새 걸었다. 큰 도로에 도착하자 걸음을 더 빨리 했다. 아직 날은 어두웠지만 자전거를 탄 사람들이 벌써부터 우유를 팔러 시내로 나오고 있었다.

피터는 마을 사람들이 그를 알아보는 것을 원치 않았다. 누구든지 자기가 떠나는 것을 알면 못 떠나게 하리라는 것을 알고 있었다. 그래서 그는 방향을 바꾸어 숲속으로 들어갔다. 그 숲은 조림 사업지의 일부였는데, 한가운데로 좁은 길이 나 있었다. 피터는 혼자서 그 길을 따라 걸었다. 가는 도중에 그는 미래에 대해 생각하기 시작했다.

다시 선교회로 가서 종교적인 광신주의에 빠질까, 아니면 고향으로 돌아가 대대로 물려받은 청소부 일이나 하면서 아무 걱정 없이 살까? 도시로 가서 아무 일도 하지 않고 구걸이나 해서 먹고 살까?

이따금 나무그늘 아래서 쉬며 천천히 걸어 피터는 저녁나절에야 다시 바레일리 시에 도착했다. 그는 몹시 배가 고프고 지쳤으나 밥을 사먹을 돈도 없었고, 구걸해 본 적이 없어서 그 짓을 하기도 부끄러웠다.

그러나 배가 너무 고팠기 때문에 결국 구걸을 하기로 작정했다. 벌써 어두워져서 가게들이 문을 닫고 있었다. 한 야채상인이 팔다 남은 물건을 정리하여 바구니에 넣으면서, 홍당무 한 다발을 내버렸다.

피터는 홍당무를 집어들면서, 이렇게 많은 홍당무를 얻게 된 것도 신의 은총이라고 생각했다. 길에 버려진 홍당무는 두 끼를 먹어도 충분할 만큼 많았다.

그는 우물로 가 홍당무를 씻어서 난간에 걸터앉아 먹기 시작했다. 시장이 반찬이라고, 배가 고플 때는 뭐든지 맛있는 법이다.

이 홍당무들은 그날 아침 채소밭에서 뽑은 싱싱한 것이었다. 올해는 홍당무 농사가 잘 되어 전부 시장에 내다 팔 희망이 없었다. 그러니 잔뜩 가지고 있어 봐야 이득될 게 없었다. 그래서 내버린 것이었다. 피터는 홍당무를 절반 정도 먹은 후, 잠을 자기 위해 안전하고 후미진 장소를 찾아 나섰다. 몇 군데를 돌아보았지만 마땅한 장소가 없었다.

그는 기차역으로 갔다. 그곳에서야 마당에 서 있는 마차 한 대를 발견할 수 있었다. 밤이면 가난한 철도 인부들이 그 마차 안에서 잠을 잔다는 것을 그는 잘 알고 있었다. 마차 안을 들여다보니 철도 인부들로 초만원이었다.

그래도 그는 마차 위로 기어올라가 몸을 비집고 누웠다. 마침 그 옆에 진짜 거지 하나가 몸을 구부리고 새우잠을 자다가 누군가 마차 위로 올라오는 소리를 듣고는, 얼굴을 들어 덮고 자던 수건에 난 구멍 틈새로 빼꼼이 내다보았다. 한 남자가 홍당무 한 다발을 들고 마차로 기어올라오고 있었다.

홍당무를 보자 거지는 배에서 꼬르륵 소리를 내며 말했다.

"나으리, 제발 먹을 것을 좀 주십시오. 배가 고파 죽겠습니다."

피터는 배고픔이 어떤 것인지 잘 알고 있었기 때문에 갖고 있던 홍당무 다발을 거지에게 주었다. 거지는 큰 소리를 내며 홍당무를 씹어 먹기 시작했다. 그 소리가 어찌나 요란했던지 마치 코끼리가 마른 나뭇단 위를 걷는 것 같았다. 그 소리에 잠자던 철도 인부들이 모두 깼다. 그 중의 하나가 소리쳤다.

"이 더러운 거지들아! 여기서 썩 나가지 못해? 여긴 너희 같은 놈들이 자는 곳이 아니란 말이야. 하루 종일 일하느라 피곤해 죽겠는데 너희 때문에 잠을 설쳐서야 되겠어?"

그는 자리에서 벌떡 일어나 그 거지를 마차 밖으로 집어던졌다. 그리고는 피터에게 몸을 돌리며 말했다.

"여기도 한 놈 더 있군. 어서 꺼져, 이 거렁뱅이야!"

피터는 그에게 떠밀려 마차 밖으로 나가떨어졌다.

피터는 다시 거리로 나와 어슬렁거리다가 한 구석에 몸을 구부리고 깊은 잠 속으로 빠져들었다. 아침에 해가 떠오를 무렵 시원한 바람이 불어와 피터를 기분좋게 해 주었으며, 그를 더 깊이 잠들게 했다.

도로시와 그녀의 친구들은 도시를 돌다가 우연히 피터가 자고 있는 거리로 오게 되었다. 그들은 한 남자가 구석에 누워 있는 것을 보고, 그가 죽었거나 병든 것이라고 생각했다.

도로시는 얼른 달려가 그의 맥박을 짚어 보았다. 그때 눈을 뜬 피터는 어떤 여자가 자기한테 몸을 구부리고 있는 것을 알고는 벌떡 일어나 앉았다.

도로시가 외쳤다.

"피터, 여기서 무얼 하고 있지? 감옥에서는 언제 풀려났어? 다른 사람들은 어딜 갔지?"

피터는 그녀가 무슨 말을 하는지 알아들을 수가 없었다. 그가 말했다.

"닥터 헤이는 잘 계신가요?"

도로시가 말했다.

"사람들이 감옥에 갇힌 후에 남편도 모습을 감추어 버렸어. 이제 병원은 문을 닫았고, 우리는 고아원과 유치원을 운영하고 있어."

피터가 말했다.

"저는 감옥에 갇힌 적이 없습니다. 전 언제나 자유의 몸이었고, 지금도 자유의 몸입니다."

도로시 일행은 피터가 드디어 마약중독 때문에 미쳐버린 것이라고 판단했다. 그들은 그가 이 구석에 누워 잠을 자는 것도 그 때문이라고 추측했다. 정상적인 사람이라면 이런 길거리에서 잠을 잘 리가 없었다.

그런 사람과 논쟁을 하는 것은 쓸모없는 짓이었다. 게다가 만일 그가 고아원으로 찾아오기라도 한다면 또다시 문제를 일으킬 게 뻔했다. 그래서 도로시 일행은 서둘러 그곳을 떠났다.

피터는 자리에서 일어나 깔고 자던 낡은 셔츠의 먼지를 털고는 우물로 가서 세수를 했다. 그는 우물가에 앉아 잠시 쉬면서 어디로 갈 것인가를 생각했다.

그는 닥터 헤이를 만나고 싶었다. 닥터 헤이는 정말 좋은 사람이었다. 그러나 모든 사람을 기독교로 개종시키려는 그의 집착이 피터의 마음을 늘 불편하게 했다. 그것만 아니라면 그는 친절하고 동정심 많고 열심히 일하는 가난한 이들의 친구였다.

그래도 피터는 선교회로 돌아가고 싶지는 않았다. 그는 순박하고 정직하고 근면한 사람들이 사는 산속 어느 마을로 가고 싶었다. 게다가 산중 마을에는 도시처럼 사람이 많지도 않을 것이다. 하지만 그런 곳에서는 음식을 구하기도 쉽지 않고, 추위 때문에 생활하기기 무척 어려울 것이다.

피터는 누군가 자신을 다른 장소로 태워다 주기를 기대하며 기차역으로 갔다. 우연히 지난번에 그를 열차에 태워준 바로 그 남자가 기관차 바퀴에 기름을 치고 있었다.

피터가 생각에 잠겨 지나가고 있을 때 남자는 그를 알아보고 휘파람을 불었다. 피터도 그를 금방 알아보았다.

남자가 말했다.

"피터, 어딜 가는 길입니까? 저는 지금은 이 열차의 정비공으로 일하고 있습니다. 이 열차는 데라둔[3]으로 가는데, 원하신다면 태워다 드리죠. 저와 함께 기관실에 타시면 됩니다."

피터는 신이 모든 것을 준비해 주는 것에 놀랐다. 그는 말했다.

"고맙습니다. 나는 지금 산속 마을로 가는 길입니다. 도시의 소음에 신물이 났습니다. 데라둔에서는 산속 마을인 뭇쑤리[4]가 가깝다고 들었습니다. 나를 데라둔까지 데려다 주면 정말 고맙겠습니다."

정비공은 당장 손을 씻고 기관실에 오르면서 피터를 올라타게 했다. 그가 차를 끓여왔고, 두 사람은 마주 앉아 빵과 차를 들었다. 피터는 기관사가 그를 기관차에 못 타게 할까 봐 약간 걱정이 되었다.

기관사가 오자 정비공이 그를 닥터 피터라고 소개했다. 기관사는 무척 재미있는 사람이었다. 그가 말했다.

"당신은 어느 대학을 졸업했소? 당신처럼 더러운 옷을 입고 있는 의사는 생전 처음이오. 당신이 의사라면 어디 내 팔을 치료할 수 있겠소?

---

3 — 인도 북부 히말라야 산맥 바로 밑의 인구 70만의 산중 도시.
4 — 데라둔 북부 히말라야 산중에 있는 소도시.

기관사가 소매를 걷어부쳐 보이며 말했다.

"피부병인데, 약을 먹어도 소용이 없소. 당신은 의사니까 어디 한번 치료해 보시오."

피터가 말했다.

"지금 곧 약을 만들어 보겠습니다. 그러나 치료는 신께서 하시는 것입니다."

그는 마늘과 버터를 가져다 달라고 말했다. 두 시간 만에 정비공은 피터가 요청하는 것을 모두 준비해다 주었다. 이내 상처에 바를 연고가 마련되었다. 피터는 기관사의 팔에 아주 부드럽게 연고를 바른 뒤에 천으로 감아주었다.

기관사는 그 약을 그다지 진지하게 생각하지 않았다. 그는 단지 피터와 얘기하면서 즐기고 있을 따름이었다. 그런 약 따위에는 믿음이 가지 않았다. 왜냐하면 많은 의사들이 처방한 비싼 약을 쓰고도 낫지 않았는데, 이런 연고 정도로는 어림도 없을 것 같았기 때문이다.

기관사가 웃으며 말했다.

"의사 선생, 치료의 대가로는 무엇을 드릴까요?"

정비공이 대신 말했다.

"기관사님, 이분을 기관실에 태워 주실 수 있겠습니까? 데라둔으로 가는 길이랍니다."

기관사가 말했다.

"아, 그게 약값이야? 좋습니다, 닥터 피터. 치료비를 청구하지만 않으신다면 데라둔까지 태워다 드리겠소."

그리고 나서 그는 다시 웃었다.

저녁나절에야 열차는 데라둔으로 떠났다. 가는 중에 기관사는 줄

곧 재미있는 이야기로 피터와 정비공, 조수를 웃겼다. 그는 여객열차를 운전하다가 화물열차와 충돌한 이야기를 했다. 자신은 충돌하는 순간 달리는 열차에서 뛰어내려 목숨을 건졌지만 수백 명의 사람이 죽었으며, 근처의 주민들이 달려와 열차를 약탈하는 것을 자신이 상처입은 몸으로 막았다는 것이었다.

그는 또 강도들이 기관실에 뛰어들어 그를 묶어놓고 열차를 송두리째 납치했던 이야기도 했다. 그는 간신히 몸을 묶고 있는 끈을 푼 다음 큰 석탄덩어리로 열차를 운전하고 있는 강도의 뒤통수를 쳐서 쓰러뜨렸다. 그는 그날 혼자서 많은 사람들의 목숨을 구했으며, 맨주먹으로 강도들과 대결했다. 용감한 행동 덕분에 그는 상까지 받았다는 것이었다.

그의 조수와 정비공과 당번은 이 이야기를 날마다 들었지만 흥미진진하게 듣는 척했다. 그래야 기관사가 친구들을 기관실에 공짜로 태워 여행을 시켜주기 때문이다. 그는 전 승무원을 식당차로 데려가 차를 사주기도 했고, 어떤 경우엔 음식값을 내주기도 했다.

이튿날 기차는 데라둔에 도착했다. 피터가 말했다.

"헤어지기 전에 당신의 팔을 진찰해 드리겠습니다."

기관사가 웃으면서 말했다.

"아, 그렇지. 당신은 의사니까 진찰할 수 있을 거야. 환자를 돌보는 일이 당신의 의무니까."

피터가 붕대를 풀자, 놀랍게도 피부병은 흔적도 없이 사라져 버렸다. 기관사는 믿을 수가 없어 물었다.

"이게 정말 치료가 된 거요? 금방 다시 도지는 게 아니요?"

피터가 말했다.

"남은 연고를 정비공이 가지고 있습니다. 며칠 더 바르면 다시는 재발하지 않을 겁니다."

이 기적에 기관사는 말할 수 없이 기뻐했다. 학교 문턱에도 안 가보고 약에 대해 공부도 안 한 사람이 병을 고칠 수 있다는 사실을 거의 믿을 수가 없었다.

그가 피부병이 사라진 팔을 들여다보고 있을 때 피터가 말했다.
"저는 이제 가봐야겠습니다. 저는 뭇쑤리로 가야 합니다."
기관사가 말했다.
"뭇쑤리에 가서 머물 곳이 마땅치 않거든 우리 부모님의 집을 찾아가시오. 내가 주소를 알려주겠소. 어쨌든 먼저 휴게실로 갑시다. 가서 세수도 하고 식사도 합시다."

기관사는 피터를 휴게실로 데려가 새옷을 주고 추위로부터 몸을 보호하도록 두꺼운 담요도 주었다. 식사를 마친 후, 그는 피터를 버스 정류장으로 데려가 뭇쑤리까지 가는 차표까지 사주었다.

피터는 재미있는 기관사의 부모가 사는 집 주소를 갖고 있었지만, 그곳에 살면 자유롭지 못할 것 같아서 뭇쑤리에 도착하자마자 청소부 합숙소로 갔다. 그는 깨끗한 옷을 입고 있었고, 그동안 학식있는 사람들과 살았던 덕에 세련된 말씨를 쓰고 있었다. 그래서 청소부들은 그를 존경의 눈길로 쳐다보면서 필요한 것이 무엇인지를 물었다. 피터는 머물 곳이 필요하다며 자신이 살 만한 장소가 없겠느냐고 물었다.

"우리 합숙소에는 저 밖의 망가진 닭장말고는 따로 떨어진 방이 없습니다. 저희들과 함께 이 방에서 사셔도 좋고, 혼자 있고 싶으시면 저희가 닭장을 수리해 놓겠습니다. 그러나 겨울철엔 몹시 춥고 어떤 때는 눈이 1~2미터씩이나 오기 때문에 이 방에서 저희와 함께 지내셔야 할 겁니다."

피터가 말했다.

"닭장에서 살 수 있다면 기쁘겠습니다. 수리하는 것을 조금만 도와주십시오."

몇몇 청년이 말했다.

"저희가 도와 드릴 테니 걱정 마십시오."

그들은 재빨리 닭장 안을 치우고, 문을 해 달고, 지붕을 양철로 덮은 다음, 양옆의 구멍도 막아 주었다. 몇 시간 만에 닭장은 피터의 방으로 변했다.

피터는 돈이 한푼도 없었지만, 방을 꾸며 주느라 수고한 청년들에게 뭔가 보답을 하고 싶었다. 그는 그 자리에서 옷을 벗어 주면서, "이 옷을 팔아 돈을 나눠 가지십시오." 하고 말했다. 그리고 나서 늘 가지고 다니던 낡은 셔츠를 입었다.

처음에 청년들은 그가 농담을 하는 줄 알았다. 그러나 그가 정말로 옷을 내밀자 받아야 할지 말아야 할지 망설였다.

피터는 그들이 망설이는 것을 보고 이렇게 말했다.

"여러분이 가지지 않는다면 저는 이 옷을 다른 사람에게 줄 것입니다. 저는 옷이 필요없습니다."

청년들은 재빨리 옷을 집어들고 시장으로 팔러 갔다.

아무도 피터의 이름을 묻지 않았고, 피터 역시 아무한테도 이름을 가르쳐 주지 않았다. 그는 방 안에 앉아 있었다. 그 닭장은 방이라기보다는 빛도 들어오지 않는 큰 상자였지만, 피터로서는 그곳이 충분히 넓었고, 편안히 잘 수 있을 정도로 컸다. 그의 키는 1미터 50센티미터 정도밖에 되지 않았던 것이다.

침대로는 청년들이 마른 짚을 충분히 가져다 주었고, 문이 닫혀 있으니 조금도 춥지 않았다.

다음날 아침 자리에서 일어난 피터는 마을 교회로 갔다. 그는 교회의 현관과 마당, 마룻바닥을 청소하기 시작했다. 사람들은 그가 약간 미친 사람이라고 생각했다. 부탁한 사람도 없는데 셔츠와 허리에 두르는 옷만 걸치고서 마당을 청소하고 있었기 때문이다.

그래도 그가 청소해 주는 것이 싫지 않았던 사람들은 그에게 먹을 것을 주었다. 그러나 그에게 말을 걸지는 않았다. 만일 그가 정말로 미친 사람이라면 그들에게 마구 저주를 퍼부을 것 같았기 때문이다.

교회를 청소한 뒤에 피터는 다시 방으로 돌아와 문을 닫고 앉아 있었다.

저녁이 되자 다시 밖으로 나가 이번에는 사원으로 갔다. 그는 사원의 바닥을 쓸고, 정원도 손질하고, 길도 다듬었다.

사원에 있는 사람들은 그를 신에게 귀의한 자라고 생각하고 밥과 과일을 주었다. 어두워지자 피터는 방으로 돌아왔다.

그는 날마다 똑같은 일을 반복했다. 그래서 한 달 만에 그는 뭇 쑤리에서 '바가트지(Bhagatji)'라는 이름으로 유명해졌다. 바가트지는 신에게 귀의한 사람을 높여서 부르는 말이다.

마을 사람들은 모두 바가트지가 교회와 절과 사원 등 모든 종교의 성전을 청소하면서 자신은 불촉천민인 청소부 합숙소의 작은 닭장에서 산다는 것을 알았다. 바가트지에 대한 그들의 존경심은 날로 높아만 갔다.

흔히 사람들은 신에게 귀의한 사람은 특별히 신의 은총을 받기 때문에 그의 손길이 닿으면 어떤 병자도 낫는다는 믿음을 갖고 있다. 그래서 가끔 여인네들이 병에 걸린 아이를 안고 바가트지를 찾아오곤 했는데, 그럴 때마다 바가트지가 손을 대면 어린아이들은 씻은 듯이 낫곤 했다.

차츰 병든 아이들이 몰려들기 시작했고, 어른들도 병이 나면 바가트지를 찾았다.

바가트지는 신께서 그들을 치료해 줄 것이라고 말하고, 어떤 때는 몇 가지 약을 주기도 했다. 때로는 환자들에게 나무 이파리나 뿌리, 또는 꽃송이를 먹으라고 주었다.

바가트지의 치유력은 전보다 더 놀라워졌다. 그의 마음은 이제 완전히 세속을 떠나 있었다. 그는 자신의 능력을 의식하지도 못했다. 그로서는 모든 이들을 돕는 일이 아주 자연스러웠다.

그의 손길만 닿으면 사람들은 병이 낫기 시작했고, 그래서 모두가 바가트지에게 치료의 능력이 있다는 것을 깨닫게 되었다.

사람들은 이따금 매우 어리둥절해하기도 했다. 그는 자신의 행위에 완전히 무관심한 태도였고, 그래서 어떤 이들은 그를 미친 사람이라고 생각했다.

게다가 그는 말을 한마디도 하지 않았다. 고개를 끄덕이거나 저음으로써 그렇다, 아니다만을 표시할 뿐이었다.

바가트지가 명의(名醫)로 이름을 날릴 바로 그 무렵, 환자들을 치료해 주고 돈을 받지 않는 이상한 의사가 또 하나 있었다. 그는 절대로 자기 방에서 나오는 법이 없었다. 그는 이따금 환자들을 낫게 해 달라고 몇 시간씩 하나님께 기도를 하기도 하고, 또 어떤 때는 조용히 앉아 처방전을 쓰기도 했다.

근처에 사는 사람들이 그에게 먹을 것과 옷을 가져다 주고, 방을 청소해 주었다. 사람들은 그를 무척 존경했다. 그는 의사였고, 외국인이었던 것이다.

이 의사는 바가트지의 치유력에 대한 소문을 듣고 한번 만나보길 원했으나 절대로 방 밖으로는 나가지 않았다. 바가트지 역시 다른 사람의 집에는 들어가지 않았다. 그래서 그 두 사람이 만나는 것은 불가능해 보였다.

바가트지의 태도는 매우 빨리 변했다. 그는 완전히 말을 끊었고, 아주 조금만 먹었다.

그는 여전히 교회와 절과 사원과 거리를 청소했으며, 남의 시선 따위는 신경쓰지 않았다.

어느 날 그가 길가의 하수구를 청소하고 있는데, 한 여인이 어린 아이를 팔에 안고 비통하게 울면서 집 밖으로 달려나왔다. 바가트지는 바로 그 집 옆에서 청소를 하고 있었다.

여인은 거리로 달려나오다가 바가트지 앞에 멈춰 섰다. 바가트지가 허리를 펴고 일어나자 여인은 아이를 그의 팔에 안겨주었다. 아이는 벌써 죽어 있었다.

그는 죽은 아이를 팔에 안고 천천히 걸음을 옮겼다. 아이의 어머니가 비통하게 울면서 그 뒤를 따랐다. 이 장면을 보고 다른 사람들도 그 뒤를 따랐고, 마침내 긴 행렬이 되었다.

어떤 사람이 말했다.

"저 아이는 매우 위대한 영혼이 틀림없어. 그러니까 바가트지가 저렇게 안고 땅에 묻어주기 위해 가고 있는 거야!"

그러나 바가드지는 묘지로 가는 대신에 천천히 방향을 바꿔 자신이 살고 있는 닭장으로 갔다. 방에 도착하자 그는 어린아이를 안고 안으로 들어가 문을 닫았다.

군중은 다음에 무슨 일이 일어날지 궁금해 밖에서 기다렸다. 아이의 어머니는 비탄에 잠겨 아직도 슬피 울고 있었다. 그녀는 어떻게 해야 할지 몰랐다. 바가트지가 문을 열 때까지 밖에서 기다려야 할지, 아니면 죽은 아이를 땅에 묻게 어서 돌려달라고 해야 할지 알 수가 없었다.

한 시간이 지나자 사람들은 초조해졌다. 아이의 어머니가 달려가 문을 두드렸다. 그때 그녀는 아이의 울음소리를 들었다. "아이가 살아났나?" 하고 그녀는 혼잣말로 중얼거렸다. 그때 다시 안에서 아이의 울음소리가 들리자 그녀는 마구 외쳤다.

"내 아들이 살아났군요! 바가트지! 문을 여세요!"

바가트지가 문을 열자 어머니는 재빨리 바가트지의 무릎에 누워 있던 아이를 안아들고 집으로 달려갔다.

사람들은 죽었던 아이가 살아나자 놀라움을 감추지 못했다. 어떤 사람이 "도대체 안에서 무슨 일을 했길래 아이가 다시 살아났을까?" 하자, 다른 사람이 "아마도 기도를 했거나, 신비한 약초를 아이의 입 안에 넣어주었을 거야." 하고 대답하기도 했다.

또 어떤 이는 이렇게 말했다.

"신께서 바가트지에게 내려오신 거야. 그래서 그가 만지기만 해도 병이 낫는 거야."

바가트지가 다시 방문을 닫자 사람들은 서서히 물러났다. 그는 침대에 앉아 생각하기 시작했다.

'아, 동정심과 친절과 남을 돕는 일조차도 욕망의 일종이다. 그 욕망 역시 빠지기 쉬운 함정이다. 집에 갇혀 있는 것이나 왕실에

갇혀 있는 것이나 마찬가지다. 어느 곳에서나 자유롭고자 하는 욕망은 같으니까.'

'완전한 자유를 얻기 위해서는 욕망을 벗어나야 한다. 나에겐 이제 이 세상에 남은 것이 아무것도 없다. 이제 나는 평화의 바다에 마음을 쉬고 싶다.'

그의 마음은 내면으로 침잠하기 시작했고, 마침내 그는 육체와 세상에 대한 의식을 버렸다. 그는 완전히 무아지경의 상태에 들어갔다. 다시 제정신이 돌아왔을 때, 그는 이제 더이상 외부세계와 연결된 욕망이 남아 있지 않다는 것을 알았다.

그날 이후부터는 바가트지를 볼 수 없었다. 교회에서도, 사원에서도. 그는 방 밖으로 나오지 않았다. 청소부들이 먹을 것을 갖다 주었지만, 그는 아무것도 원치 않았다.

어느 날 바레일리 감옥에서 모든 마약중독자들이 풀려났다. 그때까지도 친한 사이였던 칼리빠와 피터는 함께 살기를 원했다. 나머지 사람들은 집으로 돌아갔다. 피터와 칼리빠는 바레일리를 벗어나고 싶었다. 그래서 기차역으로 갔다. 그들이 목적 없이 어슬렁거리고 있을 때, 누군가 뒤에서 "피터!" 하고 불렀다.

피터가 고개를 돌려보니 웬 낯선 사람이 철도원 복장을 하고서 아는 체를 하고 있었다. 그 사람이 말했다.

"피티, 뭇쑤리에서는 언제 돌아왔소? 난 다시 데라둔으로 가는 길인데, 원한다면 태워다 주겠소."

피터는 이해가 안 갔지만 이렇게 말했다.

"고맙습니다. 저는 그곳으로 가고 싶습니다. 그리고 내 친구 칼리빠도 그곳엘 가고 싶어합니다."

재미있는 기관사가 너털웃음을 웃으면서 말했다.

"좋소. 두 사람 다 태워 드리겠소. 기관실 뒤의 화물칸에 올라타시오. 사람들이 물으면 기관사의 친구라고 대답하시오."

기관사는 사무실에서 서류를 가져와야 했기 때문에 서둘러 그 자리를 떠났다. 피터와 칼리빠는 화물칸으로 갔다.

열차가 달리는 동안 기관사는 피터에 대해 까마득히 잊고 있었다. 기차가 데라둔에 도착했을 때 그는 다시 피터를 보고는 얼른 그에게 다가와 말했다.

"당신을 깜빡 잊었었소. 왜 나를 만나러 기관실로 오지 않았소? 전처럼 기관실에 앉아서 여행할 수도 있었을 텐데."

피터는 자기가 전에 기관실에 앉아서 여행을 했다는 그의 말을 이해할 수가 없었다. '아마도 나를 전에 함께 여행한 다른 사람으로 착각하고 있는 게 아닐까?' 하고 그는 생각했다. 피터는 전에 이 사람을 만난 적이 있는지 애써 기억을 더듬었지만 도무지 생각이 나지 않았다. 그러다가 그는 어쩌면 선교회에서 만났는지도 모른다고 생각했다. 그러나 그가 누군지 모르겠다고 말하기는 싫었다.

"감사합니다, 나으리. 덕분에 정말 편하게 왔습니다."

기관사가 말했다.

"또 뭇쑤리로 갈 거요?"

피터가 말했다.

"그렇습니다. 그런데 우리는 돈이 한푼도 없습니다. 데라둔에서 돈을 벌어 그곳으로 가든지, 아니면 걸어서 가든지 하겠습니다."

기관사는 피터에게 20루삐를 주었다. 그 정도면 차표는 물론 음식을 사먹고도 남는 돈이었다.

"피터, 당신은 내 팔의 피부병을 고쳐 주었소. 나는 그 은혜를 평생 잊지 않을 거요. 우리 부모님께 내가 다음주에 찾아뵐 것이라고 전해 주시오."

피터와 칼리빠는 대단히 기뻤다. 감옥에서 풀려난 뒤 처음으로 만져 보는 20루삐였다.

칼리빠가 말했다.

"어서 버스 정류장으로 가세."

그들은 시내로 걸어가기 시작했다. 가다가 칼리빠가 말했다.

"피터, 이제 돈이 있으니 여기서 하루나 이틀 머물면서 시내 구경이나 하세. 뭇쑤리는 그다지 멀지 않으니, 절반까지만 버스를 타고 절반은 걸어서 갈 수도 있잖겠나."

피터는 칼리빠의 진짜 속마음이 무엇인지 짐작했다. 그래서 그들은 데라둔에 머물면서 이리저리 돌아다녔다. 저녁나절에 칼리빠가 말했다.

"피터, 마약담배 한 모금이면 추위도 가시고 밤을 편하게 잘 수 있을 거야."

피터는 이미 마음의 준비가 되어 있었다. 마약소굴을 찾기는 어렵지 않았다. 까마귀가 멀리 떨어진 숲에서 죽은 고기 냄새를 맡듯, 마약중독자들은 마약소굴의 냄새를 정확히 맡는 법이다.

그들은 마약담배를 피운 뒤 세상만사를 잊고 밤새 취한 상태에서 잠이 들었다. 이튿날 아침 그들은 버스 정류장으로 갔지만, 딱히 뭇쑤리로 가야만 하는 이유도 없었다.

한편 바레일리에 있던 도로시는 뭇쑤리에 한 미친 외국인 의사가 산다는 소문을 들었다. 그녀는 그 사람이 남편일지도 모른다고 생각했다. 그래서 뭇쑤리로 가서 남편이 맞으면 바레일리로 데려오겠다고 결심했다.

일주일 뒤 그녀는 기차를 타고 데라둔으로 가서, 다시 버스로 뭇쑤리로 갔다. 우연히 예의 그 철도 기관사가 같은 버스에 탔다. 그 기관사 역시 인도사람이었지만 기독교도였다.

기관사는 도로시의 목에 걸려 있는 십자가를 보고 그녀가 아주 종교적인 여성이라고 생각했다. 그래서 그는 자기의 이름이 마니크 조지라고 소개하면서, 자신은 철도 기관사이며, 부모가 뭇쑤리에 살고 있다고 했다. 그는 한 달 만에 부모를 만나러 가는 길이었다.

그는 또 뭇쑤리가 겨울철엔 너무 춥기 때문에 사람이 별로 없어 매우 평화롭다고도 했다. 도로시는 몇 달 전에 자취를 감춘 남편을 찾고 싶다고 말했다. 이런저런 이야기를 나누는 사이에 그들은 어느덧 친구가 되었다.

버스가 뭇쑤리로 들어서는 순간 철도 기관사 마니크 조지는 피터와 칼리빠가 뭇쑤리로 가는 지름길로 걸어가고 있는 것을 목격했다. 그는 버스를 멈추고서 그들과 함께 이야기를 나누고 싶었지만 어느새 두 사람은 언덕 너머로 사라져 버렸다.

뭇쑤리에 도착한 도로시는 여관말고는 머물 장소가 마땅치 않았다. 그녀가 짐꾼에게 여관으로 가는 길을 묻자, 마니크 조지는 그녀만 괜찮다면 자기 부모님의 집에서 묵어도 좋다고 말했다.

도로시는 그의 제안을 받아들였다. 그렇게 하면 그가 남편을 찾는 일을 도와줄 수도 있을 것이다.

겨울이었고, 하늘에는 구름 한 점 없었다. 며칠 동안 날이 무척 포근했다. 뭇쑤리에서는 드문 일이었다.

마니크 조지와 도로시는 뭇쑤리의 기분좋은 날씨를 즐겼다. 그들은 여기저기 찾아다니다가 어느 날 미친 의사에 대한 이야기를 들었다. 도로시와 마니크 조지는 그 의사를 만나러 갔다.

그들이 방 안으로 들어가 보니 그 의사는 틀림없는 닥터 헤이였다. 도로시는 눈물을 쏟으며 그를 꼭 껴안았다.

"왜 바레일리를 떠나셨어요? 당신이 없어서 병원 일이 모두 중단되었어요. 지금 우리는 고아원을 운영하고 있는데, 잘 되어 나가고 있어요."

의사는 선교회나 고아원에 대해서는 아무런 관심도 나타내지 않았다. 다만 이렇게 말할 뿐이었다.

"어떤 형태로든 가난한 사람들에게 봉사하는 것은 좋은 일이오."

도로시는 남편에게 마니크 조지를 소개했다. 잠시 얘기를 나눈 뒤, 마니크 조지는 두 사람이 자유롭게 이야기할 수 있도록 자리를 비켜 주는 것이 좋겠다고 생각하고 밖으로 나왔다.

피터와 칼리빠도 뭇쑤리에 도착했다. 칼리빠는 청소부 합숙소로 가서 잘 곳을 구하는 것이 제일 쉽다는 것을 알고 있었다. 그는 원래 청소부 계급에 속해 있었으니 그들과 쉽게 통할 수 있었다.

그들은 합숙소로 가서 혼자 사는 어떤 노인과 함께 지냈다. 그 노인은 너무 늙었기 때문에 방에 불을 지피거나 장작을 모으고 물을 길어다 줄 사람이 필요했던 것이다.

갑자기 날씨가 변해 하늘이 먹구름으로 뒤덮였다. 그러더니 억수같이 비가 쏟아지기 시작했다. 2~3일 동안 계속해서 비나 눈이 쏟아졌다.

크리스마스날 아침, 사람들이 일어나 보니 산 전체가 한 길이 넘는 눈으로 덮여 있었다. 모든 길이 끊기고, 주민들은 집 안에 갇혔다.

폭설이 내린 뒤 날씨가 다시 변했다. 태양이 내리비치고, 눈이 녹기 시작했다. 이틀 만에 지붕에는 한 뼘 정도의 눈밖에 남지 않았다. 하지만 그늘진 곳에는 아직도 눈이 많이 쌓여 있었다. 사람들은 삽을 들고 나와 거리의 눈을 치우고 왕래하기 시작했다.

청소부 합숙소에서는 바가트지 방의 지붕이 움푹 내려앉았다. 닭장 전체가 눈에 뒤덮였는데도 아무도 그 사실을 알지 못했다. 청소부들은 시내의 도로에 쌓인 눈을 치우느라 정신이 없었다.

눈이 다 치워지고 사람들이 자유롭게 왕래하기 시작했을 때에서야 비로소 청소부 하나가 닭장 지붕이 내려앉은 것을 발견했다.

당장 합숙소의 모든 사람들이 몰려들었고, 바가트지가 자기 방에서 눈 속에 파묻혔다는 소식이 순식간에 뭇쑤리 전체에 퍼졌다.

사람들이 몰려오고, 정확한 조사를 위해 경찰까지 왔다. 그들은 눈을 치우기 시작했다.

어떤 사람이 말했다.

"바가트지는 죽지 않는다. 죽은 사람에게 생명을 불어넣는 사람이 어떻게 죽을 수 있단 말인가?"

다른 누군가가 말했다.

"어쩌면 그는 지붕이 내려앉기 전에 다른 곳으로 피신했을지도 모른다. 바가트지는 저곳에 묻혀 있지 않을 것이다."

사람들은 제각기 다른 상상을 했다. 그런데 눈 속에서 바가트지의 팔이 나타났다. 이제는 바가트지가 그 속에 파묻혔다는 것은 의심할 여지가 없었다. 그래도 사람들은 그가 아직 살아 있기를 바랐다. 아주 천천히 삽으로 눈을 치우자, 바가트지의 몸이 드러났다.

그날 마을 병원의 의사는 그곳에 없었다. 그는 데라둔에 갔다가 눈 때문에 길이 막혀 돌아오지 못했던 것이다. 경찰은 시체를 매장하기 전에 의사가 사망확인을 해야 한다고 말했다.

모든 종교를 믿는 사람들, 힌두교, 불교, 기독교, 이슬람교 등 온갖 종교인들, 부자와 가난한 자, 온갖 종류의 사람들이 그곳에 모였다. 모두가 그토록 숭고한 존재의 죽음에 슬픔을 감추지 못했다.

누군가가 그 미친 외국의사를 생각해 내자, 당장 사람들은 그에게 몰려갔다.

"바가트지가 죽었습니다. 시체를 매장하기 전에 의사가 확인해야 한다고 경찰이 기다리고 있습니다."

의사와 도로시와 마니크 조지는 인간의 영혼에 대해 이야기를 나누고 있던 참이었다. 바가트지가 죽었다는 소리를 듣자 의사는 서둘러 일어났다. 도로시와 마니크 조지도 그 뒤를 따랐다.

닭장 앞에 도착하자마자 세 사람은 충격을 받고 소리쳤다.

"아니, 피터다!"

의사는 눈물을 참지 못하고 어린아이처럼 엉엉 울었다. 그가 말했다.

"피터, 당신은 종교를 초월한 사람이오. 진정한 신의 귀의자이고, 인류의 참된 봉사자였소. 당신은 나의 스승이었으며, 내 눈을 뜨게 해 주었소."

마니크 조지가 말했다.

"이 사람이 내 팔을 치료해 주었습니다. 며칠 전 내가 그를 데라둔까지 태워다 주었습니다. 그는 정말 숭고한 영혼입니다."

칼리빠와 피터도 그 소식을 듣고 눈에 파묻혀 죽은 사람이 어떤 사람인지 구경하기 위해 왔다. 칼리빠가 바가트지의 얼굴을 보고 외쳤다.

"자반!"

그리고 나서 그는 옆에 서 있는 친구 피터의 얼굴을 바라보고는 혼란에 빠졌다. 닥터 헤이와 도로시와 마니크 조지도 칼리빠와 피터를 보았다. 그들 모두 어느 피터가 죽었는지, 진짜 피터가 죽은 것인지, 자반이 죽은 것인지 알 수가 없었다.

마니크 조지 역시 피터가 살아 있는 것을 보고 깜짝 놀랐다. 그는 죽은 사람이 그의 팔을 치료한 것인지, 아니면 살아 있는 이쪽 피터가 치료한 것인지 알 수가 없었다. 그들은 너무 똑같았다.

닥터 헤이가 시체의 죽음을 확인했다. 경찰은 바가트지의 옷을 찾았다. 그의 낡은 셔츠를 찾아 주머니를 뒤져 보니, 종이쪽지가 하나 나왔다. 그 종이에는 이렇게 적혀 있었다.

이 육체는 뭇쑤리에서 크리스마스날에 눈에 파묻혀 죽을 것이다. 이것은 신의 뜻이다.
　　　　　　— 바레일리 교외의 라트람 병원에서, 자반

닥터 헤이가 말했다.

"아, 이 사람이 진짜 자반이다!"

그리고 나서 그는 울기 시작했다. 이제 칼리빠도 자신의 진짜 친구가 죽은 것을 알고는 함께 울기 시작했다. 지금까지 그에게는 친구 피터가 자반이었던 것이다.

"그는 죽지 않는다. 그는 신의 권능을 가진 인물이다." 하고 말하던 사람들은 바가트지가 죽었다는 것을 알고 이렇게 말했다.

"그가 죽은 사람을 살리고, 사람들을 치료하고, 신의 권능을 가졌다는 것은 전부 헛된 믿음이었어."

그러나 이미 1년 전에 자신의 죽음을 예언한 글이 발견되자 그들은 다시 이렇게 말하기 시작했다.

"바가트지는 진정한 성자였다. 그는 자신의 죽음까지 환히 내다보고 있었다."

모든 신분, 모든 종교의 사람들, 가난한 자, 부자 할 것 없이 모두 장례행렬을 따랐다. 그들은 시체를 꽃으로 장식해 하리드와르[5]로 데려가 갠지스 강에 던졌다.

닥터 헤이가 말했다.

"살아 있을 때 자반의 육체는 인간에게 봉사했다. 이제 이 육체는 죽어서는 물속의 고기들에게 봉사할 것이다."

어떤 기념비도, 어떤 사원이나 교회도 자반의 이름으로는 세워지지 않았다. 그러나 자반을 한 번이라도 만난 적이 있는 사람들은 가슴속에 그의 이름으로 된 사원을 간직했다.

닥터 헤이는 아내를 따라 바레일리로 돌아가지 않았다. 대신에 그는 자반의 길을 따르기 시작했다. 그는 교회와 절과 사원과 거리를 청소하기 시작했으며, '성자 자반'의 진정한 제자가 되었다.

---

5 — 뭇쑤리의 데리둔의 남쪽에 위치한 히말라야 기슭의 소도시.

말랑 사히브의 정체

성자는 이제 이 세상에 없다.
하지만 신자들은 그가 공중을 날고
물 위를 걷는 능력을 가졌었다고 믿는다.
'반씨'는 그 진실을 안다.
그러나 그는 아직도 신자들에게 맞은
따귀 한 방을 잊지 않고 있다.
그래서 그 역시 다른 신자들과 똑같이
찬양가를 부르고 다닌다.

인도 북부의 히말라야 산 바로 밑에 '타낙뿌르'라는 작은 도시가 있다. 이곳은 인도와 네팔의 경계 지역으로, 강 하나를 사이에 두고 두 나라가 마주보고 있다.

이 도시는 일종의 교역장소이다. 일주일에 한 번 특별시장이 열리면 시골 사람들이 곡물과 염소, 젖소, 조랑말 따위를 팔고, 그 돈으로 옷과 소금과 기름 등을 사 가곤 한다.

강 반대편 네팔 쪽은 아주 가난하다. 그들은 젖소를 키워 기이[1]라는 정제된 버터를 만든다. 이 버터를 팔기 위해 그들은 강을 건너 타낙뿌르로 온다.

---

1 — 인도산 물소 젖의 비디기름.

말랑 사히브의 정체 · 111

양편의 사람들은 통나무에 마른 호리병박을 여러 개 붙들어 맨 뗏목을 만들어, 강을 건널 때 그 뗏목으로 물건을 나른다.

계절풍이 불 때에는 강물이 크게 불어, 그 정도의 뗏목으로는 어림도 없다. 그래서 네팔 쪽 주민들은 버터를 큰 통에 넣어 석 달씩이나 저장하고 있다가, 비가 그치면 그 통을 타낙뿌르로 옮겨 인도의 중간상인들에게 판다. 그래서 타낙뿌르는 네팔산 버터의 거래로는 가장 큰 시장이다.

인도 상인들은 그 버터를 사서 사치스러운 병이나 단지에 넣고, 예쁘게 디자인한 상표를 붙인다. 그래서 애초에 산 값보다 네다섯 배나 비싸게 판다. 이 중간상인들은 높은 이자로 돈을 빌려준다든가, 옷과 소금을 터무니없이 비싼 값에 판다든가, 그 밖의 여러 가지 방법으로 가난한 사람들을 속인다.

그러나 그 주민들도 상인들을 속일 때가 있다. 나무 뿌리를 삶아 버터처럼 만들어서는 진짜 버터와 반반씩 섞어서 파는 것이다. 끓여 보기 전에는 그것이 가짜 버터인지 분간하기 어렵다.

버터말고도 네팔에는 소나무가 풍부하다. 그런데 그 나무를 옮길 도로가 마땅치 않기 때문에, 강물에 띄워 보내는 것이 가장 쉽고 값싼 방법이다.

그래서 인도와 네팔의 목재상들은 강을 목재 수송로로 이용하며, 운반된 목재는 일단 타낙뿌르에 보관해 둔다. 이 목재사업 덕분에 타낙뿌르는 큰 교역시장이 되었다. 수많은 상인들이 몰려와 구입한 목재를 열차편을 통해 각종 도시로 공급한다.

버터와 목재말고도 타낙뿌르는 또다른 특수사업의 큰 중심지이다. 이 사업은 30년도 넘게 은밀히 진행되어 왔으며, 아무도 그것이 불법거래라고는 생각하지 않았다.

이 특별한 사업은 다름아닌 어떤 물건을 이쪽에서 저쪽으로 밀수해 판매하는 일이었다. 주요 밀수품목은 해시시(hashish)라고 불리는 대마초의 일종이다.

그런데 갑자기 인도 정부가 네팔에서 인도로 건너오는 대마초 밀수사업을 단속하기 시작했다. 우선 몇몇 밀수상인들이 타격을 받았다. 그들은 대마초 밀수가 불법인 줄 전혀 모르고 있었던 것이다.

모띠는 세번째 형태의 상인이었다. 처음에는 그도 두번째 형태로 출발했다. 그는 타낙뿌르에서 태어났다. 그의 아버지는 통나무 운반의 전문가였는데, 어느 날 통나무에 머리를 부딪쳐 그 자리에서 죽었다. 모띠는 그때 불과 아홉 살이었다. 그의 어머니는 모띠가 어렸을 때 다른 남자와 눈이 맞아 도망간 것 같았다.

통나무를 운반하는 일꾼들은 한 가족처럼 모여 살고, 장소를 옮길 때에도 늘 함께 행동한다. 그래서 모띠는 부모를 잃긴 했지만 일꾼들과 함께 생활했으므로 부모의 필요성을 그다지 느끼지 못하고 자랐다.

강물로 통나무를 운반하는 일은 무척 재미가 있다. 통나무들이 엉키는 것을 막거나 방향을 제대로 잡아주려면 이 통나무에서 저 통나무로 뛰어다녀야 한다. 때로는 아주 위험하기도 했다. 모띠는 이 일을 별로 좋아하지 않았다. 그는 일꾼들에게 담배를 만들어 주거나, 밥하고 설거지 하는 일을 더 좋아했다. 그리고 잠이 많았다.

반씨는 그의 친구였다. 모띠보다 한 살이 많은 그는 민첩하고 기운이 셌다. 반씨는 모험심도 대단했다. 어떤 때는 모띠를 데리고 깊은 산속으로 가서 야생곰을 보여주기도 했다. 야생곰은 아주 위험한 동물이다. 반씨는 큰 소리로 곰을 약올려 놓고서 곰이 달려들기 전에 모띠를 잡아끌고 줄행랑을 치곤 했다.

한번은 모띠와 반씨가 네팔 쪽의 강가에 있는데 어떤 사람이 와서 자루 두 개를 강 건너편으로 옮겨 달라고 부탁했다. 반씨와 모띠는 작은 뗏목을 만들어 자루를 싣고 강을 건넜다. 부탁한 사람은 어느새 먼저 강 건너편으로 와서 그들이 도착하기를 기다리고 있었다. 그는 무척 기뻐하며 둘에게 1루삐씩을 주었다. 당시에 1루삐는 매우 큰 돈이었다.

모띠가 말했다.

"왜 우리에게 이렇게 많은 돈을 주는 것일까, 반씨? 자루 속에 뭐가 들었는지 보았어?"

"자루 속에는 대마초가 들어 있었어. 내 생각엔 그 사람이 대마초장사를 해서 돈을 버는 것 같아."

"반씨, 우리에겐 2루삐가 있어. 우리도 같은 장사를 할 수 있을 거야. 그리고 우리는 대마초를 직접 운반할 수 있으니까 남에게 운반비를 주지 않아도 되거든."

반씨도 그 생각에 찬성했다. 그날부터 당장 그들은 대마초 밀수업자가 되었다. 아주 쉬운 작업이었고, 그들은 많은 돈을 벌었다.

인도 쪽의 강가에 몇 해 동안 빈 채로 버려져온 오래된 절이 한 채 있었다. 그래서 모띠와 반씨는 그 절을 창고로 이용했다.

그러나 재산은 혼자 찾아오는 법이 없다. 재산이 오면 언제나 욕심이라는 친구도 함께 따라온다.

여러 해 동안 모띠와 반씨는 동업을 했다. 그들은 도박과 매춘에도 손을 대기 시작했고, 둘 다 알코올중독자가 되었다. 더 많이 벌수록 그들은 더 많이 썼다.

모띠는 주로 네팔 쪽에서 생활했다. 그가 대마초를 수입해 절로 옮겨다 주면, 반씨는 그것을 다른 사람에게 팔았다. 그러니까 모띠는 운반책이었고, 반씨는 판매책이었다. 그래서 반씨는 타낙뿌르에 사는 모든 이들에게 대마초상인으로 널리 알려졌지만, 모띠를 아는 사람은 아무도 없었다.

네팔 쪽 마을에서는 쌀과 보리를 빚어 술을 만드는데, 매우 독하면서도 값이 쌌다. 그리고 그 술은 중독성이 강했다. 모띠는 하루도 거르지 않고 그 술을 마시다가 마침내는 알코올중독자가 되었다.

독한 술 때문에 그의 정신은 마비되었다. 그는 면도도, 이발도 하지 않았고, 목욕하는 것도 잊었다. 때로는 옷 입는 것조차 잊어버렸다.

어느 날 그는 발가벗은 채 담요로 몸을 감싸고 술을 마시면서 강을 건넜다. 절 문앞까지 왔을 때 그는 반씨가 수갑을 차고 경찰에게 잡혀가는 것을 보았다. 반씨도 모띠를 보았지만 경찰이 둘 다 잡아갈까봐 모르는 척했다.

모띠는 절 안으로 들어가 보았다. 남아 있는 게 아무것도 없었다. 그는 한쪽 구석에서 벽을 바라보며 망연자실하게 앉아 있었다.

모띠의 사업은 끝이 났지만, 술에 대한 욕망은 더욱 커졌다. 그는 이제 마흔 살밖에 되지 않았는데 얼굴이 주름살 투성이였다. 회색 수염과 긴 회색 머리에 뼈가죽만 남은 큰 몸집 때문에 일흔다섯은 되어 보였다.

그의 눈은 언제나 술을 찾고 있었다. 그의 혀는 술을 한 모금이라도 마시고 싶어 안달이었다. 그러나 그에게는 돈도 없었고, 내다 팔 대마초도 없었다. 완전히 빈털터리였다. 그는 바닥에 담요를 깔고 벌거벗은 몸으로 앉아 있었다.

타나뿌르의 높은 산꼭대기에는 오래된 유명한 절이 하나 있었다.

매년 각지에서 수많은 신자가 이 절을 찾아오며, 탄트라(Tantra)[2] 요가의 수행자들은 산꼭대기에 앉아 성스러운 주문을 외운다.

이러한 신자들 중의 한 사람이 강에 목욕을 하러 내려왔다가 폐허가 된 절을 발견하고는 호기심에 안으로 들어가 보았다. 그는 긴 회색 수염과 머리칼의 도사 한 사람이 바닥에 벌거벗고 앉아 있는 것을 발견했다.

그는 이 도사가 탄트라 요가의 수행자라고 믿었다. 그는 대단한 존경심으로 절을 올렸지만, 노인은 여전히 무관심한 표정으로 앉아 있을 뿐이었다.

그 태도가 오히려 신자를 더욱 감동시켰다. 그는 당장에 시장으로 달려가 술 두 병과 과일, 그리고 다른 것을 몇 가지 샀다. 그리고는 되돌아와 그 선물을 노인에게 바쳤다.

노인은 술병을 보더니 그 자리에서 한 병을 다 마셔 버렸다. 신자는 너무나 놀랐다. 그는 이 노인이 수행의 경지가 대단히 높은 사람임이 틀림없다고 생각했다. 그는 여러 차례나 절을 올리고는 자기의 숙소로 돌아왔다.

그는 진짜 요가 수행자를 발견해서 너무나 기뻤다. 그는 친구들에게, 말랑 사히브(Malang Sahib, 선악의 차별을 초월한 아주 높은 경지의 성자) 한 사람이 그 절에 살고 있다고 말했다.

사람들은 매일같이 말랑 사히브를 방문하기 시작했다. 사람들은 그가 술말고는 아무것도 원치 않는다는 사실을 알게 되었다. 그래서 신자들은 날마다 그에게 술을 갖다 바치고 그를 먹여 살렸으며,

---

2 — 밀교. 탄트라는 원래 지혜를 넓히고, 보존하고, 전파하는 것을 말한다. 말 자체는 진실(Tattva)과 언어(Mantra)라는 두 낱말이 합쳐진 것. 즉 진실의 언어, 인간의 언어라는 뜻이다.

그곳을 청소해 주었다.

아무도 그의 이름이 모띠인 것을 알지 못했다. 다들 그를 '말랑 사히브'라고 불렀다. 그는 무식쟁이였다. 그를 말랑 사히브로 만든 것은 긴 회색 머리칼과 수염, 그리고 벌거벗고 앉아 있는 자세였다.

아무도 그가 화를 내거나 행복해하는 모습을 보지 못했다. 그는 다른 사람에게 무엇을 부탁하지도 않았다. 이 모든 것이 사람들의 마음을 움직였고, 그래서 그들은 그가 '선악을 초월한 성자'라고 굳게 믿었다.

사람들이 질문을 해도 그는 대꾸를 하지 않았다. 가끔 새로 온 사람이 그에게 무슨 이유로 그렇게 술을 많이 마시느냐고 물으면, 그의 신자들 중의 하나가 이렇게 대답하곤 했다.

"아, 우리 스승님께서는 술을 마시는 것이나 갠지스 강의 성스러운 물을 마시는 것이나 아무런 차이가 없습니다. 스승님께서 우리와 함께 앉아 계시지만, 실제로는 여기에 계신 것이 아님을 당신은 느끼지 못합니까? 스승님께서는 지금 유체이탈을 하셔서 다른 곳에 가 계십니다."

한 상인이 여신을 모신 신전에 들러 한 시간에 걸쳐 죄를 씻고 자비를 구하기 위해 그 도시를 방문했다가 '말랑 사히브'라는 신비로운 인물에 대한 이야기를 들었다. 그는 당장에 그 인물을 만나고 싶었다.

그는 바구니에 술 두 병과 과일, 차, 설탕 등을 담았다. 폐허로 버려진 절에서 말랑 사히브를 만나, 그는 깊은 존경심으로 절을 하고 바구니를 내밀었다.

신자들이 그에게 말랑 사히브의 높은 경지에 대해 말했다. 술 한 병을 단숨에 마시며, 하루 종일 똑같은 자세로 앉아 있다는 것이었다. 상인은 깊은 감명을 받고 이렇게 기도했다.

"성자님, 당신의 은총으로 제가 타낙뿌르에서 몇 가지 사업을 할 수만 있다면 이 절을 새로 지어 드리겠습니다. 제가 그 일들을 할 수 있다면 그것은 오로지 당신의 자비 덕분입니다."

잠시 기다렸다가 상인은 자신의 거처로 돌아왔다.

때는 장마철이 끝나갈 무렵이었다. 장마철이 일찍 지나갔기 때문에 네팔의 주민들은 여느 해보다 이르게 버터를 들고 강을 건너왔다. 고정적으로 버터를 사던 중간상인들이 아직 도착하기 전이었다.

멀리 '칸뿌르'에서 온 그 상인은 많은 버터를 보자 그것을 몽땅 좋은 가격에 사서 칸뿌르에 있는 자신의 도매상점에 공급했다. 그는 소규모 버터 중간상인들과 좋은 관계를 맺어 필요할 때면 언제나 버터를 구할 수 있도록 해주었다.

비가 적게 왔기 때문에 음식값이 금방 치솟고, 큰 도매상들은 사들인 물건을 팔지 않고 묶어두기 시작했다. 가격이 여러 배로 뛰었다.

칸뿌르에서 온 상인은 버터를 2년에 걸쳐 묶어둠으로써 떼돈을 벌었다. 그는 그것이 모두 말랑 사히브의 은총 덕분이라고 믿었다. 그는 절을 새로 지어 주겠다고 한 자신의 약속을 기억했다.

가끔 그는 자신이 돈을 번 것은 순전히 행운이며, 따라서 새 절을 지어 주느라 큰 돈을 낭비할 필요가 없다는 생각도 했다. 그러나 곧이어, 만일 자신이 약속을 지키지 않으면 말랑 사히브가 저주를 내릴지도 모른다는 생각이 들었다.

그래서 그는 타낙뿌르로 가서 말랑 사히브에게 존경심을 표해야겠다고 결심했다.

말랑 사히브는 이제 타낙뿌르 전체에 널리 알려졌다. 타낙뿌르는 지리상의 조건 덕분에 급속도로 발전하고 있었다. 말랑 사히브의 신자들도 날이 갈수록 많아졌다.

칸뿌르의 상인이 절에 도착해 보니, 여러 명이 말랑 사히브 둘레에 가부좌를 틀고 앉아 있었다. 그는 바닥에 납작 엎드려 말랑 사히브에게 절을 올리고는 이렇게 말했다.

"성자님, 당신의 은총 덕분에 저는 버터사업에 성공해 큰돈을 벌었습니다. 전에 약속한 대로 이 절을 새로 지어 드리겠습니다. 성자님, 저는 좋은 버터 상점을 가지고 있는데, 제가 파는 버터깡통과 병의 상표에 당신의 사진을 넣고 싶습니다. 상표에는 '말랑 사히브 버터'라고 써 넣겠습니다."

말랑 사히브는 아무런 대답도 하지 않았지만, "안 된다."는 말을 하지는 않았기 때문에 대중들 앞에서 허락을 내린 것이나 다름없었다.

사진사가 와서 가장 잘 된 사진을 고르기 위해 여러 장의 사진을 찍었다. 한 달 만에 말랑 사히브의 얼굴과 함께 사방에서 광고가 시작되었다. 그의 사진이 들어간 버터를 광고하는 포스터가 길거리에 나붙기도 했다.

이제 상인이나 노름꾼을 비롯해 돈을 벌려고 하는 사람들은 누구나 은총을 받기 위해 말랑 사히브를 찾아왔다. 어떤 자는 돈을 벌었고, 어떤 자는 잃었다. 돈을 번 사람들은 말랑 사히브의 능력에 대해 많은 이야기를 만들어 냈으며, 손해를 본 사람들은 말없이 자신의 운명을 탓했다.

2년 만에 말랑 사히브를 위한 특실과 신자용 방 하나가 딸린 새 절이 완성되었다. 신자들은 아침저녁으로 예배를 드리기 시작했다. 매주 토요일마다 밤새워 염불을 하는 집회도 시작되었다.

오랫동안 폐허로 버려져 있었고, 한때는 모띠와 반씨에 의해 밀수와 도박과 매춘의 장소로 사용되던 그곳이 이제는 대단히 영적인 장소로 변했다.

새 절이 완성되는 경축일에, 새로 조각된 깔리(Kali)[3] 여신상이 그곳에 모셔지게 되었다. 여신상을 안치하기 전에 군중은 도시 전체를 한 바퀴 행진하기로 했다.

두 대의 가마가 준비되었다. 한 대는 깔리 여신상을 올려놓기 위한 것이었고, 다른 한 대는 말랑 사히브를 태우기 위한 것이었다.

온갖 화려한 광경이 연출되고 수많은 악기가 연주되면서 행렬은 타낙뿌르의 거리 곳곳을 돌았다. 신자들은 양쪽 가마에 꽃을 뿌렸고, 여인네들은 지붕에서 화환을 던졌다.

정말 거대한 행렬이었다. 행렬이 기차역을 지날 때쯤, 때마침 바레일리 감옥에서 4년 형기를 마치고 석방된 반씨가 기차에서 내리

3— 남성적인 시간 마하깔라(Mahakala)에 대하여 깔리는 여성 시간의 화신이다. 남성 시간의 화신 마하깔라와 여성 시간의 화신 깔리는 수많은 우주와 별에 존재하면서 모든 사물에 모습을 나타내는 창조의 원천 브라만(Brahman)의 두 갈래 기능이다.

다가 그 행렬과 마주쳤다. 그는 몹시 야위어서 제대로 걸을 수조차 없었다.

그는 행렬이 지나가는 것을 보고, 무슨 일인지 알려고 급히 뒤를 따라갔다. 그러다가 꽃으로 뒤덮인 가마에 평소처럼 술에 잔뜩 취한 모띠가 앉아 있는 것을 발견하고는 큰 소리로 외쳤다.

"모띠! 모띠! 이 얼간이야! 나는 4년이나 감옥에서 고생을 했는데, 너는 이렇게 왕처럼 대접받고 있어도 되는 거야?"

그는 질투 때문에 견딜 수가 없었다. 그가 소리쳤다.

"저자는 성자가 아니다! 저자는 거짓말쟁이다! 밀수업자이고 노름꾼이다! 저자는 나와 함께 온갖 나쁜 짓을 다 했었다!"

그가 말랑 사히브를 욕하는 소리를 듣고 신자들은 화가 나서 소리쳤다.

"입 닥쳐, 이 미친 놈아!"

한 청년이 다가와 반씨의 뺨을 후려쳤다. 반씨는 매우 약했다. 따귀 한 방으로도 충분했다. 그는 눈앞에 별이 반짝이면서 무릎을 꿇고 몇 분 동안 쓰러져 있었다.

행렬은 속도를 늦추지 않고 앞으로 나아갔다. 신자들은 정성을 다해 깔리 여신과 말랑 사히브를 찬양하는 노래를 불렀다. 어떤 이들은 춤을 추었고, 소라고둥을 불거나 꽹과리를 치는 사람도 있었다. 다시 정신을 차린 반씨도 사람들과 함께 노래를 부르고 춤을 추기 시작했다.

이윽고 행렬이 절에 도착하고, 온갖 의식을 거친 후에 깔리 여신상이 적당한 장소에 모셔졌다.

말랑 사히브에게는 새 방이 하나 주어졌다. 그런데 그는 너무나 술에 취해 몸을 가눌 수가 없었다. 아직도 많은 사람들이 술을 내

밀며 자신의 술을 마셔 주기를 바라고 있었다.

모든 행사가 평화롭게 끝났다. 신자들이 말랑 사히브에게 절을 하러 갔으나, 그는 이미 죽어 있었다!

따귀 한 방에 정신이 번쩍 들었던 반씨는 사람들의 눈치를 살피면서 군중 틈에 서 있었다. 말랑 사히브가 죽었다는 소리를 듣자 그는 큰 소리로 웃음을 터뜨렸다. 그러다가 따귀 맞은 일이 생각나서 금방 웃음을 멈추고 이렇게 중얼거렸다.

"어떤 이들은 명성을 얻으려고 애를 쓰는가 하면, 어떤 이들은 자신이 가진 재능을 통해 명성을 얻으며, 반면에 어떤 사람들에게는 명성이 저절로 굴러온다."

반씨는 자신의 단 하나밖에 없는 친구, 모띠의 장례식에 참가했다. 많은 사람들이 말랑 사히브를 땅에 묻고 다들 떠나갔다. 그러나 반씨는 밤늦도록 애착과 질투와 분노의 감정으로 무덤 앞에 앉아 있었다.

말랑 사히브는 이제 이 세상에 없다. 하지만 '말랑 사히브 버터'가 그의 명성을 세상에 전하고 있다.

이제 신자들은 말랑 사히브가 공중을 날고 물 위를 걷는 능력을 갖고 있었다고 믿는다.

다른 사람들은 몰라도 반씨는 그 진실을 안다. 그러나 그는 아직도 따귀 한 방을 잊지 않고 있다. 그래서 그 역시 다른 신자들과 똑같이 말랑 사히브 찬양가를 부르고 다닌다.

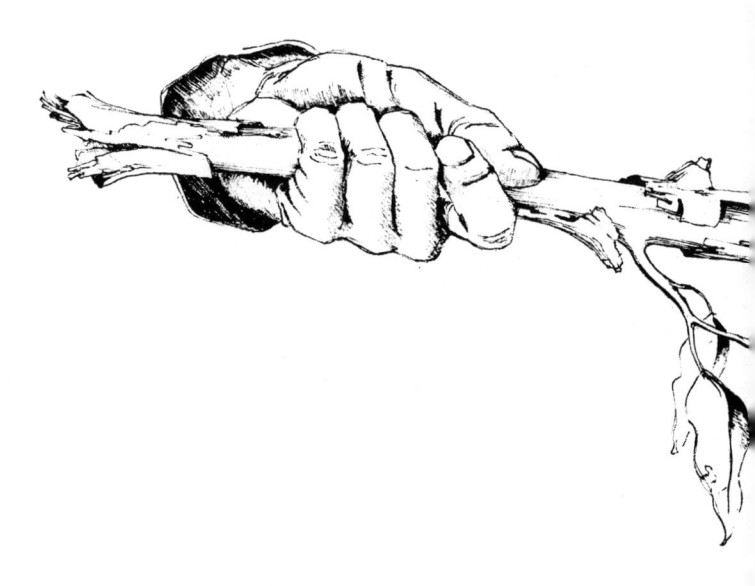

눈먼 시인과 아내

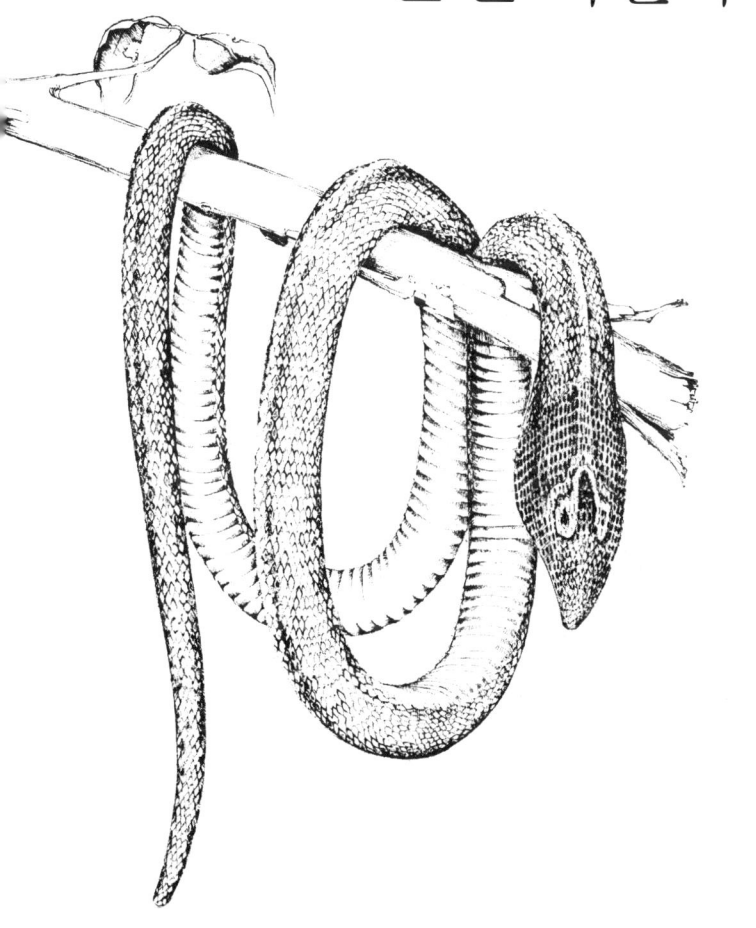

지혜로운 자와 뱀은
어디에도 자신의 둥지를 틀지 않는다.
남의 둥지를 대신 이용할 뿐이다.

── 어느 수도승

태어날 때부터 음악이나 미술, 시, 수학, 물리학 등에 천부적인 재능을 가진 사람이 있다. 그 이유는 아무도 모르지만, 이따금 그런 사람들이 태어난다.

친뚜는 '데라둔' 근처의 작은 마을에서 천성적인 시인(詩人)으로 태어났다. 그의 아버지 데브람은 매우 가난한 사람이었다.

친뚜가 태어나기 직전, 아내가 해산의 진통을 너무 심하게 겪자 데브람은 이웃 사람을 부르러 갔다. 그러나 그가 떠난 사이에 친뚜가 태어났고, 산모는 혼자서 아이를 낳다가 죽고 말았다.

데브람이 이웃 사람들을 데리고 돌아와 보니, 아내 곁에는 예쁜 아이가 울고 있었다. 데브람이 아내에게 물었다.

"여보, 괜찮아?"

그러나 아내는 아무 대답이 없었다. 이웃 여자가 그녀에게 몸을 구부리며 말했다.

"얼굴이 창백한데······. 꼭 죽은 것 같아요."

마을의 노인이 달려와 산모의 맥박을 짚어본 뒤에 말했다.

"그렇소. 죽은 게 틀림없소."

아내가 죽었다는 소리를 듣자 데브람은 하늘이 무너지는 것 같았다. 그는 땅바닥에 주저앉아 머리를 파묻었다. 잠시 후 그는 큰 소리로 울면서 외쳤다.

"내 아내가 죽다니! 이제 이 아이는 누가 키우며, 누가 나한테 밥을 해줄 것인가! 나같은 가난뱅이가 새 아내를 맞아들일 수도 없구. 아, 나는 이제 망했다!"

이웃 사람들이, 아이는 자기들이 키워줄 것이고, 언젠가 돈을 벌어 새장가를 가면 되지 않느냐고 그를 달랬다.

누군가 죽었다고 해서 다 같이 죽지는 않는다. 세상은 변함없이 돌아간다.

데브람은 죽은 동물의 가죽을 벗기는 자신의 일을 계속했다. 가죽과 뿔과 뼈를 중간상인에게 파는 일이었는데, 수입은 극히 적었다. 여러 날 동안 죽은 동물을 한 마리도 구하지 못할 때도 있었다. 그럴 때면 굶거나 이웃에서 양식을 꾸어다 먹어야 했다.

친뚜는 자식도 친척도 없는 어떤 노파가 데려다 키웠다. 노파에게는 땅이 조금 있어서 일년 내내 양식 걱정은 하지 않아도 되었다.

데브람은 이제 자식 걱정은 하지 않게 되었다. 그런데 새로운 걱정거리가 그의 머릿속을 떠나지 않고 있었으니, 바로 새아내를 얻는 일이었다. 죽은 동물의 가죽을 팔아서 번 돈으로 새장가를 들기란 어림도 없는 일이었다.

마을엔 소와 염소와 말이 많이 있었지만, 대체로 건강한 편이어서 어쩌다 한두 마리 죽으면 겨우 가죽과 뿔을 얻을 수 있을 뿐이었다. 어떤 때는 멀리 떨어진 이웃 마을에서 죽은 동물을 구해 오기도 했다.

데브람은 혼자 생각했다.

'만일 신께서 전염병을 내려주셔서 짐승들이 매일 죽는다면 나는 부자가 될 텐데.'

문득 데브람의 눈동자가 빛났다. 어떤 묘안이라도 떠오른 듯 그는 음흉한 미소를 지었다.

그는 괭이와 빈 자루를 들고 밀림으로 갔다. 산으로 올라간 그는 이상하게 생긴 뿌리를 캐어 자루에 담았다. 그는 양파처럼 생긴 아주 작은 뿌리를 한 자루 가득 캐어 가지고 집으로 돌아왔다.

이튿날, 마을 주민 하나가 데브람에게 와서 자기집 소가 죽었으니 치워 달라고 했다. 마을에서 죽은 짐승을 치워 주고 그 대가로 가죽과 뿔을 얻는 것이 그의 직업이었다.

데브람이 말했다.

"어쩐 일로 소가 죽었습니까? 어제 보았을 때에는 무척 건강하던데, 어찌된 일이죠? 혹 짐승들 사이에 전염병이 돌고 있는 게 아닐까요?"

다음날 또다른 집의 소가 죽었고, 그 다음에는 더 많이 죽었다. 데브람의 마당은 가죽과 뿔로 가득 찼다. 그는 매일 죽은 짐승의 가죽을 벗기느라 정신이 없었다.

마을 이장이 수의사를 찾아가 정체를 알 수 없는 전염병에 대해 말했다. 의사는 자기가 동물들을 검사해 보겠노라고 대답했다.

다음날 의사가 마을에 도착했을 때, 마침 이장의 훌륭한 말이 죽어가고 있었다. 의사는 죽어가는 말을 검사한 다음, 말이 먹던 풀까지 조사했다.

그는 모든 짐승이 이런 식으로 죽었느냐고 물었다. 마을 사람들은 모두 그렇다고 대답했다. 모두 사전에 아무런 증상도 없이 갑자기 쓰러져 죽었다는 것이었다.

의사는 풀더미 속에서 뿌리 하나를 집어들고 말했다.

"이 뿌리는 짐승에게는 독이 되는 것인데, 왜 여기 들어 있지요?"

이장이 말했다.

"어젯밤에 내가 직접 풀을 줬는데, 그때는 이 뿌리가 없었습니다. 아, 이제 기억이 나는군요. 아침 일찍 데브람이 와서 우리집 말이 병들지 않았느냐고 물었습니다. 나는 그에게 말이 괜찮은지 살펴보라고 했습니다. 그리고는 외양간에 간 사람이 아무도 없습니다."

말이 죽자 데브람은 시체를 치워 달라는 연락을 받았다.

"나으리, 제가 아침에 이 말을 보았을 때 이미 말의 표정이 슬프고 졸려 보였습니다. 그래서 뭔가 위험한 병에 걸린 것은 아닐까 생각했었습니다. 의사는 뭐라고 하던가요?"

이장이 대답했다.

"병에 걸린 것인지 중독된 것인지는 의사도 아직 잘 모른다네."

데브람은 말의 시체를 끌고 밖으로 나갔다.

의사는 집으로 가는 길에 죽은 짐승의 가죽이 보관되어 있는 데브람의 집을 조사해 봐야겠다고 생각했다. 그는 아무에게도 말하지 않고 데브람의 오두막으로 들어가, 독뿌리가 들어 있는 자루를 찾아냈다. 그는 그 사실을 경찰에 알렸다.

데브람은 말가죽을 벗긴 뒤 집으로 돌아왔다. 가죽과 뿔을 사 가는 중간상인이 와서 기다리고 있었다.

데브람이 말했다.

"이것을 전부 살 만큼 돈을 충분히 가져왔습니까?"

중간상인이 미소를 지으며 말했다.

"날 못 믿는 건가? 모자라는 돈은 다음에 갚겠네."

가죽과 뼈를 전부 흥정하니 110루삐였다. 중간상인이 말했다.

"걱정 말게, 데브람. 이 자리에서 110루삐를 다 지불하겠네. 그런데 보아 하니 날 믿지 못하는 것 같구먼."

데브람이 웃으면서 말했다.

"믿지 못하는 게 아니라, 곧 결혼할 예정이라서 한꺼번에 돈이 필요하기 때문입니다."

바로 그 순간 경찰이 들이닥치며 말했다.

"데브람, 너와 결혼할 여자가 준비되었다. 가자."

그들은 그에게 수갑을 채워 끌고 갔고, 독뿌리가 든 자루도 증거물로 함께 가져갔다. 그렇게 해서 데브람은 감옥의 철창과 결혼하게 되었다.

한편 친뚜는 노파의 집에서 무럭무럭 자랐다. 그는 영리하고 명랑했으며, 몸도 건강했다. 그러나 그에게는 운이 없었다.

모든 것을 다 가진 사람은 없다. 친뚜는 다른 것은 모두 가졌지만, 행운은 갖지 못했다. 그가 세 살 때, 그를 키워 주던 친절한 노파가 세상을 떠났다.

친뚜는 말도 배우고 걸을 수도 있었지만, 마을 사람들은 아무도 친뚜를 데려다 키우려고 하지 않았다. 친뚜를 불길한 존재로 여겼기 때문이다. 사람들은 이렇게 말했다.

"저 애가 태어나자마자 어머니가 죽었고, 석 달 있다가는 아버지가 감옥에 갇혔다. 그리고 3년 후에는 그를 키우던 노파까지 죽었다."

마을 이장이 친뚜를 데라둔 시내에 있는 고아원으로 데려다 주었다. 그는 다른 아이들과 함께 고아원에서 자랐다.

고아원에 있는 아이들은 대부분 게으르고 둔한데다 지저분했으나, 친뚜는 정반대였다. 그는 매우 잘 생기고 영리했으며, 활기가 넘쳤다. 고아원을 운영하는 여인은 친뚜에게 깊은 애정을 느꼈다. 그래서 그를 고아원에서 키우지 않고 그곳에서 조금 떨어진 자기 집으로 데려가서 같이 살았다.

그녀는 불과 다섯 살밖에 안 된 친뚜에게 읽고 쓰는 법을 가르쳤고, 그는 여섯 살이 되면서부터 시를 짓기 시작했다. 여인은 그의 놀라운 재능에 감동했다.

그런데 친뚜가 일곱 살 때, 갑자기 병이 나 두 눈이 멀어 버렸다. 두 눈동자가 뿌연 막으로 뒤덮이면서 볼 수 없게 된 것이다.

친뚜는 별로 걱정하지 않았지만, 여인은 의사가 그런 종류의 눈병은 고칠 수 없다고 했기 때문에 슬픔에 잠겼다.

친뚜가 시를 읊으면 여인이 그것을 종이에 받아적었다. 그녀는 그 시들을 모아 책으로 출판할 계획이었다. 그러나 그가 나이가 들면 더 좋은 시를 지을 것이라고 생각했기 때문에 좀더 기다렸다.

몇 년 뒤 친뚜가 열세 살이 되었을 때, 여인은 돈이 필요해졌다. 그녀는 모아놓은 시를 출판업자에게 팔아 그를 보살피는 데 필요한 충분한 돈을 마련했다.

그 여인에게는 브하바니라는 조카딸이 하나 있었는데, 나이는 친뚜와 같았다. 브하바니와 친뚜는 곧잘 함께 어울려 놀았다. 친뚜는 장님이었지만 꽤나 놀이를 즐겼다. 그들은 이따금 장님놀이도 하고, 때로는 멀리까지 산책을 나가기도 했다.

브하바니의 이모는 그들이 함께 어울리는 것을 볼 때마다 무척 행복해했고, 친뚜가 시를 지어 노래를 부르면 조카에게 노트에 받아 적도록 했다.

브하바니는 이모에게서 친뚜의 아버지가 감옥에 갇혀 있다는 얘기를 들었다. 그러나 친뚜에게는 그 이야기를 하지 않았다. 친뚜가 그녀의 친아들이 아니라는 것을 알게 되기를 원치 않았기 때문이다.

한번은 브하바니가 이모를 따라 공원에 갔다가 감옥의 죄수들이 채소밭에서 일하고 있는 광경을 보게 되었다. 마침 데브람도 그곳에서 일을 하고 있었다.

브하바니의 이모가 말했다.

"저 사람이 바로 친뚜의 아버지란다. 친뚜의 어머니가 죽은 뒤에 새장가를 들려고 했는데, 돈이 없어서 마을의 소들을 독살해서 그 가죽과 뿔을 팔아 돈을 벌려고 했지. 그러다가 발각되어 감옥에 갇힌 것이란다."

브하바니가 말했다.

"그렇게 나쁜 사람처럼 보이지는 않는군요. 저렇게 농담하고 웃는 모습을 좀 보세요."

친뚜와 브하바니가 매우 가까워졌기 때문에, 그녀의 이모는 두 사람이 열아홉 살밖에 안 되었지만 결혼시키기로 마음먹었다.

브하바니의 이모가 친뚜를 돌보기 시작한 지 어느새 17년이 되었고, 그녀도 많이 늙었다. 그녀는 친뚜의 시를 팔아 많은 돈을 벌어 새 집도 사고 고아원도 확장했다. 그러나 어느 날 그녀는 늙어 죽고 말았다.

친뚜가 그녀와 17년 동안 맺었던 관계도 끝이 났다. 그는 너무나 슬픈 나머지 건물과 사람들과 도시 전체가 자기를 집어삼키려 든다고 느끼기 시작했다.

"브하바니, 사람들의 목소리가 들리지 않고, 당신말고는 아무도 만나지 않아도 될 조용한 곳으로 나를 데려다 줘. 사슴과 새와 나무와 함께 살고 싶어. 여기서는 숨이 막힐 것 같아."

브하바니도 그의 고통을 이해했다. 그를 다른 곳으로 데려가 주지 않으면 미쳐 버릴지도 모른다고 생각했다. 그녀는 집과 다른 재산을 모두 팔고 산속의 작은 마을 뭇쑤리로 이사를 했다.

친뚜의 아버지는 너무 많은 가축을 독살했기 때문에 그 죄가 컸다. 그래서 감옥에서 10년을 지내야 했다. 석방되자 그는 더이상 결혼이나 돈을 버는 일에 흥미를 느끼지 못했다. 수도승이 될 생각으로 그는 절을 찾아갔다. 수도승이 되는 것만이 자신의 죄를 씻는 길이라고 믿었기 때문이다.

그래서 그는 하리드와르의 한 절에서 수도승이 되었다. 그는 하나밖에 없는 아들에 대해서도 거의 잊었다.

친뚜는 이제 산속에서 살게 되어 무척 행복했다. 그의 입에서 시가 물 흐르듯 흘러나왔다. 새들의 노랫소리와 나뭇잎들의 속삭임이 그의 가슴을 열어, 그는 축복에 젖어 춤추고 노래했다.

작은 마을에서는 사람들끼리 잘 알고 지내기 마련이다. 친뚜와 브하바니가 처음 뭇쑤리로 왔을 때는 아는 사람이 아무도 없었지만, 차츰 사람들과 친하게 되었다. 사람들은 친뚜가 훌륭한 시인인 것을 알고는 그를 방문하기 시작했다.

그 마을에는 라비 샹카라는 이름의 젊은 소설가 한 사람이 살고 있었다. 평소에 친뚜의 시를 무척 좋아해서 그의 시집을 여러 권 읽은 적이 있는 라비 샹카는, 친뚜가 그 마을로 이사를 왔다는 소식을 듣자 당장에 친뚜를 방문했다. 친뚜와 라비 샹카는 좋은 친구가 되었다. 둘 다 글 쓰는 스타일이 비슷했던 것이다.

라비 샹카는 날마다 친뚜의 집을 방문해서 여러 시간씩 머물렀다. 친뚜는 자신의 시를 사랑하는 친구를 만나게 되어 무척 행복했다. 그러나 라비 샹카는 그의 시를 사랑했을 뿐 아니라, 브하바니까지 사랑하게 되었다. 그녀가 무척 아름답다는 것을 두 눈으로 볼 수 있었던 라비 샹카는 그녀에게 반해 버렸다.

여성은 언제나 남자가 자신의 아름다움을 알아주기를 원한다. 친뚜는 장님이었기 때문에 그녀의 아름다움을 단지 추상적으로만 감상할 수 있을 뿐이었다. 그래서 브하바니는 친뚜의 사랑 속에는 뭔가가 빠진 것 같다고 느끼기 시작했다.

그녀는 혼자서 중얼거렸다.

"그는 나를 볼 수 없어. 그러니 어떻게 나의 아름다움을 감상할 수 있겠어? 그가 어떻게 나를 진정으로 사랑할 수 있겠어? 그는 시인이고, 그의 마음속에서 나는 단지 한 편의 시일 뿐이야. 그는 내가 얼마나 아름다운지에 대해 그저 시나 지을 뿐이야. 그는 실제로 나의 아름다움을 느끼지도 못해."

그녀는 차츰 젊고 잘생긴 라비 상카에게 끌리기 시작했다. 라비 상카는 친뚜의 눈이 보이지 않는 것을 이용하여 브하바니와 함께 앉아 젊음을 즐겼다.

어느 날 브하바니는 라비 상카와 산책을 나갔다. 라비 상카는 자신의 감정을 표현하며, 브하바니에게 함께 살자고 제의했다. 그 무렵 브하바니도 라비 상카에게 깊이 빠져 있었다. 그러나 그녀는 앞 못 보는 친뚜를 암흑 속에 버려둔 채 달아나기가 두려웠다.

그녀가 말했다.

"두려워요, 라비 상카. 그가 살아 있는 한 그를 버릴 수는 없어요."

이야기에 몰두하느라 라비 상카는 길에 있는 검은 코브라를 밟고 말았다. 순간 그는 비명을 지르며 펄쩍 뛰어올랐다. 그런데 정신을 차리고 보니 죽은 뱀이었다. 그는 브하바니의 귀에 대고 뭔가를 속삭인 다음, 막대기에 뱀을 감아 들고서 집으로 돌아왔다.

집으로 돌아온 브하바니는 아주 부드러운 음성으로 말했다.

"여보, 늦어서 미안해요. 생선을 몇 마리 사왔어요. 며칠 동안 당신은 생선을 먹지 못했잖아요. 제가 요리해 드릴께요."

그녀는 뱀을 토막내어 냄비 안에 넣은 다음 친뚜의 방으로 가서 말했다.

"여보, 저는 여동생 집에 좀 갔다 올께요. 라비 상카가 바래다 주기로 했어요. 생선을 화덕 위에 놓았으니 15분 뒤에 물을 한 컵 넣으세요. 그런 다음 10분쯤 있다가 드시면 돼요. 저를 기다리지 마세요. 여동생 집에서 한 시간만 놀다가 올 테니."

친뚜가 말했다.

"걱정 말고 맘껏 놀다 와요."

브하바니는 친뚜가 눈치채지 못하게 그동안 적어놓은 시 원고를 챙겼다. 그녀와 라비 상카는 모든 원고를 가지고 그곳을 떠났다.

15분 뒤에 친뚜가 냄비 뚜껑을 여는 순간, 뜨거운 김이 그의 눈으로 확 솟구쳐 올랐다. 그는 얼른 물 한 컵을 쏟아부은 다음 뚜껑을 덮었다. 두 눈이 뜨거워 얼른 눈을 비비며 찬물로 씻었지만 소용이 없었다. 눈에 불이 붙은 것 같았다.

그러나 그는 배가 무척 고팠고, 또 생선을 먹어본 지가 하도 오래 되었기 때문에 어서 먹고 싶었다. 아직도 눈이 불타는 듯했지만 그는 다시 부엌으로 가 생선이 익었나 알아보려고 냄비 뚜껑을 열었다. 다시 뜨거운 김이 눈으로 확 솟구쳐 오르자 그는 정신을 잃고 말았다.

그가 다시 정신을 차렸을 때에는 생선이 타서 방 안이 연기로 꽉 차 있었다. 그는 화덕의 불을 끈 다음 냄비에 물을 부었다. 방 안에 또다시 연기가 자욱했다.

친뚜는 눈에 불이 붙은 것 같은 통증을 참을 길이 없었다. 그래서 방으로 돌아가 침대에 누웠다. 그는 밤새 혼수상태에서 헤매며 자신이 어디에 있는지, 시간이 얼마나 되었는지조차 알지 못했다.

아침에야 그는 정신을 차리고 눈을 비볐다. 손등으로 눈을 비비다가, 그는 문득 손이 보인다는 사실을 깨달았다. 그래서 방 안을 둘러보니 너무나 놀랍게도 전부 다 보이는 것이었다. 그는 어찌나 기쁜지 소리를 지르며 방 밖으로 달려나갔다.

"브하바니, 내 눈이 보여! 브하바니, 세상이 보인다니까!"

그러나 아무 대답이 없었다.

"아, 그렇지. 라비 상카와 함께 여동생 집엘 간다고 했지. 곧 돌아올 거야. 내 눈이 보인다는 사실을 알면 얼마나 기뻐할까? 그녀가 오기 전에 냄비를 씻고 부엌을 청소해 놓아야지."

그는 부엌으로 갔다. 냄비 속에는 타다가 만 고기토막이 남아 있었다.

"이게 뭐지? 이게 생선인가? 아니야. 생선이 아닌 것 같아."

그는 나중에 브하바니에게 확인을 시키려고 냄비를 한쪽으로 치워놓은 다음 부엌을 청소했다. 한 시간이 지나고 두 시간이 지났다. 그리고 다시 밤이 되었다. 그래도 브하바니는 돌아오지 않았다. 친뚜는 밤새 그녀를 기다리다가 아침나절에야 잠이 들었다.

눈을 뜨자 점심때였다. 그는 집 밖으로 나가 소리를 치며 길 쪽으로 달려갔다.

"브하바니! 브하바니!"

수도승 하나가 길을 걷다가 친뚜가 미친 사람처럼 소리치며 달려오는 것을 보았다. 수도승이 그에게 다가가 물었다.

"무슨 일이오?"

친뚜가 말했다.

"내 아내가 나를 버리고 떠났습니다. 아무리 기다려도 돌아오지 않습니다. 어디로 갔을까요?"

수도승이 웃으면서 말했다.

"내가 젊었을 때 내 아내도 나를 버리고 떠났다네. 고의는 아니었지만 말이야. 아이를 낳다가 죽었거든."

수도승이 다음과 같은 뜻의 산스크리트 시를 읊었다.

'연필과 책과 아내는 남의 손에 들어가면 절대 돌아오지 않는다.'

"젊은이, 아무 걱정 말게. 돈을 벌어 다른 여자와 결혼하게나. 자네는 어떤 직업을 가지고 있는가?"

친뚜가 말했다.

"저는 시인입니다. 이미 시집도 여러 권 출판했습니다. 그러나 저는 브하바니만 원합니다. 다른 여자는 필요없습니다. 그녀의 얼굴을 보고 싶습니다. 오랫동안 저는 장님으로 그녀와 함께 살았습니다. 그런데 이제 눈이 보이기 시작했는데 그녀가 저를 떠난 것입니다."

그가 뜨거운 눈물을 흘리기 시작했다.

수도승이 말했다.

"자네 집으로 한번 가보세. 어쩌면 그녀의 행방을 알 만한 증거를 찾을 수 있을지도 모르니까."

그들은 집으로 갔다. 친뚜가 말했다.

"그녀가 저에게 생선을 요리해서 먹으라고 했습니다. 그리고는 '저를 기다리지 말고 혼자 드세요. 여동생 집엘 다녀올 테니까요.' 하고 말했습니다."

수도승은 냄비 속을 살펴보았다.

"젊은이, 지금 이걸 생선이라고 했는가? 미쳤군. 이건 독이 있는 뱀이야. 이걸 먹었나?"

친뚜가 말했다.

"아니요. 먹지는 않았지만, 그것을 요리하려고 할 때 뜨거운 김이 두 눈으로 확 솟구쳐 올라왔습니다. 저는 눈이 너무 뜨거워 기절하고 말았습니다. 제 생각엔, 독기가 든 뜨거운 김이 멀었던 눈을 치료한 것 같습니다."

친뚜는 그동안 써둔 원고를 찾아보았지만 하나도 남아 있지 않았다.

그가 말했다.

"아, 모든 것이 가버렸구나!"

그러다가 그는 웃기 시작했다.

"신은 자비로우시기도 하지. 내 두 눈이 멀었을 때는 아내를 주시더니, 아내가 떠나고 나니 두 눈을 주셨구나."

수도승도 웃으면서 말했다.

"정말로 신은 자비로우시다네. 내 아내가 죽자 나를 감옥에 가두시더니, 감옥에서 풀려나자 거지로 먹고살게 해주셨다네."

그들은 마주보고 한바탕 웃음을 터뜨렸다.

친뚜가 말했다.

"스님, 저와 함께 사시는 것이 어떻습니까? 저는 쉽게 돈을 벌 수 있으니, 스님께서는 음식을 구걸하러 다니시지 않아도 됩니다. 부디 저와 함께 사십시오."

수도승이 말했다.

"좋네. 지혜로운 자와 뱀은 어디에도 둥지를 틀지 않는다네. 남의 둥지를 대신 쓸 뿐이지. 편할 때까지만 자네와 함께 살겠네."

브하바니와 라비 상카는 서둘러 그 도시를 떠나 알라하바드[1]로 가 살기 시작했다. 알라하바드는 지식인과 화가와 음악

---

1 — 인도 중북부에 위치한 인구 70만의 문화도시.

가, 시인들이 많이 모이는 도시였다.

 라비 상카는 친뚜의 시를 자신의 이름으로 출판해서 많은 돈을 벌었다. 두 사람은 처음 얼마 동안은 행복하게 살았다. 그러나 라비 상카가 노름에 손을 대기 시작하더니 마침내 노름꾼이 되어 날마다 노름을 했다.

 처음에 브하바니는 그가 노름을 한다는 사실을 몰랐다. 그가 외출할 때마다 그녀는 문인클럽에 가거나 일자리를 구하러 가는 것이라고 생각했다. 그런데 그는 차츰 술까지 마시고 돌아와 싸움을 벌이기 시작했다. 그는 브하바니가 술을 마시지 말라거나 너무 늦게 왔다고 하면 당장 싸움을 걸었다.

 라비 상카는 친뚜의 시를 팔아 번 돈을 몽땅 잃었다. 그의 소설은 출판할 가치가 없는 것들이었고, 그에게는 다른 일을 할 만한 재주도 없었다. 그는 혼자서도 먹고살 능력이 없는 인간이었는데, 브하바니까지 있으니 두 사람을 먹여 살릴 돈을 벌어야만 했다.

 그는 거리에서 잠을 자거나 갠지스 강의 강둑에서 살기 시작했다. 그러다가 가끔 집으로 돌아와 브하바니의 옷과 장신구를 훔쳐 시장에 내다 팔곤 했다.

 브하바니는 아직도 친뚜의 시를 몇 편 간직하고 있었다. 모두 그녀의 아름다움과 그녀에 대한 감정을 읊은 시들이었다. 그 시들은 매우 독특해서 시 전편에 평범한 사람은 이해할 수 없는 추상적인 이미지들이 가득 차 있었다.

 그녀는 그 시들을 출판할 생각이 없었다. 그녀가 가장 아끼는 소중한 재산이었기 때문이다. 그 시들은 그녀의 사랑이었고, 그녀의 인생이었다.

 리비 상카가 그녀의 옷과 장신구들을 훔쳐가자 그녀는 그 원고들도 훔쳐갈지 모른다는 생각이 들어 그에게서 도망치기로 결심했다.

바로 그날 밤 잔뜩 술에 취해 집으로 돌아온 라비 샹카는 그녀에게 돈을 달라고 요구했다. 브하바니가 돈이 없다고 하자 그는 정신이 나가 그녀를 마구 때리기 시작했다. 어찌나 무자비하게 때렸던지 그녀는 기절하고 말았다.

그녀가 기절하자, 라비 샹카는 그녀가 입고 있는 옷까지 모두 벗겨 가지고 떠났다.

의식을 차린 브하바니는 자기가 벌거벗고 있다는 사실을 알았다. 집 안에는 요리할 때 입던 낡은 사리[2]뿐이었다. 그녀는 그 낡은 사리로 얼른 몸을 가렸다.

그녀는 그가 다시 돌아오면 자기를 죽일지도 모른다고 생각했다. 그래서 마룻바닥에 감추어 놓았던 원고를 찾아들고 데라둔으로 가는 기차에 몸을 실었다. 데라둔에는 그녀의 부모가 살고 있었다.

브하바니는 친뚜가 이제 이 세상 사람이 아니라는 것을 믿어 의심치 않았다. 그녀는 친뚜가 생선을 무척 좋아한다는 사실을 알고 있었다. 그러니 그가 독 있는 뱀을 조금만 먹었어도 그 자리에서 죽었을 게 틀림없다고 생각했다. 그래서 그녀는 더이상 친뚜에 대해서는 생각하지 않았다.

그러나 그녀는 뭇쑤리로 가서 그전에 두고 온 옷가지를 찾아야겠다고 생각했다. 그러자면 우선 몇 푼이라도 여비가 필요했다.

그녀는 친뚜의 시집들을 펴낸 출판업자를 찾아가 친뚜가 죽었으니 그 시집들에서 나오는 돈을 자신이 가져야 한다고 말했다.

한편 친뚜와 수도승은 매우 행복하게 살았다. 수도승은 늙었고,

---

2 — 인도 여성이 몸에 두르는, 천처럼 생긴 옷.

세상에 책임질 일이 없는 사람이었다. 그는 매우 해학적이고 행복한 인물이었다. 친뚜 역시 아무 걱정이 없었다. 그러나 아직도 그의 마음 밑바닥에는 브하바니가 자리잡고 있었다. 그렇지만 그는 스스로 행복해지려고 노력했으며, 자신의 고통을 밖으로 드러내지 않았다.

한번은 친뚜가 말했다.

"스님, 저와 함께 데라둔엘 다녀오시지 않겠습니까? 제가 자라난 집을 보여드리겠습니다. 그 당시 저는 장님이었기 때문에 그곳이 어떤 모습인지 저도 한번 보고 싶습니다. 그리고 이제 시집도 새로 출판해야 겠습니다."

수도승은 항상 어디론가 떠날 준비가 되어 있었다.

"자네가 살던 집을 보여준다면 나도 내가 살던 집을 보여주겠네. 어쩌면 내가 살던 집을 보면 나를 싫어하게 될지도 모르지만 나는 상관없네. 과거는 이미 지나간 것이고, 미래는 아직 아무도 모르며, 현재에 나는 행복하고 만족스러운 수도승이니까."

그들은 데라둔으로 갔다. 데라둔은 뭇쑤리 산에서 그다지 멀지 않은 곳에 있었다.

친뚜와 여러 해 동안 함께 지냈던 고아원 사람들과 다른 이들은 친뚜의 눈이 정상인 것을 보고 믿을 수가 없었다. 완전히 장님이었던 친뚜는 사람들의 목소리를 듣고 그들의 이름을 알아맞혔다. 그제서야 사람들은 그가 진짜 친뚜인 것을 인정했다.

친뚜가 원고뭉치를 들고 출판업자를 찾아간 바로 그날, 우연히 브하바니도 그곳에 왔다. 출판업자는 두 사람을 사무실로 불러 의자에 앉게 했다. 브하바니는 앞에 있는 사람을 보고는 이렇게 생각했다.

'이 사람은 꼭 친뚜처럼 생겼군. 그렇지만 친뚜는 완전히 장님이었는데 이 사람은 아름다운 눈을 가졌어. 또 친뚜의 아버지는 감옥에 있고, 그에게는 다른 아들이 없는데……'

그리고 나서 그녀는 세상에는 닮은 얼굴이 가끔 있다고 생각하고는 관심을 버렸다.

출판업자가 브하바니에게 돌아앉으며 말했다.

"가져오신 원고를 좀 보여주실까요?"

그러면서 이렇게 물었다.

"이게 모두 당신의 글씨입니까?"

브하바니가 대답했다.

"그래요. 모두 내 손으로 쓴 것입니다."

출판업자는 그녀가 건네준 원고를 여기저기 훑어보고 말했다.

"좋습니다. 출판하겠습니다."

그녀의 목소리를 듣고 친뚜는 혼자서 생각했다.

'목소리가 꼭 브하바니 같은데. 그래, 어쩌면 이 여자는 브하바니일지도 몰라.'

그와 동시에 출판업자가 친뚜에게 돌아앉으며 말했다.

"이젠 당신이 가져온 원고를 좀 볼까요?"

그는 친뚜가 가져온 시 몇 편을 읽더니 말했다.

"대단한 시군요! 이 시들은 꼭 친뚜라는 위대한 시인이 쓴 시와 비슷하군요."

친뚜가 말했다.

"제가 바로 친뚜입니다. 전엔 장님이었는데, 제 아내가 뱀 요리를 해주는 바람에 그 뜨거운 김이 눈을 씻어주어서 다시 세상을 보게 되었습니다."

출판업자가 놀라서 말했다.

"이 여자 분은 친뚜가 죽었으며 자기가 그의 아내 브하바니라고 주장합니다. 그러면서 그의 시를 출판하겠다고 가져왔는데, 대체 어찌된 일인지 모르겠군요."

그녀가 브하바니라는 말을 듣자 친뚜는 자리에서 일어나 브하바니의 무릎 위로 엎어졌다. 그는 마구 소리내어 울면서 말했다.

"브하바니, 왜 내 곁을 떠났소? 당신과 함께 살 때는 장님이었어도 행복했는데, 당신이 없으니 두 눈이 보여도 진정한 사랑을 찾을 길이 없었소. 이제야 당신을 찾았군. 다시는 내 곁을 떠나지 말아요."

브하바니는 한편으로는 큰 죄책감을 느끼면서도, 한편으로는 친뚜에 대한 진실한 사랑을 느꼈다. 그녀의 마음속에서는 행복과 고통이 마구 엇갈리기 시작했다. 그녀는 무슨 말을 해야 할지 생각이 나지 않았다.

그녀는 언제나 친뚜를 진정으로 사랑하고 있었으나, 육체적인 쾌락에 잠시 눈이 멀었던 것이다.

출판업자가 다시 물었다.

"어느 원고가 진짜 친뚜가 쓴 것이오?"

브하바니가 말했다.

"둘 다입니다."

그녀는 눈물을 흘리며 친뚜를 껴안았다.

"친뚜, 제가 한 짓을 잊어주세요. 저를 용서하고 다시 받아주세요. 이 세상에 저를 혼자 두고 떠나지 말아요."

출판업자가 말했다.

"이제 당신들은 서로를 찾았군요. 두 원고를 모두 출판하겠소."

그는 친뚜에게 훨씬 비싼 원고료를 주었다.
친뚜가 말했다.
"브하바니, 나는 돈이 필요없소. 돈은 항상 당신이 관리했잖소. 어서 이 돈을 받아요."
그들은 함께 친뚜가 살던 고아원으로 갔다. 수도승이 그곳에서 기다리고 있었다. 친뚜가 말했다.
"브하바니, 당신이 떠난 뒤 나는 이 스님과 함께 뭇쑤리에서 살았소."
브하바니가 그 수도승을 자세히 살펴보더니 말했다.
"스님께선 꼭 친뚜의 아버지 데브람을 닮으셨군요."
수도승이 말했다.
"그렇소. 내가 데브람이오. 그러나 내가 친뚜의 아버지인 것은 잘 모르겠소. 옛날에 내 아내가 아들을 하나 낳긴 했지만, 지금은 죽은 어떤 사람이 그 아이를 데려다 키웠소."
브하바니가 말했다.
"맞습니다. 스님이 바로 친뚜의 아버지세요. 옛날에 당신이 다른 죄수들과 함께 채소밭에서 일하는 것을 본 적이 있어요."
수도승이 자기의 아버지라는 소리를 듣고 친뚜는 브하바니와 함께 그의 발 아래 깊이 엎드려 절했다. 그런데 그들이 머리를 들었을 때 수도승은 저만치 달아나고 있었다.
친뚜가 말했다.
"저분은 나의 아버지요. 하지만 이미 세속적인 인연을 끊은 분이라 더이상 가족관계에 매이고 싶어하지 않소. 브하바니, 우리 함께 뭇쑤리로 돌아갑시다. 그곳에서 우리의 새삶을 시작합시다."

연꽃처럼 피어난 영혼

너의 삶에서 일어난 모든 일은 환상에 불과하다.
운명이 너를 여기로 데려오기 위한 과정이었다.
그녀는 집착이 무엇인가를 보여주기 위해
너의 인생에 나타난 것이며,
그녀의 죽음을 통해 너는 집착에서 떠나
초연해지는 것을 배웠다.
인생의 최종적인 목적은 마음의 평화를 얻는 것이며,
그 상태가 바로 신의 상태이다.
신비한 능력이라고 하는 것은
평화를 찾은 성자의 그림자에 불과하다.
신비한 능력만을 추구하는 사람은
그것의 노예가 되고 만다.

— 성자 바바 순다르나트(Baba Sundarnath)

라 자스탄은 인도 중앙에 위치한 지역의 이름이다. 이곳은 한때 외국세력에 대항하여 수차례 전쟁을 벌인 용감한 라지뿌트 왕들의 중심지였다. 영국 통치기간중에도 라자스탄의 몇몇 지방은 독립을 유지한 상태에서 자신들의 독립정부를 가지고 있었다. 라자스탄 사람들은 키가 크고 힘이 세며 몸집이 단단했다. 이들은 타고난 전사(戰士)이고, 기마병이다. 이들의 생업은 본래 농업이지만, 비가 워낙 적게 오는 탓에 농부들은 주민 전체를 먹여살릴 만큼 충분한 농사를 짓지 못한다. 강우량이 적은 곳에서도 잘 자라는 밀과 옥수수, 조, 이집트콩 등이 이 지방의 곡식이다.

라자스탄의 서쪽 지방은 물 한 방울 없고 풀 한 포기 자라지 않는 사막이다. 그 대신 대리석이나 석고 같은 광물이 풍부하다. 그래서 그 지방 사람들 중에는 훌륭한 장인(匠人)이 많고, 주민 대부분이 조각, 세공, 직물, 자수, 제지, 도예 등에 뛰어난 솜씨를 가지고 있다. 이런 기술을 통해 이들은 생계를 유지한다.

과거에 라자스탄 지방은 여러 차례에 걸쳐 심한 가뭄에 타격을 받아 사람과 짐승이 떼죽음을 당했으며, 잇단 전쟁은 민심을 황폐하게 만들었다. 그래도 용감한 무사계급들은 또다시 라자스탄을 일으켜 세우곤 했다.

라자스탄이 가장 혹심한 가뭄에 시달린 것은 영국 통치기간인 1930년대였다. 2~3년 동안 비 한 방울 내리지 않았고, 모든 강과 우물은 바닥까지 말라버렸다. 곡식과 풀들도 죄다 죽었다.

각 지역을 통치하는 왕들은 주민에게 식량과 물을 마련해 주려고 안간힘을 썼지만, 어떤 노력도 헛일이었다. 왕들이 속수무책이 되자 주민들은 약탈과 폭동을 자주 일으켰다.

사람들은 집과 땅과 대부분의 재산을 버려두고 살 곳을 찾아서 떠나기 시작했다. 노약자들은 뒤에 남겨졌다. 모두가 우선 자기 목숨이 급했던 것이다. 라자스탄의 각 지역마다 매일 수천명의 주민이 마을을 떠났다. 기차와 버스를 이용해서 다른 지방으로 가는 사람들, 그리고 탈 것이 없는 사람들은 끝없는 피난 대열을 이루며 걸어서 이동을 했다.

그 중 한 대열 속에 어떤 여인의 뒤를 따라가고 있는 여섯 살짜리 소년이 있었다. 사람들은 모두 그 여인이 남편을 잃고 혼자서 아들을 데리고 살 곳을 찾아 피난가는 중이라고 생각했으나 사실은 그게 아니었다. 소년과 여인은 아무런 관계도 아니었다.

여인의 빠른 걸음을 따라갈 수 없어 뒤로 처지자 소년은 다른 여인의 뒤를 따라가기 시작했다. 가끔 친절한 사람들은 소년이 지친 것을 알고 등에 업어주기도 했다. 소년은 너무 지쳐 잠시라도 쉬지 않으면 살아남을 것 같지 않았던 것이다.

라자스탄 지방은 여러 왕들이 제각기 통치하고 있었기 때문에 인도를 점령하고 있던 영국 정부는 라자스탄 주민에게는 식량을 공급할 책임을 느끼지 않았다. 그러나 라자스탄의 외곽지역에 대형 캠프를 여러 군데 설치하여 피난오는 사람들에게 텐트를 마련해 주고 식량을 원조했다.

콜레라와 천연두가 발생할 위험이 컸으므로 영국 정부는 나라 전체에 병이 전염되는 것을 막기 위해 사람들이 자유롭게 다른 지역으로 이주하는 것을 금지했다. 텐트마다 의사와 적십자 회원들, 보이스카웃 단원들이 대기해서 한 사람 한 사람을 진찰한 뒤에야 다른 지방으로 가는 것을 허용했다.

여섯 살 먹은 소년이 끼여 있는 피난 대열도 드디어 캠프에 도착하여 쉴 곳을 배당받았다. 급식소에서 식량을 배급받기 위해 그들은 이른 아침부터 줄을 서서 기다렸다.

소년은 대열 중간의 어떤 여인 뒤에 서 있었다. 차례가 되어 급식소 앞에 섰지만, 키가 작아 배급자가 보지 못했기 때문에 소년은 음식을 받지 못했다.

소년은 울음을 터뜨렸다. 줄을 서 있던 한 여인이 소년을 달래며 물었다.

"고팔, 무슨 일이지? 음식을 받지 못했니?"

소년이 대답했다.

"예, 배가 고파요."

여인은 소년을 안아들고서 배급자에게 고팔의 몫을 달라고 말했다. 배급자는 어른이 먹을 만큼의 많은 양을 고팔의 그릇에 담아

주었다. 여인도 자기의 몫을 받아 가지고 고팔을 자기네 텐트로 데려갔다.

'고팔'은 그의 본명이 아니었다. 그 여인이 그를 크리슈나 신[1]의 어렸을 때 이름인 고팔로 불렀기 때문에 모두가 그를 고팔로 부르기 시작한 것 뿐이었다.

이제 고팔은 음식을 얻는 방법을 터득했다. 배급때마다 여인들 뒤에 서 있다가 차례가 오면 자기를 안아 달라고 부탁했다. 그래서 얻은 음식 중 남은 것을 그 여인에게 주었다. 이런 식으로 그는 몇 명의 여인과 함께 살았으며, 사람들한테는 자기의 이름을 고팔이라고 소개했다.

고팔은 무사계급 출신이라서 다른 아이들에 비해 몸집이 크고 미남이었다. 그의 부모는 농부였는데, 둘 다 재난을 피해 마을을 떠났다가 병에 걸려 죽고 말았다. 그때부터 고팔은 다른 사람들을 따라다니기 시작했다.

고팔이 소속되어 있는 피난 집단은 우타 쁘라데시[2] 지방으로 떠날 수 있게 되었다. 당시 우타 쁘라데시는 인도에서 가장 땅이 비옥한 지방이었다. 사람들은 그곳의 농장과 공장에서 일자리를 얻을 수 있었다.

피난 행렬은 몇 개의 작은 단위로 나뉘어 우타 쁘라데시의 각 도시와 마을로 흩어졌다. 고팔은 노약자들로 구성된 팀을 따라갔다.

---

1 — 쉬바 신 다음으로 중요한 힌두교의 신. 언제나 피리부는 소년으로 나타나 많은 여인들과 사랑을 속삭인다. 인도의 무용은 모두 이 크리슈나와 그의 연인 '라다'와의 사랑 이야기로 구성되어 있다.
2 — 인도 북부 히말라야 남쪽에 위치한 드넓은 평야지대로 갠지스 강을 끼고 있다. 동쪽의 비하르, 서쪽의 라자스탄, 북쪽의 우타 지방 사이에 위치하며, 베나레스, 알라하바드, 럭나우 등의 도시가 있다.

그 팀은 베나레스 시로 가기로 결정했다.

베나레스는 힌두교의 성지로 유명한 도시이며, 사람들 사이에는 베나레스에서 죽으면 영혼이 구원을 받는다는 믿음이 퍼져있었다. 그리고 베나레스에서는 누구라도 굶지 않고 살 수 있다. 인도 각지에서 몰려오는 성지 순례자들이 가난한 사람들에게 먹을 것을 나눠주기 때문이다.

노약자들이 베나레스로 가기로 결정한 것도 아마 그 때문일 것이다. 그리고 고팔이 이 사람들을 따라나선 것도 사람들이 대부분 노약자라서 걸음도 느리고, 정이 많아 서로 의지하기 때문이었다.

고팔은 행렬을 따라 베나레스에 도착했다. 그는 이곳에서는 혼자 활동하는 것이 훨씬 유리하다는 사실을 알았다. 혼자 있을 때 더 많은 돈과 음식을 적선받을 수 있었다. 그래서 그는 피난 집단을 떠나 순례자들이 목욕을 하는 성스러운 갠지스 강가의 가장 번화한 길목에서 살기 시작했다.

베나레스는 오랜 옛날 미지의 시대부터 전해오는 각종 지식의 중심지이기 때문에 뛰어난 지식인과 성자, 산스크리트 학자들이 모여 살고 있었다.

또한 베나레스는 구원의 장소이기 때문에 늙은 사람은 죽음을 기다리며 살고 있었고, 몸과 마음을 정화하는 순결한 장소이기 때문에 과부들과 요가 수행자들은 영적인 수행을 위해 찾아왔다.

또 황소를 타고 다니는 쉬바 신[3]이 거주하는 곳이기도 했기 때문에, 부자들이 주요 사찰마다 황소를 기증해 수백 마리의 황소들이 시내 중심가를 어슬렁거렸다.

---

3 —— 힌두교의 가장 중요한 신으로 원초적 에너지의 남성화, 또는 남성화된 에너지를 일컫는다.

그 이면에는 도둑과 소매치기, 사기꾼 등 온갖 종류의 질 낮은 사람들도 안전하게 살아가고 있었다. 또한 거지들의 천국이기도 했다. 이곳에서는 구걸하지 않고도 적선을 받을 수 있었기 때문이다.

고팔은 고향을 떠나면서부터 줄곧 구걸을 해온 터라 구걸하는 것이 나쁘다는 생각을 전혀 하지 않았다. 그는 거지들이 길 양쪽에 즐비하게 늘어서 있는 가장 큰 쉬바사원 앞에 서 있었다.

모든 순례자들이 사원으로 들어가면서 거지들에게 적선을 베풀었고, 나올 때에도 사원에서 가지고 나온 과일이나 사탕 따위의 공물을 나누어주었다. 이러한 전통은 오랜 옛날부터 전해져 온 것이었다. 가끔 부자들이 모든 거지에게 겨울을 날 수 있도록 담요 한 장씩을 나누어주기도 하고, 여름에 입을 옷가지를 선물하기도 했다. 그래서 거지들은 직업이 있는 사람들보다 훨씬 편안히 살 수가 있었다.

고팔은 베나레스에서 무척 행복했다. 아침에 돈, 과일, 음식, 사탕을 얻고 나면 하루 종일 갠지스 강의 목욕장소에서 다른 소년들과 함께 뛰어놀곤 했다.

그는 친구들이 오렌지 빛깔의 옷을 입은 사람을 보면 절을 한다는 사실을 알았다. 고팔은 호기심에 친구들에게 그 사람들이 뭐하는 사람들인지를 물었다. 친구들이 대답했다.

"그들은 평범한 사람이 아니야. 그들은 도를 닦은 수도승이고, 신과 같은 존재들이야. 그래서 사람들이 절을 하고 그들의 말에 복종하는 거야."

고팔은 오렌지색 승복을 입은 사람들이 사찰 안에서 돌아다니는 것을 수없이 보았다. 지금까지는 그들이 뭐하는 사람인지 몰랐기 때문에 한 번도 절을 한 적이 없었으나, 그때부터는 오렌지색 승복을 입은 사람을 만나면 대단한 존경심을 가지고 절을 하곤 했다.

그렇게 5년이 지났다. 고팔은 이제 직업을 구할 만큼 성장했는데도 여전히 생활방식을 바꾸지 않았다.

어느 날 아침 고팔이 거리에 서 있는데, 긴 머리에 수염을 기르고 오렌지색 승복에 같은 색 터번을 쓴 키 큰 남자 하나가 손잡이가 은으로 된 지팡이를 짚고 지나갔다. 떡 벌어진 가슴에 튼튼한 체구를 가진 그는 걸음걸이가 마치 코끼리 같았다. 고팔은 평소처럼 그 수도승에게 합장을 하고 그 자리에 서 있었다. 수도승은 그를 흘깃 쳐다보고는 사찰로 들어갔다.

충분한 과일과 사탕과 돈을 얻은 다음 고팔은 거리를 떠나 갠지스 강의 목욕장소로 갔다.

얼마 뒤 사찰에서 나온 그 키 큰 수도승은 누군가를 찾는 것처럼 주위를 살피다가 목욕장소로 걸어갔다. 거기서 그는 아까의 그 소년이 벤치에 앉아 강물을 바라보며 사탕을 먹는 모습을 발견했다.

수도승이 다가가자 고팔은 무척 존경하는 마음으로 합장을 했다. 수도승이 벤치에 앉으며 말했다.

연꽃처럼 피어난 영혼 · 157

"너는 라자스탄 지방 출신인 것 같구나."

소년이 말했다.

"예, 사람들과 함께 라자스탄에서 왔어요. 함께 떠난 사람들은 여기저기로 흩어졌어요."

수도승이 말했다.

"아, 그렇다면 너는 혼자겠구나, 아니면 친척과 함께 살든지. 사는 곳은 어디냐?"

고팔이 대답했다.

"누구하고도 함께 살지 않아요. 저 혼자예요. 저쪽 거리의 구석이 보이죠? 그곳에 넓은 탁자가 하나 있는데, 저는 그 탁자 아래서 살고 있어요. 시내는 너무 뜨겁고 하루 종일 시끄럽죠. 여기는 밤이 되면 시원해요. 그래서 여기서는 잠자기가 편합니다. 그리고 이곳엔 강에서 함께 놀 친구들도 있거든요."

수도승이 말했다.

"나는 갠지스 강 건너편에 조그만 마을을 하나 가지고 있단다. 그곳에는 네 또래의 소년들이 많이 있지. 그곳에도 강이 하나 있어서 소년들은 헤엄을 치거나 작은 배를 타고 논단다. 말도 여러 마리 있지. 소년들은 말을 끌고 밀림으로 가서 풀을 먹이지. 젖소도 여러 마리 있고, 과수원도 하나 있단다. 주민들은 모두 아름다운 오두막을 갖고 있지. 모두들 노래를 부르고 춤을 추며 살아간단다. 나와 함께 그곳에 가서 살지 않으련? 그곳에서 살면 행복할 거야. 네가 원하는 것은 무엇이든지 가질 수 있단다."

고팔은 수도승들을 무척 존경하고 있었고, 친구들로부터 수도승의 명령에 복종해야 한다는 말을 들었었다. 그는 그토록 훌륭한 사람과 함께 산다면 매우 행복할 것이라고 생각했다. 게다가 그는 언제라도 수도승에게 복종할 자세가 되어 있었다.

고팔이 말했다.

"어떻게 강을 건너죠? 강물이 무척 깊은데요."

수도승이 미소를 지으며 대답했다.

"아, 나한테는 나룻배가 한 척 있단다."

그가 휘파람을 불자, 멀리서 사공이 노를 들어 보였다. 수도승이 말했다.

"보이지? 저게 내 배란다."

고팔이 말했다.

"아, 저도 저 사람을 알아요. 나한테 가끔 말을 걸곤 했어요. 좋아요, 스님을 따라가겠어요."

수도승과 고팔은 배를 타고 강을 건넜다. 배가 강 한가운데쯤 왔을 때 수도승이 말했다.

"아, 네 이름을 묻지 않았구나. 넌 이름이 뭐냐?"

소년이 말했다.

"고팔이에요."

수도승이 말했다.

"아, 멋진 이름이구나. 고팔은 크리슈나 신의 이름이란다."

배가 강둑에 닿자 말 두 마리가 수도승을 기다리고 있었다. 그 중의 한 마리에 올라탄 수도승은 고팔을 번쩍 들어 자기 앞에 태웠다. 기다리고 있던 남자가 다른 말에 올라타자, 그들은 전속력으로 황토길을 달렸다.

몇 개의 마을을 지나 어떤 밀림지대에 도착했다. 오후 늦게서야 한 마을에서 말을 내렸다. 마을은 밀림에 뒤덮여 있었다. 날이 어두워지기 시작했고, 고팔은 긴 여행에 지쳐 쉬고 싶었다. 수도승이 그에게 자기 집 근처에 있는 방 하나를 내주었다. 저녁을 먹은 뒤 고팔은 죽은 것처럼 잠이 들었다.

이튿날 아침 눈을 뜬 고팔은 온갖 사람들이 자기를 내려다보고 있는 것을 보고 깜짝 놀랐다. 그곳에는 같은 나이 또래의 아이들도 있었고, 말들도 있었으며, 과수원과 강물도 있었다. 고팔은 어느새 그곳이 좋아지기 시작했고, 모든 아이들과 친구가 되었다.

며칠 만에 고팔은 그곳 사람들과 일체가 되어 자신이 과거에 어떤 사람이었고 어디서 왔는지를 잊었다. 그는 그 부족의 다른 사람들과 똑같이 행동하기 시작했다.

이들은 집시 부족이었고, 그 수도승은 부족의 족장이었다. 이 부족에게는 비밀이 많았다. 이 부족에 가입한 몇몇 사람만이 이들이 어떻게 식량을 구하며 어디로 가서 무엇을 하는가에 대한 비밀을 알 뿐이었다. 어린이들조차도 자기가 하는 일을 남에게 말하지 않았다.

남자나 여자, 어린 아이 할 것 없이 부족의 모든 구성원은 자신의 수입을 족장에게 바쳐야 했고, 그 어떤 것도 개인이 가질 권리가 없었다. 족장은 그 수입을 사람들에게 똑같이 분배했다.

이들은 스스로를 몇백년 전에 살았던 전지전능한 성자 고락나트의 숭배자들이라고 말하곤 했다. 성자 고락나트는 '나트'(Nath) 교파라는 비밀단체를 조직한 전설적인 인물인데, 나트 교파의 몇몇 성자들은 초자연적인 힘을 갖고 있었다. 이 부족들이 어째서 자칭 나트 교파의 숭배자들이 되었는지는 아무도 모른다. 어쨌든 부족의 모든 남자들은 나트 교파의 승려들과 똑같은 옷을 입고 다녔다.

또한 모든 여성이 족장의 소유라는 불문율이 있었다. 족장은 자신의 마음에 들게 일을 할 경우에만 남자에게 여성과 같이 살 권리를 주었으며, 여성들은 일의 대가로 일정 기간 동안만 다른 남자의 소유물이 되었다. 그리고 아이들도 전부 족장의 아이들이었다.

고팔에게는 말을 지키고, 밀림으로 데려가 풀을 먹이고, 강물에 목욕을 시키고, 말우리를 청소하는 임무가 주어졌다.

이 임무는 그 혼자만 하는 것이 아니었고, 비슷한 또래의 아이들 다섯 명이 더 있었다. 한두 명은 그보다 서너 살 위였지만 고팔이 제일 힘이 세고 몸집도 컸다. 그는 외모가 다른 아이들보다 뛰어나서, 키가 크고 날렵했으며 가늘고 긴 콧날에 검은 눈을 가지고 있었다.

반면에 다른 아이들은 키가 작고 뚱뚱한 데다 검은 피부에 펑퍼짐한 코, 작은 눈을 가지고 있었다.

한 소녀만이 예외였는데, 그녀는 다른 아이들과는 다른 몸집과 피부색과 천성을 지니고 있었다. 그녀의 이름은 빠로였다. 아름답고 수줍음이 많은 소녀는 다른 아이들과 잘 어울리지도 않았다. 그녀는 고팔보다 한 살 위였기 때문에 언제나 고팔을 친동생처럼 생각했다.

1년이 지나지 않아 고팔은 완벽한 기마병이 되어, 말을 타는 일에 전문가인 어른들과 경쟁할 수 있게 되었다. 고팔에게는 말을 다루는 일이 아주 자연스러웠다. 그는 무사계급인 라지뿌트 왕가로부터 기마종족의 혈통을 이어받았다. 씨앗은 토양만 좋으면 잘 자라기 마련이어서 고팔의 전투기질이 싹트기 시작한 것이다.

이 집시들은 호신술로 아이들에게 칼쓰기나 창던지기, 곤봉, 무술, 씨름 등을 가르쳤다. 모두가 이른 아침마다 특정한 호흡수련과 함께 신체단련을 해야만 했다. 어떤 기술은 비밀이어서, 선택된 집시들만이 실내에서 그 기술을 익혔다. 그곳에는 16세 이상인 사람만이 참가할 수 있었다.

족장은 고팔이 진흙 속에서 빛나는 다이아몬드처럼 성장하는 것을 눈여겨 보았다. 무엇을 해도 고팔을 당할 자는 아무도 없었다. 그는 고팔에게 대단한 매력을 느꼈지만, 언젠가는 부족을 떠나거나 도망치지 않을까 늘 걱정이었다.

족장은 그에게 특별한 관심을 쏟기 시작했다. 그에게는 가장 좋은 음식과 가장 좋은 숙소가 주어졌고, 말들에 대한 모든 책임이 맡겨졌다.

고팔은 마음 깊은 곳에서부터 그 부족을 철저히 받아들이고 있었다. 그런데도 같은 나이의 다른 소년들은 특정한 집회에 참석하는데 자신만 제외되는 것에 대해서는 기분이 상했다. 그는 이 부족 내에는 몇 가지 비밀사항이 있나 보다고 추측했다. 부족에 정식으로 입문한 소년들은 부족의 모든 비밀을 전수받는다는 이야기를 들은 적이 있었기 때문이다.

2년이 흐르면서 부족에 입문하고픈 고팔의 욕망은 날로 커져갔다. 친구들은 모두 이미 부족에 입문했다. 고팔은 비록 입문하지는 않았지만, 모든 젊은이들 사이에서 지도자로 추앙받고 있었다.

어느 날 족장은 어른들과 청년들을 대상으로 시합을 마련했다. 그 시합에서 고팔은 참가자들 중 유일하게 말등에 선 채로 우유잔을 들고 한 방울도 흘리지 않고 달릴 수 있었다. 그는 말을 달리면서 창을 던져 어려운 과녁을 단번에 적중시켰다. 검술시합에서도 두 개의 검을 어찌나 빨리 놀리는지 번쩍이는 칼날에 가려서 그의 모습은 보이지도 않았다.

족장은 그가 보여주는 모든 기술을 지켜보면서, 자기 자리를 이어 부족 전체를 안전하게 이끌어갈 사람은 고팔밖에 없다고 생각했다. 그래서 어느 날 고팔을 불렀다.

"고팔, 혹시 베나레스로 돌아가고 싶지 않으냐?"

고팔이 대답했다.

"아닙니다. 더이상 그곳엔 가고 싶지 않습니다. 저는 여기서 행복합니다. 저도 부족에 입문하고 싶습니다. 친구들은 모두 입문을 했는데, 어째서 저만 아직 허락하시지 않는지 이해가 안 됩니다."

족장이 말했다.

"고팔, 네가 이 부족 전체에서 가장 지혜롭고 강하며 미남이고 재주 많은 청년이라는 것은 의심할 수 없는 사실이다. 그러나 나는 네가 평생 동안 이 부족에 붙어 있을까가 의문이어서 아직까지 너를 입문시키지 않고 있는 것이다. 한번 입문한 사람은 절대로 부족을 떠날 수가 없다. 부족을 떠난 사람이 어떤 벌을 받는지 아느냐? 바로 '죽음'이다."

고팔이 말했다.

"충심으로 말씀드리건대 저는 언제까지나 이 부족에 있고 싶고, 목숨이 붙어 있는 한 부족의 비밀을 누설하지 않을 것입니다."

족장이 말했다.

"저쪽 방에 우리의 수호신인 성자 고락나트의 신상이 있다. 부족에 입문하는 사람은 그 신상 앞에서 맹세를 지키겠다는 서약을 해야 한다."

고팔은 족장을 깊이 사랑하고 존경하고 있었다. 그가 말했다.

"족장님, 저는 족장님 앞에서 맹세하는 것만으로도 충분합니다. 그러나 족장님께서 원하신다면 신상 앞에서 맹세를 하고, 족장님의 명령에 따르겠습니다."

족장이 말했다.

"고팔, 나는 너를 무척 사랑하고, 네가 부족에 입문하기를 간절히 바란다. 그러나 맹세를 하기 전에 다시 한번 생각을 하고 마지막 결정을 내려주기 바란다. 나는 네가 도망자가 되어 부족 사람들에게 살해당하는 것을 원치 않는다. 나는 너에게 대단한 애착을 갖고 있다. 나는 네가 이 세상에서 행복하게 살고, 또 어디서나 많은 존경을 받기를 바란다. 우리 부족에 입문하면 몇 가지 위험한 일을 해야만 하고, 때론 나쁜 짓도 해야 한다. 그러니 성급히 결정을 내려서는 안 된다. 부족 내에 몇 가지 나쁜 행위가 있는데도 불구하고 진정으로 부족에 입문하기를 바라는지, 내일 말해 다오."

고팔은 자기 숙소로 돌아왔다. 그는 밤새 잠을 이룰 수가 없었다. 그는 생각했다.

'이 부족 사람들이 어떤 나쁜 짓을 한다는 것일까? 그들은 스스로 생계를 꾸려나가고 있고, 모두 친절하고 정이 많다. 족장도 나를 무척 아끼고 있다. 그런데 내가 왜 부족을 떠나겠는가? 나는 평생을 구걸하며 살 수는 없다. 나에게도 친구와 사회와, 나를 지지해 줄 사람이 필요하다. 여기엔 그 모든 것이 있다.'

다음날 아침, 고팔은 일어나자마자 족장에게 갔다. 가는 도중에 그는 빠로를 만났다. 그녀는 고팔이 입문하게 된다는 소식을 들었다. 그가 급히 지나가는 것을 보고 그녀가 말했다.

"고팔, 어딜 가지? 네가 입문한다는 소리를 들었어."

고팔은 마음이 급해 그녀의 얼굴을 쳐다보지도 않고, "그래, 나는 입문하기로 최종결정을 내렸어." 하고는 서둘러 지나쳤다.

빠로는 그를 소리쳐 불러 좀더 대화를 나누고 싶었지만, 사람들이 의심할까봐 겁이 났다. 그래서 그녀는 무거운 마음을 안고 슬픔에 찬 얼굴로 발길을 돌렸다.

족장의 숙소로 들어간 고팔이 말했다.

"족장님, 마지막 결정을 내렸습니다. 입문하겠습니다."

그는 족장에게 큰절을 올리고 자기 숙소로 돌아왔다.

족장은 고팔이 입문하는 날을 부족의 경축일로 정했다. 고팔을 자기의 후계자로 생각하고 있던 족장은 그의 입문을 특별한 방식으로 축하하고 싶었다. 그는 모든 부족 사람들에게 집을 아름답게 꾸미고 마당을 깨끗이 하라고 지시했다.

부족 사람들 전체가 다 모였다. 사업 목적으로 도시에 나가 있던 사람들도 잔치에 참여하기 위해 서둘러 돌아왔다.

그들은 바깥 마당에 거대한 기하학적인 형태인 만다라[4]를 만들어 온갖 색깔로 장식하고, 장작을 모아 한가운데에 쌓았다. 이른 아침부터 북소리가 울려퍼지고, 여인네들은 노래를 부르기 시작했다.

고팔은 새 옷을 입었다. 다른 사람들도 모두 물감과 꽃과 염주와 깃털로 온몸을 장식했다. 말들도 주렁주렁 장식물을 매달고 나타났으며, 아홉 명이 한 팀이 된 기마병들이 북을 치며 춤을 추었다.

장작에 불이 붙고, 모두가 춤을 추며 악기를 연주하기 시작했다.

---

[4] '만다라'는 만다(본질, 핵심)와 라(소유격 어미)가 합쳐진 말로, '본질을 소유한 것', 또는 '본질을 도표화한 것'이란 뜻이다. 따라서 만다라는 깨달음의 경지를 가시적으로 도표화한 것이다.

족장이 일어서서 소라고둥을 불며 종을 흔들자, 북소리와 춤이 일제히 멈추었다. 족장이 말했다.

"들어라, 오늘은 매우 경축스러운 날이다. 고팔을 우리 부족에 입문시키기로 결정했기 때문이다. 내 말하노니, 처음 고팔을 이곳으로 데려올 때부터 나는 그가 부족에 입문하게 되면 후계자로 삼기로 작정했었다. 우리의 수호신 고락나트님께서도 나의 결정을 받아들이시기를 원한다. 고팔의 입문을 성대하게 축하하는 것도 바로 그 때문이다. 이제 우리의 몸과 마음을 순결하게 하기 위해 다 같이 이 신성한 모닥불 둘레를 돌자."

족장과 고팔과 부족 사람 전체는 만다라 한가운데에서 불타고 있는 모닥불 둘레를 시계방향으로 세 바퀴 돌았다. 그리고 나서 족장이 말했다.

"이제 우리는 모두 마지막 맹세를 하기 위해 성자 고락나트의 사원으로 갈 것이다."

족장과 부족 사람들은 사원으로 가서 조용히 자리를 잡고 앉았다. 족장이 성자 고락나트의 신상이 서 있는 제단 앞으로 고팔을 데리고 가서 말했다.

"고팔, 신상 앞에서 이 맹세를 세 번 반복하라. '고락나트 수호신 앞에서 맹세합니다. 신성한 불이 그 증인입니다. 부족에 입문한 후에는 절대로 비밀을 누설하지 않겠습니다.' 그리고, '죽을 때까지 이 맹세를 지킬 수 있도록 고락나트 수호신께서 저에게 힘을 주십시오.' 하고 기원하라."

고팔은 그 맹세를 세 번 반복하고 나서 바닥에 납작 엎드려 수호신상을 향해 세 번 절했다. 그러자 족장이 그를 옆자리에 앉히고 말했다.

"이제 너는 정식으로 우리 부족의 일원이 되었다."

족장은 진흙으로 빚은 물병에서 어떤 액체를 따라 한 모금 마신 다음 고팔에게도 한 모금 마시게 했다. 고팔이 마신 다음 되돌려주자 족장이 한 모금을 더 마시고 나서 부족 사람들 전체에게 한 모금씩 마시게 했다.

족장이 큰 목소리로 선언했다.

"이제 고팔의 이름은 '바즈라나트'(Vajranath)[5]이다. 그는 나의 후계자이다. 내가 죽거나 나에게 나쁜 일이 일어날 경우에 부족 전체는 바즈라나트에게 복종하라."

모든 여인들이 차례로 바즈라나트의 목에 화환을 걸어 주면서 그의 몸을 물감으로 장식했다.

모든 부족원이 조금 전에 마신 액체에 취하기 시작할 무렵, 족장이 북을 울리고 춤과 노래를 시작하라고 명령했다. 부족 전체는 밤새 노래하고 춤을 추다가 새벽에 정신을 잃고 그 자리에 쓰러졌다.

빠로는 그 액체를 마시는 척만 했기 때문에 취하지 않았다. 그녀는 고팔이 완전히 정신을 잃은 것을 알았다. 그녀는 마음이 아파서 그를 방으로 데려가고 싶었지만, 족장이 겁나서 그럴 수도 없었다. 그녀는 젖은 수건으로 고팔의 얼굴을 닦아 주고 부채로 부쳐 주었다. 바즈라나트는 머리를 흔들며 정신을 차리려고 애를 썼다. 그가 정신이 돌아오기 전에 빠로는 그곳을 떠났다.

바즈라나트는 정신을 차렸지만 아직도 골치가 아팠다. 그는 일어나 숙소로 돌아갔다. 가는 길에 빠로가 눈물을 흘리며 서 있는 모습을 보았다.

---

5 — '바즈라'는 금강석, 즉 다이아몬드라는 뜻이다.

그녀가 말했다.

"고팔, 차가운 물로 목욕을 해. 그러면 정신이 들 테니."

바즈라나트는 아직도 자기를 고팔이라고 부르는 것이 싫었다.

"빠로, 너도 알다시피 어젯밤 나는 부족에 정식으로 입문을 했고, 이제 내 이름은 바즈라나트야."

빠로가 말했다.

"나도 알아."

그녀는 눈물을 감출 수가 없어서 얼른 자기의 오두막집으로 뛰어갔다.

바즈라나트는 그녀의 뒷모습을 바라보면서 왜 그녀가 그렇게 슬프게 우는지 이해할 수가 없었다.

'내가 부족에 입문해서 그녀도 행복할 텐데. 어쩌면 질투하고 있는지도 몰라. 하지만 언제나 나에게 친절히 대해 주었는데, 왜 그렇게 비탄에 잠겨 있는지 모르겠군. 어쩌면 다른 이유 때문에 족장에게 야단을 맞았는지도 모르지.'

바즈라나트는 강으로 가서 차가운 물에 목욕을 했다. 한참 동안 수영을 하자 한결 상쾌해졌다. 그는 숙소로 돌아가 잠시 쉬었다.

다시 밤이 되자 족장이 그를 불렀다.

"바즈라나트, 너에게 몇 가지 마술과, 병자나 뱀에 물린 상처를 치료하는 약초를 가르쳐 주겠다. 그리고 귀신을 몰아내고 귀신들린 사람을 치료하는 신비의 주문 만트라[6]를 가르쳐 주겠다. 뱀을 잡아 훈련시키는 기술도 전수하겠다. 매일 밤 나를 찾아와 이 모든 것을 배워라."

6── 쉽게 말해 '주문'인데, 본질의 소리, 살아 있는 소리라고 할 수 있다. 소리의 진동으로 힘을 획득하는 음절이나 어휘나 구절.

바즈라나트는 족장에게서 그 모든 것을 배워 나갔다. 그에게 족장은 위대한 수도승이었고, 그는 족장의 명령을 충실히 수행할 각오가 되어 있었다. 모든 지식을 전수한 다음 족장이 말했다.

"바즈라나트, 이제 너는 부족을 위해 돈을 벌어야 한다. 빠로를 데리고 가라. 이번에는 도시에서 어떻게 일하는지를 가르쳐 주기 위해 다른 남녀 한 팀을 같이 보내 주겠다. 그 다음부터는 너와 빠로 둘이서도 해낼 수 있을 것이다."

바즈라나트는 족장에게 절을 하고 물러나왔다.

다음날 아침 빠로와 다른 한 쌍의 남녀가 바깥에서 그를 기다리고 있었다. '랑가나트'라는 이름의 상대쪽 젊은이는 바즈라나트보다 두 살 위였고, 돈을 버는 일에 경험이 많았다. 그가 말했다.

"바즈라나트, 어서 떠나자. 너는 빠로와 한 팀이고 우리 네 사람은 함께 일할 거야. 너의 피리와 북을 잊지 마."

가방과 우산을 들고, 오렌지 빛깔의 승복을 입고 나온 바즈라나트가 말했다.

"자, 가자. 어떻게 일하는지는 전혀 모르지만 무엇이든지 너희가 하라는 대로 할게."

랑가나트가 말했다.

"걱정 마. 빠로가 모든 것을 알고 있어. 우리는 그전에 두 번이나 한 팀이 되어 일했었거든. 우리가 도시에서 흩어지더라도 빠로가 너에게 잘 가르쳐 줄 거야. 우리는 지금 알라하바드로 가는 거야. 그곳에선 지금 겨울축제가 열리고 있어서 수십만의 인파가 모여 있거든. 우리가 어떤 방법으로 돈을 버는지 가르쳐 주지."

네 사람은 기차역으로 가서 알라하바드 행 열차를 탔다. 그들은 군중을 피해 한적한 갠지스 강둑에 텐트를 쳤다.

랑가나트는 점쟁이 차림을 한 다음 나머지 세 사람에게 전혀 모르는 사람처럼 행동하라고 일렀다. 그러면 자기가 그들의 과거와 미래를 알아맞히는 것처럼 하겠다는 것이었다. 그렇게 해서 다른 사람들을 끌어모으려는 속셈이었다.

그는 다리 근처에 가부좌를 틀고 앉아 손금 그림과 관상책을 펴놓았다. 그리고 한 쌍의 주사위와 몇 가지 만다라로 사람들의 눈길을 끌었다. 사람들이 차츰 그의 둘레에 모여들었다. 그때 한 여인이 눈물을 흘리며 다가와 물었다.

"성자님, 저는 왜 이토록 불행할까요?"

점쟁이는 날카로운 시선으로 그녀를 바라보며 말했다.

"눈을 감으시오."

여인이 눈을 감았다.

"염소가 보입니까?"

"예, 성자님."

"염소가 나뭇잎을 먹고 있는 것이 보입니까?"

"예, 성자님."

"한 여인이 그 염소를 돌로 쳐서 죽이는 장면도 보입니까?"

"예, 성자님."

점쟁이가 말했다.

"그 여인이 바로 당신 자신이라는 사실을 아시오? 당신의 고통은 그 염소를 죽였기 때문에 생긴 것이오. 내가 도움을 드리겠소. 이 부적을 항상 몸에 지니고 다니시오. 그러면 고통이 사라질 거요. 복채로는 아무거나 주셔도 괜찮소."

여인은 부적을 받고 목에 걸었던 금목걸이를 내놓았다.

또 다른 여인이 오자 점쟁이가 말했다.

"당신의 이름은 빠로군요. 그렇지 않소?"

여인이 합장을 하고 절을 하며 말했다.

"맞습니다. 저는 제 미래를 알고 싶습니다. 제 손금을 봐 주시겠습니까?"

점쟁이가 그녀의 손금을 보더니 말했다.

"조만간에 큰 부자가 될 것이오. 하지만 나쁜 사람을 조심하시오."

그는 나쁜 사람을 물리치려면 부적을 몸에 지니고 있어야 한다면서 그녀에게도 다른 모양의 부적을 한 장 주었다. 여인은 복채로 돈을 내놓았다.

그러자 사람들이 앞을 다투어 점을 보러 달려들었다. 바즈라나트는 랑가나트가 아주 손쉽게 많은 돈을 버는 것을 보았다.

바즈라나트는 다른 장소로 가서 옷을 약장수 차림으로 갈아입었다. 그는 보자기를 펴 여러 종류의 약초를 늘어놓은 다음 북을 쳐서 사람들을 모았다. 사람들이 몰려들었지만 그는 약초를 팔아서는 많은 돈을 벌 수 없다는 것을 알았다. 그래서 그는 텐트로 돌아와 온몸에 재를 바른 다음, 허리에 두르는 간단한 옷을 걸친 채 다시 축제장소로 갔다.

바즈라나트는 목만 내놓고 모래 속에 온몸을 파묻은 다음 눈을 감았다. 순식간에 군중이 모여들었다. 그곳에 있던 빠로가 장님 행세를 했다. 그녀는 가까이 다가와 그 머리에 대고 절을 했다.

"아, 존경하는 성자님. 저는 처녀입니다. 저에게 자비를 베풀어 주십시오. 얼마 전에 저는 그만 눈이 멀고 말았습니다. 저는 가난한 여자입니다. 앞이 보이지 않으면 먹고살 길이 없습니다. 저는 성자님이 전지전능하시며 말 한 마디로 병을 고칠 수 있다는 얘기를 들었습니다. 제발 성자님, 저를 불쌍히 여기소서."

그 머리가 부드럽게 눈을 뜨더니 그윽한 목소리로 말했다.

"오, 신앙심 깊은 여인이여. 나는 이곳에서 깊은 명상에 잠겨 있었소. 그대가 고통을 받고 있으니 이제 말하건대 그대의 눈은 일주일 안에 깨끗이 치료될 것이오."

말을 마치자 그 머리는 다시 눈을 감았다. 여인이 눈을 비비더니 외쳤다.

"아, 눈이 보인다! 벌써 치료가 되었다!"

그 머리가 눈을 뜨더니 말했다.

"내 말에 대한 그대의 믿음이 그대를 더 빨리 낫게 한 것이오. 이제 돌아가시오."

여인은 기꺼이 가지고 있던 돈을 전부 내놓고 떠났다. 이를 본 다른 병자들도 치료를 부탁하자, 더 많은 사람들이 병을 낫게 해달라고 몰려들었다. 저녁이 되자 엄청난 돈과 보석이 쌓였다.

그러는 사이에 랑가나트는 번 돈을 모아 숙소로 돌아갔다. 거기서 그도 온몸에 재를 바르고 허리에 두르는 간단한 옷을 걸친 다음 축제장소로 갔다. 두 여인은 돈을 지키며 텐트에서 기다리고 있었다.

랑가나트는 바즈라나트의 머리 앞에 쌓인 돈더미를 보고 가까이 다가가 말했다.

"형제여, 이젠 됐습니다. 하루에 모든 사람을 다 치료할 수는 없지 않습니까? 자신의 몸도 돌보셔야지요."

그는 보자기에 돈을 싼 다음 모래를 치웠다. 바즈라나트는 구덩이에서 빠져나와 형제에게 몸을 기댔다. 두 사람은 돈을 들고 숙소로 돌아왔다.

이렇게 날마다 다른 모습으로 변장한 그들은 일주일만에 부족 전체가 석 달을 먹고살 만큼 많은 돈을 벌었다. 그래서 네 사람은 집으로 돌아가기로 결정했다.

이들은 도시를 떠나 한적한 외곽지역에 텐트를 친 다음 양쪽 팀의 수입을 나누었다. 그러나 랑가나트는 욕심이 많은 사람이었다. 그가 말했다.

"축제는 한 달 동안 계속돼. 우리는 돈을 아주 많이 벌었어. 바즈라나트는 집으로 돌아가고 싶으면 빠로와 함께 가도 좋아. 우리는 이틀 정도 돈을 더 벌어 갖고 가겠어."

바즈라나트가 말했다.

"좋아. 우리도 여기서 너희가 올 때까지 기다리겠어."

랑가나트는 여자를 데리고 다시 도시로 떠나고, 바즈라나트와 빠로는 우산과 옷가지를 이용해 텐트를 치고 기다렸다.

빠로는 겉으로 보기엔 무척 조용하고 인정이 많았지만, 속으로는 교단에 대단한 적대감을 가지고 있었다.

그녀는 부족이 하는 행위들이 몹시 싫었지만, 그렇다고 도망을 치거나 족장에게 맞설 방법도 없었다. 족장에게 약간의 적대감만 보여도 당장 살해당한다는 사실을 그녀는 잘 알고 있었다.

그녀는 바즈라나트를 무척 사랑했기 때문에 그가 부족에 입문하는 것을 바라지 않았지만, 그렇다고 막을 방법도 없었다.

밤에 빠로가 바즈라나트의 손을 잡고 말했다.

"고팔, 나는 너를 사랑하고 있어. 나는 네가 부족에 입문하는 것을 원치 않아. 그 사람들은 도둑이야! 그들은 온갖 나쁜 짓들을 다 하고 있어. 소매치기, 매춘, 도박, 사기, 게다가 살인까지. 족장이 너를 마을로 데려왔을 때 나는 언제가는 우리 둘이서 그들의 소굴에서 달아나야겠다고 생각했었어. 그런데 이젠 그 희망이 사라졌어. 고팔, 나는 이 부족에서 태어나지 않았어. 나도 너처럼 이곳으로 끌려왔어. 내가 아주 어렸을 때 어머니를 따라 길을 가고 있던 게 생각나. 그런데 어떤 남자가 다가와 내게 꽃을 한 송이 주었어. 그 향기를 맡자 나는 빨리 걸을 수 없었고, 말도 제대로 할 수가 없었어. 앞서 가는 어머니를 바라보고 있었는데 정신을 차려 보니 어느새 그곳으로 끌려가고 있었어. 그 거리가 어딘지 정확히는 모르지만, 베나레스인 것만은 분명히 기억나. 우리집은 길가의 3층집이었고, 오빠가 두 명 있었어. 아버지는 전혀 생각나지 않지만, 어머니는 흐릿하게 기억이 나."

바즈라나트가 말했다.

"빠로, 너는 왜 아직도 나를 고팔이라고 부르지? 고팔은 죽었어. 나는 부족의 한 사람인 바즈라나트야. 나는 부족에 충성할 것을 맹세했어. 나에 대한 네 감정은 잘 알아. 하지만 내가 무엇을 할 수 있겠어? 나도 내가 사기를 쳐서 돈을 벌리라고는 꿈에도 생각하지 않았어. 나도 이런 짓이 싫어. 그렇다고 내가 부족을 속이고 너와 함께 도망칠 수 있다고 생각하니?"

"나는 그러길 바라지만, 이제 너는 그럴 수가 없어. 그랬다간 살해당하고 말 거야. 나는 네가 죽는 것을 원치 않아. 너는 내 인생의 전부야. 나는 혼자서 떠날 자신도 없고, 또 너를 떠날 수도 없어. 그러니 나의 운명은 너한테 달려 있어. 나는 네가 가는 곳이면 어디든지 따라갈 거야. 족장이 너를 친자식처럼 사랑하는 것을 알아. 그는 네가 말하는 것은 뭐든지 들어줄 거야. 그러니 내가 언제나 너와 함께 한 팀이 되어 일하도록 해줘. 제발 나를 버리지 마."

바즈라나트가 말했다.

"빠로, 나도 너를 사랑하고, 언제나 함께 있고 싶어. 너를 절대로 떠나지 않겠다고 약속할께. 그리고 나한테 선택권이 있는 한 언제나 너를 택하겠어. 하지만 나는 목에 칼이 들어와도 나의 맹세를 깰 수는 없어. 절대로."

바즈라나트와 빠로는 이틀 동안 그곳에서 기다렸지만 랑가나트와 여자는 돌아오지 않았다. 탐욕스런 랑가나트는 더 많은 돈을 벌기 위해 시내에서 밤중에 도박판을 차렸고, 매춘행위까지 했다.

그런데 밤중에 그만 노름꾼들 사이에서 싸움이 벌어져 한 사람이 칼에 찔려 죽었다. 경찰이 그곳을 급습해 랑가나트와 여자는 체포되고 말았다.

바즈라나트와 빠로는 짐을 꾸리다가 마을 쪽으로 달려가는 경찰차 속에 랑가나트와 여자가 앉아 있는 것을 보았다.

빠로가 말했다.

"저길 봐! 두 사람이 체포되었어. 경찰차 안에 무장경찰이 가득 탔어. 랑가나트가 경찰에게 부족의 위치를 말한 것 같아. 사실이라면 모든 사람이 체포되어 감옥에 갇힐 거야. 이제 어떻게 할 거야?"

바즈라나트는 그들이 체포된 것을 보고 충격을 받았다. 그 역시 어떻게 해야 할지 결정을 내릴 수가 없었다. 잠시 후에 그가 말했다.

"어서 돌아가자. 그가 부족의 비밀을 누설했다고 해도 그건 그의 문제야. 무슨 일이 있어도 나는 마을로 돌아갈 거야."

빠로가 말했다.

"고팔, 불 속으로 뛰어들지마. 우리에겐 돈도 있고, 이젠 자유의 몸이야. 우리는 어디든지 갈 수 있어. 나는 너를 따라갈 거고, 둘이서 행복하게 살 수 있어. 마을로 돌아가면 경찰이 우리를 기다리고 있을 게 뻔해. 그리고 그들이 사람들을 모두 잡아갔을 테니 우리끼리만 그곳에서 살 수도 없잖아. 어떤 경우든 우린 마을을 떠나야 해. 그러니 그곳으로 갈 필요가 없잖아?"

그러나 바즈라나트는 매우 단호하게 말했다.

"나는 내 맹세를 깨뜨릴 수 없어. 이 돈은 우리 것이 아니야. 우리는 개인적으로 돈을 소유할 수 없어. 돌아가고 싶지 않다면 너는 자유의 몸이니까 어디로든 가도 좋아. 하지만 나는 먼저 마을로 돌아가 사실을 알아보겠어."

빠로는 달리 방법이 없었다. 그녀는 할 수 없이 대꾸했다.

"그래, 좋아. 나도 따라가겠어."

바즈라나트는 큰길을 피해 걸음을 재촉했고, 빠로도 그 뒤를 따랐다. 이들은 작은 기차역에 도착해 베나레스로 가는 표를 끊었다. 하지만 중간에 간이역에서 내려 밀림 속으로 여러 시간을 걸었다.

마을 가까이 왔을 때 빠로가 말했다.

"잠시 멈춰. 마을에 어린애나 말, 젖소들이 있는지 살펴봐. 누군가 아직 마을에 있다면 소리가 들릴 거야."

그들은 조심스럽게 귀를 기울였지만 아무 소리도 들리지 않았다. 바즈라나트가 나무 위로 올라가서 보니 집이란 집은 모두 불타 있었다. 그가 황급히 내려와 말했다.

"빠로, 아무것도 남지 않았어."

날이 어두워지자 두 사람은 조용히 마을로 들어갔다. 바깥에 말들이 몇 마리 죽어 있었다. 남자도, 여자도, 아이들도, 아무것도 없었다. 사방에 죽음의 침묵만이 감돌 뿐이었다.

바즈라나트가 말했다.

"경찰과 부족이 총격전을 벌인 것 같아. 그리고 주민들이 도망가지 못하도록 말을 쏴 죽인 것 같아. 도대체 얼마나 많은 사람이 죽고, 얼마나 많은 사람이 잡혀갔을까?"

빠로가 말했다.

"경찰이 우리를 추적할 거야. 그들은 아직 우리가 잡히지 않았다는 걸 알고 있을 거야."

바즈라나트는 분노로 가득 찼다. 그의 혈관 속에 흐르는 젊음과 전사(戰士)의 피가 끓어오르기 시작했다. 그가 말했다.

"내가 이곳에 있었다면 죽기를 각오하고 싸워서 족장이 체포되는 것을 막았을 거야."

그는 불에 몽땅 타버린 족장의 처소로 들어가 자리에 앉았다.

빠로가 말했다.

"고팔, 왜 이러고 있는 거야? 여기엔 아무것도 남은 게 없고, 우리는 어서 다른 곳으로 피신해야 해. 불타 버린 집에 앉아 있는 것은 바보나 할 짓이야. 우리에겐 돈이 충분하니까 다른 곳에서 새삶을 시작할 수 있어."

바즈라나트가 말했다.

"빠로, 나는 맹세를 깰 수 없어."

그는 땅바닥의 비밀문을 열고 그 안에다 돈과 보석들을 모두 던져넣은 다음 문을 닫고 말했다.

"이 돈은 부족의 돈이고, 바즈라나트는 부족의 돈을 가질 권리가 없어. 바즈라나트는 자신의 의무를 다했어. 부족의 비밀은 바즈라나트와 함께 영원히 남아 있을 거야. 이제 바즈라나트는 죽었어. 나는 '고팔'이야. 빠로, 이제 떠나자."

빠로는 두 사람이 번 돈을 잃고 싶지 않았다. 더구나 그곳에는 그 돈을 받을 부족도, 족장도 없었다. 그녀는 땅속에 돈을 던져두고 떠난다는 것이 바보짓이라고 생각했다. 반면에 바즈라나트는 그 돈을 쓰는 것은 자신의 맹세를 어기는 행위라고 생각했다. 그리고 부족의 가르침에 따라, 부족을 위해 번 돈을 사용한다면 바즈라나트도 죽을 수가 없다고 생각했다.

그가 말했다.

"빠로, 어서 떠나자. 우린 이제 자유야. 바즈라나트는 죽었고, 고팔은 부족에 입문하지 않았어. 고팔은 부족의 비밀에 대해서 아무것도 몰라."

그들은 위험한 상황에 처해 있었기 때문에 가능한 한 서둘러 그 장소를 떠나기로 했다. 어둠을 틈타 두 영혼이 미지의 운명을 향해 걸어가기 시작했다. 밤새 걸은 그들은 아침에 딸기숲에 숨었다. 배가 고팠기 때문에 딸기를 양껏 따먹고 그대로 잠이 들었다.

밤이 되자 두 사람은 다시 길을 떠났다. 체포될까 두려워 낮시간에는 걸을 수가 없었다. 철도역에 도착했지만 기차표를 살 돈이 없었다. 빠로가 말했다.

"고팔, 이제 어떻게 할 거야? 우리는 돈이 한푼도 없어. 차표 없이 기차를 탔다가 발각되는 날이면 경찰이 우리의 정체를 밝혀낼 거야. 그러니 열차로는 갈 수가 없어."

그들은 철도역 근처의 거지들과 가난한 노동자들이 사는 다리 밑에서 하룻밤을 묵었다. 이튿날 아침이 되었으나 또다시 돈이 문제였다. 어떻게 음식을 구할 것인가? 마술을 보여주거나 빠로의 춤과 자신의 노래를 이용해 돈을 벌 수도 있었지만, 그는 부족과 관련된 행위는 절대로 하지 않겠다고 결심했다. 그래서 그가 말했다.

"빠로, 다른 데 가서 일자리를 알아보자."

그래서 그들은 그곳을 떠났다.

빠로는 아직도 그 돈에 미련을 버리지 못하고 있었다. 그녀는 그를 쳐다보며 말했다.

"고팔, 그 돈은 우리 거야. 그런데 그런 곳에다 돈을 던져놓았으니 아무도 그 돈을 사용하지 못할 거야. 이제 너는 마술을 보여주거나 약초를 팔거나 춤과 노래를 통해 돈을 벌고 싶어하지도 않잖아. 나는 비록 네가 부족에 입문하긴 했지만 너를 부족의 한 사람이라고 생각한 적이 한 번도 없었어. 왜냐하면 너는 부족의 행위를 모르고 있었기 때문이야."

고팔은 과거의 일을 모두 잊으려고 애쓰는데, 빠로가 자꾸만 과거의 일을 상기시키고 있었다. 그는 매우 화를 냈다.

"나는 고팔이야. 나는 부족이나 돈, 마술, 약초 따위에 대해선 아무것도 몰라. 나한테 자꾸만 그런 것들을 상기시키지 마! 돌아가서 그 돈을 가져오느니 차라리 너를 떠날 테니 그리 알아."

고팔이 화를 내자 빠로는 두려움에 떨며 말했다.

"제발 나를 떠나지 마. 그 돈은 도로 가져오지 않아도 좋아. 나는 너 없이는 살 수가 없어. 너를 진심으로 사랑해. 우리가 빨리 돈을 구해 밥도 사먹고 가능한 한 빨리 기차를 타고 떠나야 된다고 생각했기 때문에 그런 이야기를 한 것뿐이야."

고팔은 금방 냉정을 되찾고 말했다.

"미안해, 빠로. 나도 너를 사랑해. 하지만 나도 갈피를 못 잡겠어. 무엇을 해야 할지 모르겠어. 까닭 없이 너한테 화를 내서 정말 미안해. 우리 차라리 걸어서 이곳을 떠나자. 아무것도 하는 일 없이 한 곳에 머물러 있느니 그게 더 나을 거야. 최소한 어딘가에 도착하게 되겠지."

행인들은 두 사람을 남매로 생각했다. 둘 다 키가 크고 잘 생겼으며, 비슷한 외모를 하고 있었다. 어떤 사람은 그들에게 구아바[7] 열매를 주기도 했다. 그 지역에는 구아바 열매가 많이 열려 있었다. 중간중간 요행히 그들에게 과일과 음식을 주는 사람들을 만났기 때문에, 이제 그들은 아무데서나 일자리를 구할 용기가 생겼다.

어느 날 그들이 사탕수수농장 앞을 지나는데, 농장 주인이 그들을 보고는 사탕수수 줄기를 자르는 일을 하지 않겠느냐고 물었다. 매우 힘든 작업이긴 했지만 고팔과 빠로는 그 자리에서 수락했다.

그들은 사탕수수 줄기를 잘라 잎사귀로 한 단씩 묶어 나가는 일을 시작했다. 농장 주인은 하루에 일꾼 한 사람이 얼만큼의 사탕수수 묶음을 만들 수 있는지를 잘 알고 있었다. 그래서 그는 일꾼들을 감시하지 않고 집에 있거나 시장으로 가서 잡담을 하곤 했다.

며칠 동안 두 사람은 열심해 일해서 충분한 돈을 모았다. 빠로는 먼곳까지 갈 수 있는 기차표를 살 만큼 더 많은 돈이 모일 때까지 오래 일하고 싶었다.

어느 날 아침, 고팔과 빠로가 사탕수수밭에서 일하고 있는데 농장 주인이 와서 말했다.

"당신들은 매우 정직한 일꾼이오. 두 사람은 내가 사탕수수 묶음

7— 열대지방에서 자라는 물푸레나무과에 속하는 열매. 잼과 제리의 원료.

을 세어 그날 하루 일의 양을 점검한다는 것을 알지 못했으면서도, 다른 사람 못지 않게 열심히 일을 했소. 빠로 당신도 열심히 일했으니 당신에게 편한 일거리를 주고 싶소. 당신은 이제부터 나에게 음식을 해주고 집안을 청소해 주시오. 월급은 전과 똑같이 주겠소. 그러면 휴식시간이 많아질 거요."

빠로는 고팔을 바라보며 물었다.

"밥하는 일을 해도 될까?"

고팔이 말했다.

"좋아, 그렇게 해. 밥하는 일은 그다지 힘들지 않을 거야. 게다가 집도 이 밭 끝에 있으니 그다지 멀지 않고 말이야."

빠로는 주인의 제안을 수락하고 그의 집으로 따라 갔다.

그들이 떠나기로 한 바로 전날, 고팔은 사탕수수를 자르고 있었고 빠로는 집에서 밥을 하고 있었다. 그러다 고팔은 빠로의 비명소리를 들었다. 그는 빠로가 밥을 하다가 화상을 입었거나 집에 불이 났다고 생각해서, 낫을 밭에 버려두고 서둘러 집 쪽으로 달려갔다.

집 안에 들어선 그는 농장 주인이 빠로 위에 올라타고 있는 것을 보았다. 그녀의 옷은 모두 찢겨 있었고, 그녀는 농장 주인에게서 빠져나오려고 발버둥치고 있었다. 농장 주인은 그녀의 힘을 당해내지 못하자 그녀의 목을 조르기 시작했다. 그녀의 눈이 불거져 나오고 있었다.

고팔은 분노를 참을 길이 없어 주먹으로 주인의 뒤통수를 힘껏 후려쳤다. 그런데 어찌나 힘껏 후려쳤는지 주인은 그 자리에서 머리가 박살나 바닥에 쓰러졌다. 입과 코와 귀에서 피가 쏟아져 나오기 시작했다.

그러는 사이 다른 일꾼들이 달려와 고팔이 농장 주인을 때리는 광경을 목격했다. 농장 주인도 죽었고, 빠로도 죽었다. 일꾼들이 소리치기 시작했다.

"살인이다! 살인이다! 고팔이 농장 주인과 여자를 죽였다!"

고팔은 여전히 화가 난 상태여서 온몸을 부들부들 떨었다. 그는 말을 할 수조차 없었다. 다만 부릅뜬 눈으로 시체들을 응시할 뿐이었다. 일꾼들은 그에게 가까이 가는 것이 두려워 밖으로 나갔다.

경찰이 오고, 고팔은 체포되었다. 고팔이 농장 주인을 때리는 것을 목격한 일꾼들이 증인이 되었다.

고팔은 이제 냉정을 되찾았다. 그는 사람들에게, 농장 주인이 빠로를 겁탈하려다가 여의치 않자 그녀를 죽인 것이고, 자기는 그녀를 구하려고 농장 주인을 한 대 때린 것뿐인데 그만 죽어버린 것이라고 자초지종을 납득시키려고 애썼다. 그러나 아무도 그 말을 믿지 않았고, 경찰은 그를 감옥에 가두어 버렸다.

고팔은 감옥에 갇혔다. 그는 빠로의 죽음 때문에 심한 고통에 빠졌다. 그는 자기에게 어떤 일이 일어날지 알지 못했지만, 사형선고를 받는 것은 두렵지 않았다. 빠로와 함께 그의 인생도 끝이 났다. 그는 더이상 살고 싶지도 않았다.

두어 달이 지난 어느 날, 고팔은 법정으로 끌려가 피고인석에 섰다. 재판관은 전혀 두려움의 표시가 없고 행복이나 슬픔의 표시도 없는 젊은이의 얼굴을 보았다. 재판관은 그런 젊은이가 어떻게 두 사람을 죽였는지 이해가 가지 않았다. 경찰 보고서에는 고팔이 두 명을 살해했다고 적혀 있었다.

재판관이 물었다.

"고팔, 너는 농장 주인과 그의 식모를 살해했는가?"

고팔이 대답했다.

"아닙니다. 저는 아무도 죽이지 않았습니다. 이름이 빠로인 그 여자는 제 동반자인데, 농장 주인이 우리 두 사람에게 사탕수수 자르는 일자리를 주었습니다. 그런데 어느 날 그가 빠로에게 밥하는 일을 맡아 달라고 부탁하면서 월급은 똑같이 주겠다고 제안했습니다. 우리는 둘 다 수락했습니다. 그러던 어느 날 저는 빠로의 외침 소리를 들었고, 달려가 보니 농장 주인이 빠로의 몸 위에 올라타고 앉아 그녀의 목을 조르고 있었습니다. 빠로를 구하기 위해 주먹으로 그의 머리를 쳤는데 그만 죽고 말았습니다. 그를 죽일 생각은 전혀 없었습니다. 다만 빠로를 구하고자 했던 것뿐입니다. 제 말은 모두 사실이고, 저는 경찰이 저를 두 사람의 살인자로 고발하거나 사형선고를 내리는 것에 대해서는 조금도 관심이 없습니다. 저는 빠로와 함께 이미 죽었습니다."

그의 눈에서 눈물이 흘러내렸다.

재판관이 말했다.

"고팔, 그대의 말을 믿는다. 하지만 빠로는 누구인가? 어떻게 해서 그녀와 만났는가? 나는 그대가 라자스탄 지방에서 베나레스로 왔다는 것을 안다. 그런데 빠로의 과거에 대해서는 아무것도 적혀 있지 않다. 그녀에 대해서 말해줄 수 있겠나?"

고팔이 말했다.

"빠로는 저의 전부였습니다. 그러나 저는 어떻게 그녀를 만났으며 그녀가 누구인지에 대해서는 말씀드릴 수 없습니다. 다만 우리가 만나고 헤어진 것이 모두 신의 뜻이었다고 말할 수 있을 뿐입니다."

재판관은 고팔의 말을 믿었지만, 그가 빠로에 대한 이야기를 하지 않자 의심이 생겼다. 그는 재차 묻고, 위협하고, 달래고, 몇 가지 방법으로 유도해 보았지만 헛수고였다. 마침내 그는 고팔에게 5년형을 언도했다.

고팔은 알라하바드 중앙감옥으로 이송되었다. 빠로의 죽음의 충격이 그의 온 존재를 흔들어 놓았다. 그는 매우 진지하고 초연하며 감정의 흔들림이 없는 사람이 되었다. 그는 음식이 오든 안 오든 개의치 않았다. 이따금 일을 하기도 했고, 그러다가 깊은 생각에 잠기곤 했다. 하지만 그가 악의 없는 사람이었기 때문에 간수들은 모두 그를 좋아했다.

고팔에게는 죄수들이 사용할 수 있도록 연못에서 물을 길어 물통을 채우는 일이 주어졌다. 힘든 일이긴 했지만, 신경쓸 것이 없어서 좋았다. 그는 체력이 강해서 하루 종일 양동이로 물을 길어 날랐다.

그렇게 2년이 흘렀다. 고팔은 이제 감옥 분위기에 익숙해져서 생활하는 데 아무런 문제가 없었다. 어느 날 그가 물을 긷고 있는데, 죄수복을 입고 발에까지 쇠사슬을 찬 키 큰 남자 하나가 다가왔다. 그 죄수는 고팔이 채워놓은 물통에서 물을 마신 다음, 돌아서며 물었다.

"나를 알아보겠나?"

고팔이 말했다.

"아니요. 저는 당신을 모릅니다. 저는 당신을 만난 적이 없고, 2년 동안이나 이 감옥에 있었습니다."

그 남자가 물었다.

"무슨 죄로?"

"살인이오. 나는 앞으로 3년을 더 살아야 합니다."

죄수가 깜짝 놀라며 말했다.

"살인이라니! 바즈라나트, 나를 쳐다봐라. 나는 족장이다. 나를 알아보겠느냐?"

고팔이 죄수를 유심히 쳐다보더니 외쳤다.

"아, 족장님! 어떻게 이곳까지 오셨습니까?"

족장이 말했다.

"3일 전에 이곳으로 이송되었다."

그리고 나서 준엄한 목소리로 말을 이었다.

"바즈라나트, 나에게 진실을 말하라. 네가 경찰에게 부족의 비밀을 말했느냐?"

고팔이 대답했다.

"아닙니다. 바즈라나트는 비밀을 지켰습니다. 바즈라나트와 빠로가 번 돈은 족장님의 비밀창고에 그대로 보관되어 있습니다. 그러나 바즈라나트는 죽었습니다. 저는 이제 고팔입니다."

족장이 말했다.

"빠로는 어디 있느냐? 그녀가 경찰에게 부족의 비밀을 말했느냐?"

"빠로도 죽었습니다. 그녀도 죽을 때까지 비밀을 지켰습니다. 저는 랑가나트와 그의 여자동료가 경찰차로 호송되는 것을 보았습니다. 제가 아는 것은 그게 전부입니다."

족장이 말했다.

"아, 이제야 모두 이해하겠다. 비밀을 누설한 것은 랑가나트 일행이었구나. 신께서 내가 또다른 죄를 짓는 것을 막아 주셨다. 바즈라나트, 나는 네가 비밀을 누설한 줄 알고 너를 만나면 내 손으로 죽이려고 결심했었다. 신께서 우리 두 사람을 구하셔서 이 단도로 너를 죽이지 않게 되었구나."

그가 가슴에서 꺼낸 작은 단도를 땅바닥에 버렸다.

고팔이 말했다.

"족장님은 이미 바즈라나트와 빠로를 죽였습니다. 하지만 고팔은 언제나 순결합니다."

족장이 말했다.

"들거라, 고팔. 나는 너를 친자식처럼 사랑했고, 부족을 위해 나의 후계자로 선택했었다. 이제 부족은 사라졌지만, 나는 아직도 너를 사랑한다. 나는 네가 자신의 맹세를 지키는 정직한 사람이라는 것을 안다. 잘 들어라. 너에게 내 인생의 비밀을 말해 주겠다. 나는 원래 그 집시 부족의 일원이 아니었다. 나는 나트 교단의 승려이며 지상에서 최고의 힘을 지닌 성자 '바바 순다르나트'의 제자이다. 철저한 금욕과 헌신적인 구도 덕분에 나는 몇 가지 능력을 얻었다. 그러나 나는 그 능력을 나의 세속적인 욕망을 채우는 데 이용하기 시작했다. 이 부족을 만났을 때, 그들은 나를 족장으로 받들었다. 나는 세속적인 욕망에 점점 더 깊이 빠졌고, 그 결과 마침내 여생을 감옥에서 보내게 되었다. 나는 이제 너무 늙었다. 나로서는 감옥 안에서 살든지 밖에서 살든지 별 차이가 없다."

그가 계속 말을 이었다.

"그러나 너는 아직 젊고, 또 3년 뒤면 바깥 세상으로 나갈 것이다. 그리고 누가 아느냐, 더 일찍 석방될지? 나는 세상을 두루 경험했다. 그래서 모든 세속적인 쾌락은 고통임을 알게 되었다. 나는 네가 이 고통에서 벗어나 평화를 얻게 되기를 바란다. 나는 초능력이라는 함정에 빠져 마음의 평화를 얻지 못했다. 나는 네가 나의 후계자로서 마음의 평화를 얻기를 바란다. 감옥에서 풀려나면 히말라야 산속에 있는 도시 '알모라'를 거쳐 산속 마을 '바게시와르'로 가거라. 그곳에 절이 하나 있는데, 초승달이 뜰 때면 그 절을 방문하는 나트 교단의 승려가 하나 있을 것이다. 그가 너에게 나의 스승 바바 순다르나트를 만나는 방법을 알려줄 것이다. 진심으로 바바 순다르나트를 숭배하면 결국에는 그분을 만나게 된다."

그때 간수가, "21번 죄수, 거기서 뭐하고 있는 거야? 어서 감방으로 가!" 하고 소리쳤다.

족장이 말했다.

"고팔, 아무래도 이것이 우리의 마지막 만남이 될 것 같다. 나는 내일 다른 곳으로 이송된다."

고팔은 남몰래 족장에게 절을 한 다음 다시 물을 길어나르기 시작했다. 족장은 땅바닥에 쇠사슬 끄는 소리를 내며 감방으로 돌아갔다.

고팔은 일을 하다가도 바바 순다르나트에 대한 생각에 빠지기 시작했다. 그는 자신의 과거를 전부 잊고, 미래에 대해 꿈꾸기 시작했다. 어떻게 하면 바바 순다르나트를 만날 수 있는가 하는 의문이 하루 종일 그의 마음속을 떠나지 않았다.

그가 자신의 생각에 너무 몰두해 있었기 때문에 더이상은 감옥에서 일을 할 수가 없었다. 간수가 교도소장에게 그 사실을 보고하여 고팔은 당장에 병원으로 옮겨졌다.

며칠 동안 고팔은 병원에 입원해 있었다. 의사는 고팔이 과거의 모든 기억을 잊었으며, 하루 종일 망각상태에서 지내기 때문에 석방해야 한다는 진단을 내렸다.

고팔은 2년이나 빨리 감옥에서 풀려 났다. 자유로운 거리로 나오자 그는 사람들과 자동차와 버스와 군중이 무척 무서웠다. 히말라야로 갈 생각에만 너무나 몰두해 있었기 때문에 그는 여러 번 차에 치일 뻔했다.

고팔은 빠로와 함께 사탕수수를 잘라서 번 돈을 법정으로부터 돌려받았다. 이제 그에게는 오직 한 생각밖에 없었다.

"히말라야의 알모라로 가자!"

그는 사람들에게 알모라 행 기차를 물었지만 아는 사람이 아무도 없었다. 그럴 수밖에 없는 것이, 알모라까지 가는 기차는 없었던 것이다.

그래서 고팔은 우선 열차를 타고 아무 곳으로나 가기로 했다. 요행히 기차가 델리에 닿았을 때 그는 바게시와르에서 오는 군인 한 사람을 만났다. 그 군인의 말에 따르면, 기차로 카트고담까지 가면 그곳에서 버스로 알모라로 갈 수 있으며, 거기서부터는 걸어서 바게시와르로 가면 된다는 것이었다.

자유로운 세상으로 나오자 고팔은 다시 건강이 좋아졌고, 자기 자신도 되찾았다. 알모라에 도착한 그는 걸어서 바게시와르로 향했다. 4~5일을 걸어서야 비로소 바게시와르에 도착했고, 그는 그곳에 있는 절에 머물렀다.

절의 주지는 선한 사람이었다. 주지는 어떤 승려를 찾는 젊은이에게 좋은 숙소를 제공했다. 그는 젊은이도 승려가 되려고 하는 모양이라고 생각했다.

초승달이 떠오른 날 자정쯤에 고팔이 절 현관에 나와 앉아 있는

데 한 승려가 절로 올라왔다. 고팔은 그 승려가 틀림없다고 생각하고 절문 밖으로 나가서 기다렸다. 승려가 다가오자 고팔은 그에게 절을 하며 말했다.

"스님, 저는 바바 순다르나트를 만나길 원합니다."

승려가 웃음을 터뜨리며 말했다.

"나도 그분을 만나길 원한다네. 그분을 만나려고 여러 차례 시도했지만, 내가 가까이 갈 때마다 그분은 사라져 버렸다네. 그분은 저 깎아지른 밧코트 산꼭대기에 있는 한 동굴에 살고 있다네. 그분은 이따금 그 산에 있는 어떤 절로 내려오는데, 그 절의 주지가 그분에게 쌀과 '기이'(버터 걸러낸 것)를 드리지. 그러면 그분은 다시 사라진다네. 나는 여러 번 그곳에 앉아 있었지만 그분을 만날 수가 없었네. 오늘밤에도 갈 예정인데, 나와 함께 가려면 꾸물거리지 말게. 나는 급하네. 3~4일이 걸리는 여행이네."

고팔은 그 절에 아무것도 놓아둔 것이 없어서 언제나 떠날 준비가 되어 있었다. 그들은 초승달의 희미한 빛을 받으며 어둠 속을 걸어 밧코트 산으로 출발했다.

3~4일 뒤에 그들은 그 절에 도착해 잠시 쉬었다. 그곳에서 얼마나 기다려야 할지는 몰랐다. 절에는 주지도 없고, 절문도 닫혀 있었다.

그 절은 너무나 후미진 곳에 있어서 사람들이 거의 찾아오지 않았다. 그래서 주지 역시 그 절에 오는 것을 별로 내켜하지 않았지만, 초하룻날이나 보름날, 경축일일 경우엔 와야 했다. 그런 날이면 승려들과 주민들이 그 절에 모셔둔 신을 예배하기 위해 찾아오곤 했기 때문이다.

고팔은 명상이나 예배에 대해서는 아무것도 몰랐다. 그는 동행한 승려가 눈을 감고 앉아 있는 모습을 여러 번 보았다. 또 그가 염불하는 소리도 들었다. 그러나 고팔의 마음은 오로지 바바 순다르나트를 만나는 일에만 몰두해 있었다. 마음속으로 그를 그려 보기까지 했다. 고팔은 그와 대화도 했으며 그에게 경배도 했다. 그는 이렇게 명상을 했다. 다른 사람은 알 수가 없었지만, 그 명상은 진실했다.

승려가 말했다.

"젊은이, 우리는 이 절에 함께 왔네. 하지만 이제부터는 길이 서로 다르다네. 나는 보름달이 뜰 때까지 저쪽 끝방에 앉아 있겠네. 바바 순다르나트는 보름날 밤에 쌀과 기이를 얻으러 이 절에 오기로 되어 있네. 자네는 마을에 가서 음식을 얻든지, 아니면 뭐든지 마음대로 하게. 바바 순다르나트를 만나길 원한다면 보름날 이 절로 오게. 내가 방 안에 앉아 있는 동안은 절대로 들어오지 말게. 나는 몇 가지 비밀스런 수행을 할 테니까."

고팔은 그의 말을 충분히 이해하지는 못했으나, 그 방에 가서는 안 되며 그의 명령에 복종해야 한다는 것 정도는 알아들었다.

그 승려는 바바 순다르나트의 은총으로 초능력을 갖게 되기를 원하고 있었다. 그는 바바 순다르나트를 만나려고 여러 차례 시도했지만, 바로 그 욕심 때문에 매번 실패했다. 그래서 이번에는 어떻게든 그를 만나려고 미리부터 와서 진을 치고 있는 것이었다.

고팔은 단순히 바바 순다르나트를 만나게 되기만을 바라고 있었다. 그는 그에게 부탁해 무엇을 얻겠다는 생각이 전혀 없었다. 그는 단지 평화의 길을 알고자 했다. 그래서 그는 닫힌 절문 앞에 앉아 있었다.

그는 오로지 바바 순다르나트 생각뿐이었다. 아주 깊은 산속이라서 밤이면 표범이 으르렁거리며 절 쪽으로 다가오고, 부엉이들이 우는가 하면, 박쥐떼가 머리 위에서 날개를 치며 날아다녔다. 그래도 그는 온 생각을 바바 순다르나트에게 집중하고 아주 고요히 앉아 있었다.

그런데 한밤중에 갑자기 저절로 절문이 열리면서 어떤 빛의 형체가 나타났다. 그 빛이 너무 눈부셔 고팔은 그만 기절하고 말았다.

정신을 차려 보니 고팔은 어느새 어떤 동굴 속에서 바바 순다르나트 앞에 앉아 있었다. 바바 순다르나트의 모습은 그가 족장의 이야기를 들은 후부터 언제나 마음속에 그려온 모습과 너무나 똑같았다.

고팔은 눈물을 흘리며 그의 발을 붙들고 말했다.

"성자님, 저는 죄인입니다. 저는 좋은 일을 한 적이 없습니다. 저는 도둑이고, 사기꾼이고, 살인자입니다. 저는 신께 어떻게 예배를 드리는지도, 어떻게 명상하는지도 모릅니다. 그러나 성자님에 대한 이야기를 들은 바로 그날부터 저는 단 한 순간도 성자님을 잊은 적이 없었습니다."

여러 해 동안 지켜온 침묵을 깨며 바바 순다르나트가 말했다.

"고팔, 너의 삶에서 일어난 모든 일은 환상에 불과하다. 나는 네가 집시 부족에 있었던 것을 안다. 농장 주인을 살해하고 감옥생활을 한 것도 안다. 그 모든 일은 운명이 너를 이곳까지 데려오기 위한 과정이었다. 본디 너의 부모는 너에게 '만 씽그'라는 이름을 지어 주었고, 한 여인이 너에게 '고팔'이라는 이름을 주었으며, 부족은 너를 '바즈라나트'라고 불렀다. 하지만 너는 이들 중 그 누구도 아니다. 너는 전생에 내 제자였고, 너의 이름은 '람나트'였다. 빠로는 집착하는 마음이 무엇인가를 보여 주기 위해 너의 인생에 끼여

든 것이며, 그녀의 죽음을 통해 너는 집착에서 떠나 초연해지는 법을 배웠다. 그녀가 너의 인생에 나타나지 않았다면 너는 집착과 초월을 이해하지 못했을 것이다. 이제 눈을 감고 네 자신을 '람나트'라고 명상해 보아라."

고팔은 스승의 명령에 따라 깊은 무아지경으로 들어갔다. 그는 네팔의 어떤 계곡에서 람나트가 스승과 함께 살고 있는 모습을 분명히 보았다. 그들의 주변에 대나무숲이 우거져 있는 것도 보았다. 바나나와 야자나무가 곳곳에서 자라고 있었다. 얼마나 오랫동안 무아지경에 빠져 있었는지는 아무도 모른다.

제정신으로 돌아온 그가 스승의 발 아래 엎드려 절하고 말했다.

"스승님, 이제 제가 람나트라는 것이 기억납니다. 저는 지금까지 꿈 속에서 살아왔고, 여러 사람으로 행동해 왔습니다. 그런데 스승님께서 그 무지의 잠에서 저를 깨워 주셨습니다."

바바 순다르나트의 은총으로 그는 전생에서의 높은 의식상태를 되찾았다. 아침 태양의 햇살을 받아 연꽃이 꽃봉오리를 열 듯이 그의 모든 초자연적인 능력이 꽃피어났다.

바바 순다르나트가 말했다.

"람나트여, 이 능력들이 바로 윤회와 고통의 원인이다. 전생에서 너는 이 능력들 때문에 자신을 망쳤다. 그래서 한 인생에서 여러 삶을 살게 된 것이다. 이제 너는 이 능력들에 초연하게 처신하는 방법을 배웠다. 인생의 최종적인 목적은 평화를 얻는 것이며, 그 상태가 바로 신의 상태이다. 신비한 능력이라는 것은 평화 속에 거주하는 성자의 그림자에 불과하다. 그러나 신비한 능력만을 추구하는 사람은 능력의 노예가 되고 만다."

보름날이 되자 절의 주지가 도착했고, 마을 사람들도 전부 그곳으로 모였다. 그 승려도 바바 순다르나트를 만나기 위해 절에 앉아 있었다.

그런데 사람들은 바바 순다르나트 대신 젊고 잘생긴 성자가 동굴에서 내려오는 것을 보았다. 젊은 성자는 절로 내려와서 바바 순다르나트가 사용하던 밥그릇을 내밀었다. 주지는 그 그릇에 쌀과 기이를 가득 채워 주고 나서 큰 소리로 외쳤다.

"바바 순다르나트 님께서 젊은 사람의 모습으로 몸을 바꾸셨다. 보라, 얼마나 아름다운 얼굴인가!"

람나트는 평화롭게 몸을 돌려 동굴로 날아오르기 시작했다. 람나트가 돌아가는 것을 보고 모두가 외쳤다.

"바바 순다르나트 님은 불사(不死)의 존재시다. 그분은 사람들을 돕기 위해 몇백 세를 이 지상에서 살아가신다."

그 승려도 젊은 성자를 보았다. 그는 생각했다.

'저 사람은 나와 함께 이곳에 온 사람인데, 그렇다면 지금까지 내가 바바 순다르나트와 함께 있었단 말인가? 그가 변신한 모습으로 내 앞에 나타났단 말인가?'

그는 너무 흥분해서 큰 소리로 외쳤다.

"나는 그분을 만났다! 드디어 나는 그분을 만났다! 나는 그분을 만났다!"

그는 날듯이 뛰고 춤추며 바게시와르로 돌아가면서 줄곧 외쳤다.

"나는 그분을 만났다! 드디어 그분을 만났어!"

사람들은 거리에서 한 승려가 춤추듯 뛰어다니며 "나는 그분을 만났다! 나는 그분을 만났다!" 하고 외치는 소리를 들었다.

어떤 이는 이렇게 말했다.

"저 사람은 정말로 그분을 만난 거야."

또 어떤 이는 이렇게 말했다.
"저 사람 드디어 미쳐버렸군."

내면의 소리

이제 이 동굴은 그대의 것이다.
그대는 내면의 소리에 자신을
더욱 완벽하게 조화시켜야 한다.
우리는 이 동굴을 떠나 다른 곳으로 가겠다.
우리에게는
세상 전체가 동굴이고 밀림이다.

람딘의 아버지는 불과 열다섯 살 때 데라둔 근처의 골짜기로 내려왔다. 아마도 바깥 세상을 경험하려고 깊은 산골 마을의 고향집에서 도망친 듯했다. 그는 글자도 몰랐던 탓에 농장의 일꾼으로 먹고살 도리밖에 없었다.

하루에 여덟 시간을 꼬박 일하면 주인은 그에게 고작 하루에 두 끼의 음식을 주었다. 그것말고는 대가가 없었다.

그렇게 몇 해가 흐른 어느 날, 그는 농장에서 여자 일꾼 하나를 만났다. 그들은 첫눈에 반해 얼마 안 가서 결혼을 했다. 그 여자는 영리했기 때문에 남편이 품삯도 없이 일해 왔다는 것을 알고는, 앞으로 농장에서 일을 할 때는 품삯을 받으라고 말했다.

그는 매우 부지런했기 때문에 농장 주인들은 그를 놓치고 싶지 않았다. 그래서 그들은 품삯 대신 그에게 쓸모없이 버려져 있던 작은 땅 한 뙈기를 주었다. 그 땅은 쓸모가 없어 쓰레기를 쌓아놓던 곳이었다.

그와 아내는 그 땅에 오두막을 짓고 행복하게 살기 시작했다. 그들은 젖을 짜기 위해 염소를 한 마리 샀다. 염소는 그들과 한 식구가 되어 오두막 안에서 함께 살면서 지푸라기와 나뭇잎으로 만든 잠자리에서 함께 잠을 잤다.

신의 은총으로 여자가 임신을 하여 달이 차자 귀여운 사내아이를 낳았다. 그들은 아이의 이름을 '람딘'이라고 지었다. 그 이름은 '라마 신[1]의 선물'이라는 뜻이었다. 람딘의 아버지는 학교 문 앞에도 가본 적이 없는 사람이었다. 이제 그는 만일 자신이 학교를 다녔더라면 지금쯤 하찮은 품팔이 일꾼보다는 더 나은 존재가 되었을 것이라고 후회하게 되었다.

아들이 똑같은 잘못을 되풀이하게 해서는 안 된다고 생각한 그는 아들을 학교에 보내기로 결심했다. 공부를 시켜 놓으면 남들보다 훨씬 많은 돈을 벌지 누가 아는가? 그는 늘그막에는 자기가 부자 아들을 둔 아버지가 되어 있을지도 모른다고 생각했다. 그래서 그는 람딘에게 모든 희망을 걸었다.

람딘은 무럭무럭 자라났다. 람딘이 예닐곱 살쯤 되었을 때 그의 아버지는 람딘을 학교에 보내기 위해 무척 애를 썼지만, 너무 가난해 등록금은커녕 책이나 옷을 사 입힐 돈조차 없었다. 그래서 키우던 염소들 중에 람딘에게 젖을 짜먹일 한 마리만 남기고 모두 팔았다. 그러나 겨우 세 식구가 옷 한 벌씩 사 입을 돈만 생겼을 뿐

---

[1] — 힌두교 최고의 신 비쉬누의 화신.

이었다.

람딘의 아버지는 지금까지도 옛날에 땅 한 뙈기를 준 감자농장 주인들을 위해 돈 한푼 받지 않고 일을 해주고 있었다. 그 땅은 그가 평생 일할 품삯 대신이었던 것이다.

람딘의 아버지는 아들이 학교에 다니지 못해 자신처럼 농장 일꾼으로 평생을 보낼까봐 걱정하기 시작했다. 그는 읍내로 나가 누군가로부터 학비를 꾸어야겠다고 결심했다. 아들이 학교만 졸업한다면 이 모든 가난이 끝나리라고 굳게 믿은 그는, 아들의 교육을 위해서라면 어떤 고난도 참고 견디는 것이 지혜라고 생각했다.

그는 돈을 꾸어줄 사람을 찾기 위해 데라둔 시내로 나갔다. 그는 한 부잣집을 찾아가 아들이 졸업하고 취직을 하면 갚는다는 조건으로 돈을 좀 빌려달라고 사정했다.

부자는 그를 비웃으며 이렇게 말했다.

"자네는 정말 어리석군. 자네 아들도 자네처럼 어리석을지 어찌 알겠나? 자네는 가난한 사람으로 태어났고, 자네의 아들도 마찬가질세. 세상에는 부자들에게 봉사할 가난한 사람들이 필요해. 그러니 어서 돌아가 일이나 하고 아들을 학교에 보내겠다는 생각일랑 단념하게."

람딘의 아버지는 매우 슬펐다. 그는 읍내에서 돈을 구하지 못하고 당시 데라둔에 유행하고 있었던 콜레라만 얻어 돌아왔다. 그는 집에 돌아오자마자 죽었고, 그의 아내 역시 전염이 되어 얼마 후에 남편을 따라 죽고 말았다.

부모가 죽자 람딘은 찌든 가난을 포함한 모든 재산을 물려받았다. 때마침 염소가 새끼를 두 마리 낳아 다시 네 식구가 되었다.

람딘은 불과 아홉 살밖에 안 되었지만, 가난이 그에게 자신의 힘으로 살아가야 한다는 것을 가르쳐 주었다. 많은 사람들이 콜레라에 걸려 죽었기 때문에 어디서나 일꾼이 부족했다.

람딘의 아버지가 평생 동안 일해준 감자농장 주인들 가운데 하나도 콜레라에 아내를 잃었다. 그는 일꾼이 몹시 필요했기 때문에 당장에 람딘을 불러 그의 아버지가 일했던 것과 똑같은 조건으로 농장에서 일하게 했다.

아내를 잃은 슬픔을 아는 농부는 람딘의 처지를 딱하게 여겨 람딘에게 매우 친절하게 대해 주었다. 그러나 어떤 때는 람딘의 아버지가 콜레라를 옮아왔기 때문에 아내가 죽은 것이라고 저주를 퍼붓기도 했다.

람딘이 키우는 염소들은 아침이면 저희들끼리 숲속으로 가서 풀을 뜯다가 저녁이면 집으로 돌아왔다. 그래서 염소는 걱정할 필요가 없었고, 농부가 옷과 음식을 모두 제공했기 때문에 람딘은 전혀 부족할 게 없었다. 그는 서서히 부모도 잊어갔다.

4~5년이 지나자 람딘은 세상에 대해 좀더 깊이 생각하기 시작했다. 하지만 람딘에겐 농장 주인이 친아버지나 다름없었고, 또 어떤 때는 그가 아버지에게서 자신을 하인으로 산 것이나 마찬가지이기 때문에 평생을 그 농장에서 일해야만 한다고 생각했다.

그 사이 농장 주인은 아름다운 여인과 재혼하여 사별의 고통을 잊었다. 하지만 그는 열여섯 살 된 예쁜 딸을 볼 때마다 죽은 아내가 생각나 슬퍼졌다.

날카로운 눈을 가진 새 아내는 그의 슬픔을 곧 알아차렸다. 그녀는 그의 딸 '수로차나'를 질투하기 시작했다. 수로차나는 아름다울 뿐 아니라 매우 영리했다. 그녀는 아버지보다 감자를 더 잘 팔았다.

농부는 수로차나를 매우 자랑스럽게 여기고 끔찍이도 아꼈다. 아내 역시 아름답긴 했으나 그리 부드러운 성격은 아니었다. 그녀는 신경질이 많아서 수로차나와 아버지가 대화를 나누는 것조차 참지 못했다. 농부는 그 사실을 알고 두 사람을 떼어놓기 위해 수로차나를 읍내에 감자를 팔러 보내곤 했다.

그래서 수로차나와 계모는 하루 종일 얼굴이 마주칠 기회가 별로 없었다. 계모가 그녀를 공격할 수 있는 유일한 시간은 그녀가 집으로 돌아와 저녁을 먹는 시간이었다.

계모는 음식에 고춧가루와 소금 등을 마구 넣어 그녀를 괴롭혔다. 그래서 그녀가 간이 맞지 않는다고 불평하면 마구 소리를 지르곤 했다.

"내가 만든 음식에 투정을 부리다니! 나는 온종일 혼자 집에서 일을 하는데, 그 대가가 고작 이거냐?"

수로차나가 음식을 남기기라도 할라치면 계모는 또 이렇게 소리쳤다.

"너는 읍내에서 잘 먹는 모양이로구나. 그러니 집에서야 입맛이 없겠지. 너는 돈을 한푼도 쓸 권리가 없다는 사실을 알아야 돼. 읍내에서 과자나 좋은 음식만 먹는 습관을 길렀으니 집에서 한 음식이 맛있을 리가 없지. 그러면서도 너는 언제나 온갖 음식만 찾는 네 입을 탓하지 않고 내 음식이 나쁘다고 탓할 거냐? 나는 그런 식으로는 너의 비위를 맞출 수가 없다."

농부는 알면서도 아내의 잘못이라고 말할 수가 없었다. 딸의 역성을 든다고 더 큰 싸움을 걸어올까봐 두려웠기 때문이다. 그는 하루 종일 힘든 일을 하고 돌아와 아무 잘못 없이 욕을 먹는 딸을 보는 것이 큰 고통이었다. 가능하면 둘 사이를 떼어놓고 싶었지만, 어느 한쪽을 내보낼 수도 없는 노릇이었다.

수로차나는 이제 겨우 열여섯이라 아직은 시집을 보내기에도 이른 나이였다. 그렇다고 남의 집에 가서 살게 할 만큼 준비가 넉넉히 되어 있는 것도 아니었다. 농부는 매우 부끄러웠다.

처음에는 람딘을 마음에 들어했던 그의 아내는 남편이 전처와 람딘의 부모가 비슷한 시기에 콜레라로 죽었다는 이유 때문에 람딘을 무척 동정하고 있다는 사실을 알고는 그 역시 질투하기 시작했다. 그녀는 람딘이 들판에서 일만 하는 일꾼이니 집 안에 들어와서는 안 된다고 주장했다. 그는 식사를 하거나 주인의 방을 청소하러 매일 집 안을 들락거렸던 것이다.

이제 람딘은 집 안에 발을 들여놓을 수가 없었다. 그러니 자연히 농부의 아내가 할 일이 늘어났고, 그녀는 더욱 신경질적이 되었다.

시간이 흘러 이제 람딘은 열아홉 살이 되었다. 그는 농부의 아내가 질투심이 강하다는 사실을 알고 일부러 그녀를 멀리했다. 저녁을 먹고 나면 그는 오두막으로 돌아가 염소들을 돌보거나 집 안을 수리하곤 했다. 이따금 집 주변의 땅을 일구기도 했다.

어느 날 아침 람딘은 농장으로 가 주인집 마당에 앉아 있었다. 그때 수로차나가 눈물을 흘리며 집 안에서 나오는 것이 보였다. 람딘이 일어나 그녀에게 뭐라고 말을 하려는 순간, 농부의 아내가 남편의 손을 잡아끌고 나오면서 이렇게 소리쳤다.

"이제 충분해요! 나도 참을 만큼 참았어요! 더이상 이 집에서 살 수가 없어요. 당신은 아무 말도 하지 않지만 마음속으로는 언제나 딸 편을 들고 있다는 것을 알아요. 저년은 언제나 내가 만든 음식을 트집잡고, 나에게 말도 하지 않고, 심지어는 나를 똑바로 쳐다보지도 않아요. 그리고는 오로지 남자들을 만나러 읍내로 갈 생각밖에 하지 않으니, 저렇게 품행이 나쁜 년하고는 한집에서 살 수가 없어요. 저년은 창녀보다 나을 게 하나도 없어요!"

농부의 참을성도 한계에 달했다. 그가 소리쳤다.

"닥쳐! 당신은 언제나 아무 증거도 없이 저애를 비난하고 있어!"

그의 아내가 당장 대들었다.

"어떤 증거를 원하죠? 저년이 밖으로 나오자 이 람딘놈이 기다리고 있던 게 보이지 않는단 말예요? 저년을 보자마자 저놈은 얼른 자리에서 일어났어요. 만일 내가 뒤따라 나오지 않았다면 둘이 무슨 짓을 했을지 누가 알아요? 나는 뼈대있는 집안에서 자랐어요. 아버지가 엄해서 혼자서는 집 밖으로 한 걸음도 나간 적이 없어요. 그런데 당신 딸은 혼자서 읍내로 나가 하루 종일 사람들과 노닥거린단 말예요. 그런데도 저년이 순결하고 순수하다고 주장하시는 건가요?"

농부는 수로차나와 람딘을 바라보았다. 그의 눈에서 눈물이 흘러내렸다. 그는 이제 수로차나가 처녀가 다 되었다는 사실을 깨달았다. 머지 않아 그녀는 결혼을 하여 이 집을 떠나갈 것이었다.

그는 생각했다.

'만일 내가 아내의 잘못이라고 주장한다면 아내는 집을 나가 다시는 돌아오지 않을지도 모른다. 그렇게 되면 나는 두 사람 다 잃게 되겠지.'

그는 침묵을 깨고 아내와 수로차나가 더이상은 한집에서 살 수 없다고 말했다. 둘 중 한 사람이 집을 나가야 한다는 뜻이었다.

"지금 당장 결정해야 돼요. 더이상 어떤 변명도 듣고 싶지 않아요. 만일 당신 딸이 아무 잘못도 없다고 한다면 둘이서 행복하게 사세요. 나는 친정으로 돌아갈 테니."

농부는 람딘을 바라보며 말했다.

"람딘, 자네 아버지와 나는 어렸을 때부터 함께 일을 했네. 그는 부지런하고 정직한 사람이었어. 그건 자네도 마찬가지야. 난 자네가 내 딸 수로차나와 결혼해 주길 바라네. 내가 땅을 조금 더 떼어 줄 테니 행복하게 살 수 있을 걸세."

이 말을 들은 그의 아내는 매우 기뻤으나 이렇게 말했다.

"당신 딸을 람딘에게 시집보내는 것은 좋아요. 하지만 땅은 한 뼘도 줄 수가 없어요. 옛날에 준 것으로도 충분해요."

농부가 말했다.

"그렇다면 수로차나와 람딘이 결혼하는 것은 찬성한다는 거요?"

그녀가 말했다.

"그래요. 하지만 수로차나가 일단 이 집을 떠나면 영원히 떠나는 거예요. 람딘도 더이상 이곳에서 일을 하면 안 돼요. 난 저 녀석 얼굴은 보기도 싫어요. 저놈은 아침마다 개처럼 어슬렁거리며 와서는 집 뒤에 숨어 당신 딸의 얼굴만 훔쳐본단 말예요. 어서 저 둘을 결혼시켜 나를 편안하게 해주세요."

농부는 그녀가 그렇게 터무니없이 화를 내고 질투하는 것이 못마땅했지만, 더욱 화를 낼까 두려워 그녀의 말에 동의할 수밖에 없었다. 바로 그날, 수로차나와 람딘은 결혼을 했다. 친척도, 친구도, 이웃도 초청하지 않았다.

농부는 딸과 람딘이 오두막에서 살게 되면 먹을 것이 아무것도 없다는 사실을 잘 알고 있었다. 그래서 그는 큰 자루에 감자를 가득 담아 길 중간의 숲에 숨겨놓고 람딘에게 그 자루를 가져가라고 몰래 말했다. 그리고 수로차나의 어머니가 유산으로 남긴 옷과 보석들을 가방에 넣어 수로차나에게 주었다.

식사를 하고 떠날 준비가 되자 수로차나는 어머니의 물건이 담긴 가방을 가지러 방으로 갔다. 그러나 가방은 이미 그곳에 없었다. 여기저기 찾아 보았으나 흔적도 없이 사라져 버렸다. 그녀는 아버지에게 그 사실을 말하지 않고 그냥 행복한 마음으로 새 집을 향해 출발했다.

수로차나의 아버지는 그들 두 젊은이를 몹시 사랑했는데, 이제 두 사람은 영원히 떠나가고 있었다. 그는 그들의 모습이 보이지 않을 때까지 눈물을 흘리며 배웅했다.

그의 아내는 기뻤다. 남편이 밤새 바깥에 서서 그들을 배웅하든지 말든지 상관할 바가 아니었다. 그녀는 집 안으로 들어가 마치 전쟁에서 이긴 것처럼 안도의 한숨을 내쉬었다.

람딘은 길을 가다가 숲에 이르러 감자가 담긴 자루를 꺼냈다. 자루에는 두 사람이 최소한 보름 동안은 먹을 감자가 들어 있었다.

집에 도착했을 때는 완전히 어두워진 시각이었다. 불을 켤 준비도 안 되어 있었고, 불을 지필 도구조차 없었다. 람딘이 유산으로 물려받은 것이라고는 냄비 하나뿐이었다. 그 냄비는 벽에 걸려 있었는데 부모가 죽은 이후로 너무 오랫동안 사용하지 않아 거미줄과 먼지가 가득했다.

오두막에는 염소가 우글거렸다. 사실 그 오두막의 주인은 염소들이었다. 염소들이 모든 장소를 차지하고, 람딘은 여름 동안 거의 대부분을 바깥에서 잠을 잤다. 그러나 이제 결혼을 했으니 집이 필요했다.

그날 밤은 대충 잠을 잔 뒤 이튿날 아침, 수로차나는 일찍감치 일어나 염소를 밖으로 몰아냈다. 그리고 구석구석 청소를 한 뒤에 실내 한복판에 불을 지폈다. 그리고 나서 감자를 몇 개 구웠다.

자리에서 일어난 람딘은 오두막이 완전히 탈바꿈한 것을 보았다. 감자를 먹고 나서 그가 말했다.

"수로차나, 우리는 이제 하루 종일 무엇을 하며 보내지? 나는 더 이상 당신 아버지의 농장에서 일을 할 수도 없고, 여기서는 할 일도 없어."

그가 불안에 휩싸여 말을 이었다.

"보름 동안은 이 감자로 먹고살 수 있겠지만 그 다음은 어쩌지?"

수로차나가 말했다.

"이 감자는 먹을 게 아니에요. 우리 아버지에게서 받은 유일한 재산이니까요."

그녀는 그에게 염소를 팔아 음식을 사오라고 했다. 하지만 람딘은 사고 파는 것을 전혀 알지 못했다. 그래서 수로차나는 그에게 숫염소 몇 마리를 고르게 한 뒤 함께 읍내로 갔다.

람딘은 생전 처음 시장 구경을 했다. 그는 수많은 군중과 여러 가지 물건을 사고 파는 상인들을 보고 매우 흥분했다. 장사에 소질이 있는 수로차나는 한 장소에 염소들을 데리고 앉아 있고, 람딘은 돌아다니며 구경을 했다. 그가 돌아와 보니 염소가 다 팔린 뒤였다. 수로차나는 좋은 값에 염소를 팔 수 있었다. 그들은 그 돈으로 옷과 음식과 그릇들을 사 가지고 집으로 돌아왔다.

이제 람딘은 할 일이 대단히 많다는 것을 깨달았다. 염소우리를 새로 만들고, 땅도 일구고, 거름으로 쓸 염소똥도 모아야 했다. 일할 생각을 하니 그는 신이 나서 잠이 오지 않았다.

아침 일찍 일어나 그는 땅을 일구기 시작했다. 그는 체격이 좋았고 농사경험도 풍부했다. 이제 감자 싹을 심을 시기였다. 그래서 둘은 열심히 일했다. 여러 해 동안 경작하지 않고 묵어 있던 그 땅에는 염소똥이 수북이 쌓여 있었다. 수로차나와 람딘은 땅을 깊이 파고 돌멩이를 모두 치워냈다. 보름 동안 열심히 일해서 감자를 심을 수 있도록 땅을 바꾸었다. 이제 아주 빨리 자라는 염소들을 위해 우리를 만드는 일이 남았다.

수로차나는 필요할 때면 돈을 빌려줄 읍내 사람들을 몇 명 알고 있었다. 그렇게 여섯 달이 지나자 감자를 수확할 때가 되었다. 감자는 알이 굵고 양도 대단했다.

수로차나는 감자를 팔아 그동안 빌려쓴 돈을 모두 갚고도 많은 돈을 저축할 수 있었다. 그들은 경작하지 않고 있던 땅을 더 일구었다. 수확은 매년 늘어만 가서 그들은 매우 부자가 되었다.

사람들은 람딘이 3년 만에 땅을 두 배로 늘린 것을 알고는 다들 놀라워했다. 게다가 읍내에 사는 모든 사람들이 그를 신뢰했으며, 언제라도 그를 도와줄 자세가 되어 있었다.

수로차나의 계모는 그들이 잘산다는 소리를 듣고 질투심이 솟았다. 그녀는 남편이 몰래 딸에게 감자 수확을 빼돌린 것이라고 의심했다. 손바닥만한 땅에서 그렇게 많은 양의 감자를 수확한다는 것은 불가능했기 때문이다.

어느 날 남편이 쉬고 있을 때 그녀가 가까이 다가가 말했다.

"당신 딸이 감자농사를 해서 돈을 많이 벌었다는 소문을 들었어요. 3년 만에 당신이 번 것만큼 벌었대요."

농부가 말했다.

"아, 그 소문은 진짜요. 그애들은 정말 부지런한 일꾼들이지. 당신도 내 딸이 장사에는 전문가라는 사실을 알지 않소. 그애가 파는 감자는 다른 사람들 것보다 훨씬 비싸게 팔린다오. 감자의 맛이나 모양이나 크기에서 그애들의 감자를 능가할 감자는 없지. 자연히 사람들이 그애들의 감자를 먼저 사기 마련이니 못 팔아서 썩는 감자도 없고 말이오. 게다가 그애들은 남들보다 훨씬 먼저 감자를 수확해서 시장에 판다오. 내 생각엔 그곳이 다른 곳보다 따뜻하고, 또 필요할 때면 언제나 물을 끌어다 쓸 수 있는 곳이기 때문에 수확이 빠른 것 같소."

그의 아내는 그 말을 전혀 믿지 않았지만 믿는 것처럼 가장해서 말했다.

"그애가 잘 산다니 나도 기뻐요. 어쨌든 그애는 내 딸이고, 한 식구 아니겠어요? 나도 그애가 행복하길 바래요."

농부는 이제 아내의 마음이 바뀌었다고 생각하고 내심 기뻐했다.

"세상은 참으로 공평한 법이오. 우리는 그애들에게 아무것도 준 것이 없는데. 보시오, 지금 그애들은 모든 것을 다 갖게 되지 않았소? 내년쯤엔 아마 새 집을 지을 거요. 언젠가는 우리가 그애들을 초대할 날이 있겠지."

아내는 울화통이 터졌지만 미소를 지으며 말했다.

"아, 그래요. 언젠가는 우리도 그애들을 방문할 날이 있겠지요."

이제 그녀는 남편이 딸에게 매년 감자 수확을 나누어주고 있다는 의심이 더욱 짙어졌다. 하지만 더이상 아무 말도 하지 않고 자기 방으로 돌아갔다.

바로 그날 밤, 남편이 깊이 잠든 틈을 타 그녀는 밖으로 나갔다. 대단히 화가 나 있던 그녀는 질투 때문에 견딜 수가 없었다. 그녀는 수로차나를 지상에서 영원히 제거해 버려야겠다고 결심했다. 하지만 잘못했다가는 람딘에게 붙잡혀 매를 맞을까 두려웠다.

그래서 그녀는 다른 수단을 써서 그들을 없애버리려고 마음먹었다. 한밤중에 그들이 사는 곳으로 찾아간 그녀는 그들의 오두막집과 염소우리에 불을 지르고 재빨리 돌아와 잠자리에 들었다.

오두막집과 염소우리는 나무와 지푸라기 따위로 지어진 것이었기 때문에 화약고처럼 활활 타버렸다. 염소들도 전부 타죽었다. 하지만 람딘과 수로차나는 불타는 오두막집에서 간신히 빠져나올 수 있었다. 몸에는 겨우 속옷만 걸친 상태였다. 다른 것은 모두 불에 타버렸다. 씨감자로 남겨둔 것까지도.

모든 것이 불타 버리자 허망해진 람딘은 바위에 앉아 울음을 터뜨렸다. 수로차나도 슬프긴 마찬가지였지만 용기를 내어 말했다.

"이제 여기에는 남은 게 없어요. 우리 다른 곳으로 가서 다시 시작해요. 밀림 속에는 성자들이 많이 살고 있는데, 그들은 과일이나 나무뿌리, 열매를 먹고 산대요. 잠은 동굴 속이나 나무 아래서 자고, 아무것도 소유한 것이 없으면서도 아무 걱정 없이 산대요. 참으로 행복할 거예요. 우리 그렇게 사는 게 어때요?"

람딘도 찬성했다.

"우린 이제 아무 일도 할 수가 없어. 살 곳도 없고 염소도 다 죽었어. 먹을 것도, 돈도 없고, 씨감자마저 불타 버렸어. 모든 것이 사라졌어! 게다가 당신의 아버지도 우리를 농장에서 일하도록 해주지 않을 거야. 나는 원래 가난한 집에서 태어났고 언제나 힘든 일을 하며 살아왔기 때문에 숲속의 나무 밑이나 동굴 속에서 사는 것이 하나도 어렵지 않아. 하지만 당신은 늘 풍족한 생활을 해왔어. 필요한 것은 언제나 구할 수 있었어. 그런데 이제 와서 당신이 도인들 같은 생활을 해낼 수 있을까 염려가 돼. 내 생각에는 당신 아버지께서 틀림없이 당신을 받아들여 줄 거야. 우리에게 닥친 상황을 잘 이해하실 테니까. 하지만 나는 더이상 그곳에 갈 수가 없어. 당신 계모는 당신보다 나를 훨씬 더 미워하니까. 그 여자는 나를 사람 취급도 하지 않을 거야!"

수로차나가 말했다.

"지금은 그런 이야기를 하고 있을 때가 아니에요. 누구나 환경에 적응하기 마련이에요. 산속의 성자들이라고 해서 전부 가난한 집안에서 태어난 것은 아니에요. 개중에는 신발 없이는 생전 땅 한 번 딛지 않은 왕자들도 있어요. 그러니 아침해가 떠오르기 전에 그곳으로 떠나요. 이렇게 속옷만 걸치고 있다가 사람들 눈에 띄면 곤란하니까요."

람딘은 더이상 아무 말도 하지 않고 산을 향해 떠났다. 수로차나가 그 뒤를 따랐다.

람딘의 오두막은 마을에서 십리도 넘게 떨어진 외딴 곳에 위치해 있었다. 게다가 산등성이에 가려져 있었기 때문에 아무도 그들에게 일어난 일을 알지 못했다.

몇 달이 흐른 뒤 수로차나의 아버지가 말했다.

"수로차나의 소식을 듣지 못한 지가 꽤 되었어. 이따금 읍내에서 마주치곤 했었는데 통 나타나지 않아. 감자수확 준비를 하느라고 바빠서 그런 것 같기도 한데, 걱정이 되는군. 아무래도 그애들이 사는 곳에 가봐야겠어."

그의 아내가 말했다.

"그애들은 가난하지 않아요. 이제 돈을 충분히 벌었기 때문에 더 이상 당신을 만나지 않아도 될 거예요. 그리고 당신도 나 몰래 그애들에게 많은 감자를 주었으니까요! 아마 지금쯤 새 집을 짓느라고 부산할 거예요. 나는 이제 화가 나거나 질투심이 생기지 않아요. 우리 둘이서 그애들을 방문하면 어떨까요?"

그의 아내가 질투심이 사라졌다는 말을 듣고 농부는 기쁨으로 가득 차서 말했다.

"여보, 나는 늘 당신이 언젠가는 수로차나를 딸자식으로 받아들일 것이라고 믿었는데, 마침내 그때가 와서 기쁘오. 우리 내일 그애들을 방문합시다. 그리고 그애의 어머니가 물려준 옷과 보석도 갖다 줍시다. 결혼식날 그애더러 가져가라고 일렀는데, 어쩌다가 잊고 간 모양이오. 며칠 전 당신의 옷장을 보니 그 안에 그 보따리가 들어 있습디다."

아내가 화난 표정으로 말했다.

"아니, 내가 없는 사이에 내 물건을 뒤졌군요!"

그러나 그녀는 다시 미소를 지으며 말을 이었다.

"그러죠. 그애에게 돌려주게 돼서 저도 기뻐요. 저는 그 물건들이 하나도 필요없어요. 어떻게 해서 그 보따리가 내 옷장에 들어가 있는지 모르겠군."

이튿날 아침 두 사람은 수로차나와 람딘을 만나러 갔다. 그런데 도착해 보니 아무것도 없고 몽땅 타버린 재와 뼈만 남아 있었다.

농부가 말했다.

"도대체 이게 어찌된 일이지? 집이 몽땅 타버렸어. 이 뼈들을 봐! 그애들이 불에 타죽은 것이 틀림없어! 그런데도 마을의 어느 한 사람 알지 못했다니!"

뼈들을 보자 그의 아내는 자신이 전투에서 승리했다고 믿었다. 두 명의 원수가 지상에서 영원히 사라진 것이다. 하지만 그녀는 땅바닥에 엎드려 눈물을 흘리며 통곡하기 시작했다. 그녀의 남편도 고통을 이길 수가 없어 울음을 터뜨렸다.

"수로차나, 나는 너에게 준 것이 아무것도 없구나. 늘 너를 가슴 아프게만 했어. 네 어머니는 너를 잘 돌봐 달라고 유언을 했는데, 나는 너에게 사랑도, 행복도, 심지어는 네 어머니가 물려준 보석조차 주지 못했구나. 이 못난 애비를 용서해 다오."

그의 아내는 속이 뒤틀렸지만 여전히 동정을 표하면서 말했다.

"여보, 당신은 그래도 할 만큼 해주었어요. 당신의 도움으로 그애들은 부자가 되었어요. 당신이 감자수확을 나누어주지 않았다면 그애들은 그만큼 돈을 벌지 못했을 거예요. 하지만 당신은 누구의 운명도 바꿀 수가 없어요. 당신은 전처를 사랑하고 모든 것을 다 해주었지만 생명을 구하지는 못했어요. 마찬가지로 당신은 수로차나와 람딘에게도 모든 것을 다 해주었지만, 그들은 불에 타죽을 운명이었어요. 자, 이제 집으로 돌아갑시다. 슬퍼한다고 해서 그애들이 살아 돌아오지는 않아요. 모두가 신의 뜻이니 받아들여야만 해요."

농부는 그녀가 진실로 슬퍼하는 건지, 아니면 아직도 질투를 하고 있는 건지 분간할 수가 없었다.

"아, 이제 그애들이 가버렸으니 이것으로 그애들에 대한 나의 애착도 끝이오. 나는 그동안 여러 가지 이유 때문에 그애들에게 해주고 싶은 것을 해주지 못했소. 지금 나는 오직 한 가지가 가슴아플 따름이오. 수로차나의 물건을 돌려주지 못했다는 것이오. 평생 동안 나는 그애에게 빚을 진 채 살아가야 할 거요."

그들은 서로 다른 감정상태로 농장으로 돌아왔다. 아내는 남편이 더이상 수로차나와 관계를 맺을 수 없게 된 것이 기뻤고, 남편은 이생에서는 두 번 다시 딸을 만날 수 없게 된 것이 슬펐다.

이튿날 농부가 읍내로 나가자 당장 소문이 퍼졌다. 사람들은 여러 가지 각도에서 그 사건을 분석했다. 어떤 이는 공처가인 농부를 비난했고, 어떤 사람은 수로차나를 못살게 군 계모를 욕했다. 하지만 어떻게 해서 그 집에 화재가 났는지는 아무도 알 수가 없었다. 아무도 감히 농부의 아내가 그런 짓을 했을 것이라고는 생각하지 못했다. 그녀는 늘 집에만 붙어 있었기 때문이다.

한편 살 장소를 찾아 산으로 올라간 수로차나와 람딘은 나무 아래서도 살아 보고 바위 밑이나 동굴 속에서도 머물러 보았지만 어디도 편하지가 않았다.

이따금 람딘은 적당한 장소도 찾지 못하고 하루 종일 일도 못하게 된 상황 때문에 절망에 빠지곤 했다. 하지만 그럴 때마다 수로차나가 언젠가는 두 사람이 탄 배가 항구에 도착할 것이라고 위로했다.

수로차나로서는 사실 그렇게 밀림 속에서 헤매야 할 만한 피치 못할 이유는 없었다. 마음만 먹으면 마을이나 읍내에서도 쉽게 살 곳을 마련할 수 있었기 때문이었다. 젊고 건강한 두 사람이 일자리를 구하는 데에는 아무런 문제가 없었던 것이다.

하지만 그녀는 이전의 생활로 돌아가고 싶은 마음이 전혀 없었다. 밀림 속에서 살아야 하는 뚜렷한 목적은 없었지만, 언젠가 밀림 속에서 살아가는 성자들에 관한 이야기를 들은 적이 있었다. 사람들 말에 의하면, 동물들이 그들의 친구이고 새들이 무릎에 날아와 앉기도 한다는 것이었다. 그녀는 그런 식으로 살아가는 모습을 눈앞에 그리고 있었다.

그러나 람딘은 완전히 다른 생각이었다. 그는 식량을 자급자족하고, 사냥을 하고, 밀림의 여러 장소를 옮겨다니는 집시들처럼 살아갈 생각이었다.

그래서 두 사람은 각자의 생각에 맞는 장소를 물색했지만, 서로 생각이 달랐기 때문에 한 사람이 마음에 들어하면 다른 사람이 반대했다.

마침내 그들은 마땅한 장소 하나를 정했다. 넓은 동굴로 그다지 깊지는 않았지만 코끼리 두 마리가 편안히 들어갈 수 있을 정도로 컸으며, 한쪽에는 폭포가 있고 건너편에는 늘 햇볕이 내리쬐이는 평지가 있었다.

람딘은 그 장소가 무척 마음에 들어, 그 평지에 감자를 심고 폭포의 물을 끌어다 가꾸고 시장에 감자를 내다 팔 방법 등을 궁리하기 시작했다. 수로차나는 그 장소가 매우 평화롭고 따뜻하며 맑은 물이 있어서 좋다고 생각했다. 그녀는 그 동굴이 성자들이 평화롭게 살기에는 딱 알맞은 장소라고 생각했다.

그들은 마른 풀줄기를 모아 동굴 안에 두툼한 침대를 만들었다. 식량으로는 무화과나 야자, 살구, 단감자 등 야생 과일이 여러 종류 있었고, 먹을 수 있는 나무뿌리나 풀뿌리도 많았다. 그리고 밀림 속에는 진기한 약초들이 널려 있었다.

그들은 한 달 동안 사람이라곤 전혀 구경하지 못했다. 그러던 어느 날 그들이 약초를 캐고 있는데 한 남자가 가까이 다가와 말을 걸었다.

"이 약초를 모아 나한테 주면 음식과 옷을 가져다 주겠소. 당신들이 모아놓은 약초를 가지러 한 달에 두 번씩 이곳으로 오리다."
 람딘이 즉시 대답했다.
 "좋소. 우리한테 음식을 가져다 준다면 이 약초를 주겠소. 이곳엔 약초가 사방에 널려 있소. 우리는 여기서 가까운 동굴에 살고 있다오."
 남자는 거의 공짜로 약초를 구할 수 있게 되어 매우 기뻤다.
 "좋습니다. 내일 당장 당신들한테 필요한 물건들과 음식을 가지고 다시 오겠소. 그런 다음부터 약초를 모아도 좋습니다. 하지만 다른 사람에게 약초를 주면 안 됩니다."
 람딘이 말했다.
 "아, 그 점에 대해선 염려할 필요가 없소. 우리는 당신한테만 약초를 주겠소."
 수로차나는 그 남자가 매우 싼 값에 약초를 가져가고 있다는 것을 알았다. 그녀라면 그 약초를 읍내로 가지고 나가 훨씬 높은 가격에 팔 수 있었다. 하지만 그녀는 람딘에게 그 사실을 말하지 않았다. 그 약초가 얼마나 값비싼 것인가를 알면 람딘이 또다시 돈을 벌려는 욕망에 사로잡힐까봐 두려웠기 때문이다.
 그 대신 수로차나는 이렇게 말했다.
 "보세요, 신께서 얼마나 자비로우신지. 이 밀림 속까지 우리를 위해 이렇게 음식을 보내 주시잖아요. 이제 우리는 읍내로 일을 하러 가거나 감자나 염소를 팔러 가지 않아도 먹고살 수 있게 되었어요. 시기에 맞춰 감자를 심거나 거둘 걱정을 할 필요도 없구요. 밤이 되어 염소가 집으로 돌아오지 않는 것을 걱정할 필요도 없이 늘 자유를 누릴 수 있게 되었어요. 매일 조금씩 약초를 모아두면 보름 뒤에는 먹을 것을 등에 진 남자가 나타날 테니까요."

그렇게 일 년이 지났다. 그들은 약초를 가져가는 남자말고는 사람의 얼굴을 구경하지 못했다. 그들은 사회와 세상으로부터 떨어져 평화롭게 살아가고 있었다.

람딘의 마음도 서서히 변해갔다. 그는 이제 감자농사를 짓거나 돈을 벌고 마을로 돌아가 새삶을 시작할 욕심이 없어졌다. 심지어 약초상인에게 약초를 모아 주는 일에도 그다지 흥미를 느끼지 않았다.

남편의 변화를 감지한 수로차나가 어느 날 말했다.

"이 약초가 얼마나 비싼 것인지 아세요? 시장에 내다 팔면 감자보다 훨씬 비싼 값을 받을 수가 있어요. 약초 판매 사업을 시작하고 싶지 않으세요? 그러면 일 년 만에 전처럼 다시 부자가 될 수 있을 거예요."

람딘이 말했다.

"아, 나는 그 생활로 돌아가고 싶은 마음이 없어. 나는 이제 어떤 인간의 얼굴도 보고 싶지 않아. 이대로가 행복해. 전에 내가 당신한테는 밀림 속에서의 생활이 매우 힘들 것이라고 말한 적이 있었지. 이제 보니 당신은 이런 생활에 싫증이 난 것 같아. 여보, 당신이 원한다면 언제든지 당신 아버지가 사는 곳으로 돌아가도 좋아. 하지만 나는 이제 이곳을 떠날 수가 없어."

수로차나가 말했다.

"좋아요. 나 역시 마을로 돌아가고 싶지도 않고, 사람들을 만나고 싶지도 않아요. 그러니 이제 약초상인을 그만 오라고 합시다."

람딘은 말없이 고개를 끄덕였다.

여러 해가 지나고, 그들은 여전히 같은 동굴에서 밀림의 고요와 침묵을 즐기며 살았다. 그들은 이제 서로 말을 할 필요가 없다는 것을 알게 되었다. 말을 하지 않아도 서로의 생각을 잘 알았기 때문이다. 그들의 모든 대화는 마음의 파장을 통해 이루어졌다. 바로 옆에 앉아 있거나 육체적으로 먼 곳에 떨어져 있어도 마찬가지였다.

어느 날 수로차나는 동굴 밖에서 식량으로 쓸 나무뿌리를 캐고 람딘은 동굴에 앉아 있었다.

그때 한 떠돌이 승려가 머물 곳을 찾아 근처를 배회하다가 동굴을 발견했다. 동굴 속으로 들어간 그는 긴 머리에 수염이 덥수룩한 남자가 이미 동굴을 차지하고 있는 것을 발견했다. 승려는 입구에 말없이 서서 그 남자가 쳐다봐 주기를 기다렸다. 그런데 그 남자는 자기를 쳐다보는 대신에 마치 누군가에게 말을 하듯이 입술을 움직이는 것이었다.

승려가 주위를 둘러보았지만 아무도 없었다. 그는 그 남자가 미친 것이 틀림없다고 생각했다. 그래도 승려는 잠시 쉬어 가려고 동굴 바닥에 자리를 잡고 앉았다. 람딘은 여전히 말을 하고 있었다. 승려가 당황해서 이렇게 물었다.

"여기에 아무도 없는데 도대체 누구한테 말을 하는 거요? 당신 미쳤습니까?"

람딘이 공손하게 대답했다.

"아, 나는 지금 내 아내에게 말을 하고 있는 중입니다. 아내는 지금 산 저쪽에서 저녁식사에 쓸 나무뿌리를 캐고 있습니다. 나는 아내에게 손님이 한 분 오셨으니 뿌리를 더 캐어 오라고 일렀습니다."

승려가 말했다.

"니는 여태까지 벽을 바라보며 '이것은 나의 형제요, 누이요, 아내다.' 하고 말하는 미친 사람들을 많이 보았소. 당신같이 미친 사람하고는 더이상 같이 있을 수가 없소."

그는 당장 자리에서 일어나 동굴을 떠났다. 건너편 산 쪽으로 가다가 그는 실제로 한 여인이 나무뿌리를 캐고 있는 것을 보았다. 그녀에게 가까이 다가간 그는 그녀 역시 그곳에 없는 누군가에게 말을 하고 있는 것을 보았다. 그는 그들이 모두 미친 사람들이라고 생각하고, 아마도 그래서 이 깊은 동굴 속에서 살고 있는 것이라고 짐작했다.

"아, 부인. 도대체 누구에게 말을 하고 계십니까? 이곳에는 아무도 없는데요."

여자가 고개를 들고 말했다.

"아, 당신은 제 남편과 함께 동굴에 있다가 오셨지요? 남편이 나더러 손님이 왔으니 뿌리를 더 캐어 오라고 하더군요. 그런데 당신이 급히 동굴을 떠나자 남편이 뒤따라 나오다가 그만 발에 가시가 박혔답니다. 지금 남편은 그 가시를 빼내려고 애를 쓰고 있는데, 내가 가서 빼줄 테니 가만히 있으라고 했습니다."

서둘러 동굴로 돌아온 승려는 람딘이 실제로 발에 박힌 가시를 빼내려고 애쓰는 모습을 보았다. 그는 너무나 놀라웠다. 그는 람딘에게 존경의 절을 올리고 이렇게 말했다.

"제가 갖고 있는 옷핀으로 가시를 빼 드리겠습니다."

그가 가시를 빼고 있는 동안에 수로차나가 나무뿌리들을 들고 와서 동굴 한쪽 구석에 앉았다. 두 사람은 아무 말도 하지 않았지만, 승려는 그들이 침묵 속에서도 대화를 한다는 사실을 깨달았다. 왜냐하면 람딘이 일어나 밖으로 나가더니 수로차나가 황급히 오느라고 도중에 떨어뜨린 나무뿌리들을 주워 왔기 때문이다. 그러자 그녀는 나무뿌리들을 전부 모아 물로 씻으러 밖으로 나갔다. 그녀가 돌아오자 남편이 승려에게 나무뿌리 몇 개를 먹으라고 주었다.

승려는 공손히 나무뿌리를 받고 나서 그들의 발 앞에 엎드렸다.

"두 분을 저의 영적인 스승으로 모시겠습니다. 조금 전의 무례를 용서해 주십시오. 그리고 어떻게 해서 그렇게 초자연적인 힘을 얻게 되셨는지 말씀 좀 해주십시오. 처음에 두 분을 보았을 때 저는 두 분이 미친 줄 알았습니다. 그런데 정말로 멀리 떨어져 있으면서도 대화가 가능한 것을 보고는 무척 놀랐습니다."

람딘이 겸허하게 말했다.

"우리는 이 동굴에서 여러 해를 살았습니다. 벌써 오래 전 일인데, 어느 날 아내는 동굴 속에 앉아 있고 나는 바깥의 어디엔가 앉아 있었습니다. 그때 아내는 자신의 머릿속에서 어떤 소리가 울리는 것을 들었습니다. 그 소리는 더욱 커졌습니다. 내가 동굴 속에 들어갔을 때 아내는 육체에 대한 의식이 없이 눈을 감고 앉아 있었습니다. 나는 아내에게 달려가 아직 살아 있는지를 살폈습니다. 그런데 내 손이 아내의 몸에 닿는 순간 내 머리에서도 소리가 울리기 시작했습니다. 그 소리는 점점 커졌고, 나는 아내의 곁에 눈을 감고 앉았습니다. 그 다음에 무슨 일이 일어났는지는 나도 모릅니다. 그런 상태로 얼마나 오랫동안 앉아 있었는지도 모르지만, 의식을 되찾았을 때 우리는 이루 말로 표현할 수 없는 평화를 느꼈습니다. 바로 그날부터 우리는 이 동굴에 앉아서 머릿속에서 시작해 척추를 타고 온몸 구석구석으로 퍼져가는 그 소리에 귀를 기울였습니다. 그 소리는 피부의 숨구멍을 통해 동굴 전체에 울려퍼졌습니다."

승려가 깜짝 놀라며 소리쳤다.

"나다 요가(Nada Yoga)[2]다! 이건 요가에서 말하는 내면의 소리입니다! 당신들은 이제 최고의 경지를 획득하신 겁니다. 두 분의 육체는 이제 완전히 정화되었습니다."

그리고 나서 그는 다시 그들의 발 아래 엎드려 절을 했다.

"저를 축복해 주십시오! 축복해 주십시오!"

그의 머리가 두 사람의 발에 닿는 순간 그도 그 소리를 듣기 시작했고, 곧 육신에 대한 의식을 잃었다.

한참 뒤에 승려가 의식을 되찾자 람딘이 겸허하게 말했다.

"이제 이 동굴은 당신의 것입니다. 당신은 내면의 소리에 자신을 더 완벽하게 조화시킬 필요가 있습니다. 우리는 다른 곳으로 가겠습니다. 우리에게는 세상 전체가 동굴이고 밀림입니다."

그렇게 말하고 그와 수로차나는 그곳을 떠났다.

시간이 흘러 인구가 증가했다. 사람들은 물이 있는 곳이면 어디든지 경작을 시작했다. 몇몇 사람들이 농토를 구하러 왔다가 동굴 속에 앉아 있는 한 승려를 보았다. 그날부터 그곳은 승려를 숭배하는 사람들로 가득 찼다.

동굴은 이제 큰 사원으로 변했고, 승려는 거대한 건물 속에서 살게 되었다.

하지만 아무도 람딘과 수로차나가 그 이후에 어떻게 되었는지 알지 못한다. 그들은 아직도 눈에 보이지 않는 육체를 가지고 어디선가 살아가고 있을까?

---

2 — 존재의 소리를 통한 요가. 혹은 정교한 음향에 집중하는 수련. 나다(nada)는 소리라는 뜻이며, 요가에서는 정교한 음향을 뜻한다.

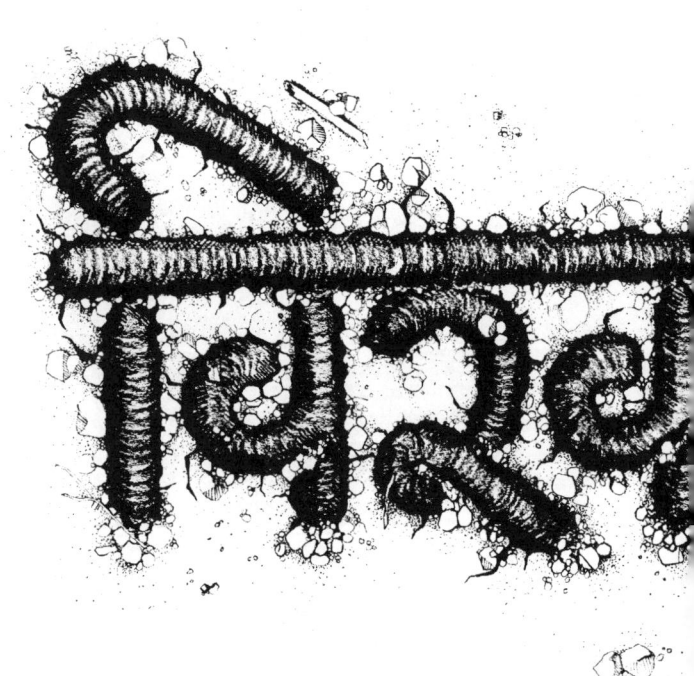

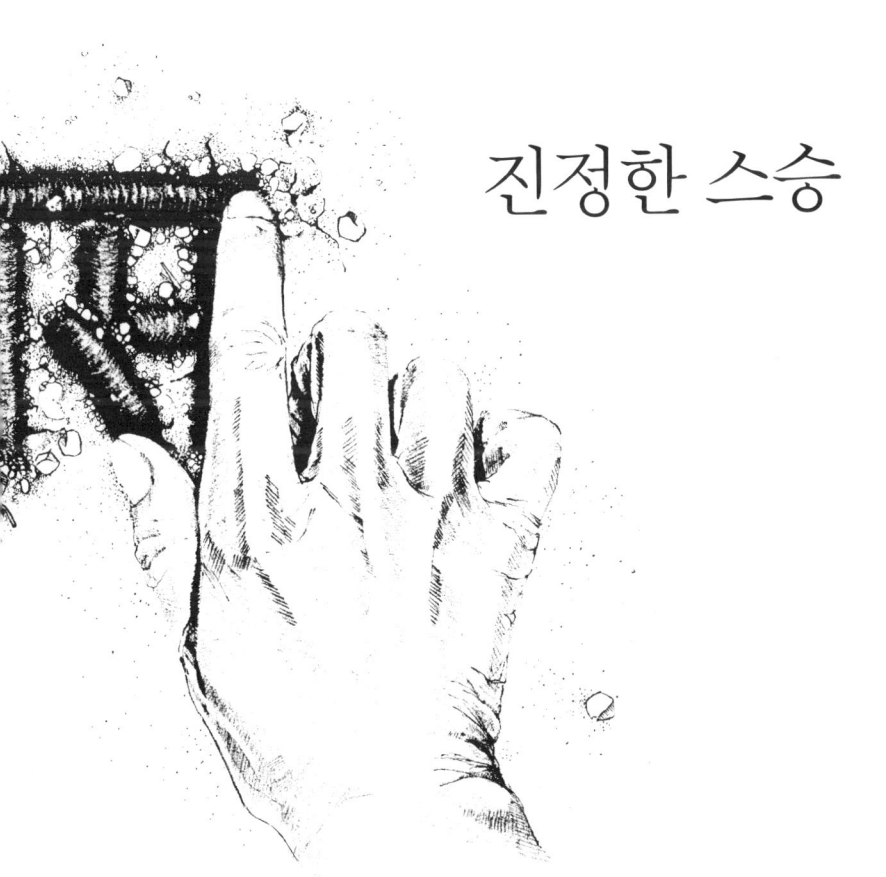

진정한 스승

그대는 스스로 진리를 깨달아야 한다.
나는 그대에게 음식을 만들어 줄 수는 있어도
입에 떠넣어 줄 수는 없다.
나에 대한 믿음이 바로
그대의 스승이다.
모든 것은 이미 그대 안에 있으니,
그것을 가능하게 하는 것은 그대의 믿음이다.
그대의 진정한 스승은 그대 안에 있다.

히말라야 산골짜기에서 여러 해 동안 살아온 가족이 있었다. 아버지 '수다르산'은 열네 살에 고향 나이니탈을 떠나 몇몇 성자들과 함께 히말라야의 여러 성지들을 걸어서 여행했다.

 몇 군데의 성지를 순례한 뒤 그들은 집결장소인 하리드와르의 성스런 도시로 돌아왔다. 거기서 그들은 제각기 흩어져 자신들의 거처로 돌아갔다. 그러나 수다르산은 아직 어떤 교파에도 입문하지 않았으므로 특별히 돌아갈 곳이 없었다.

 그는 사실 성자들이나 각 교파에 대한 이해가 부족했으며, 여러 성지를 순례하는 의미도 제대로 알지 못했다. 그가 집을 떠난 이유는 단지 학교에 다니기 싫었기 때문이다.

 여러 날 동안 수다르산은 하리드와르의 이곳저곳을 돌아다니다가 다행히도 친절하고 산스크리트 학문에 능통한 노인을 만났다. 노인은 수다르산의 심성이 착하고 좋은 학자가 될 수 있는 자질을 갖고 있음을 알았다. 그래서 수다르산에게 함께 살자고 하면서, 먹을 것도 주고 산스크리트어도 가르쳐 주겠다고 했다.

수다르산은 떠돌아다니는 일에 몹시 지친 상태라서 어딘가 편안히 살 곳을 찾고 있던 참이었다. 그래서 그는 노인의 제안을 당장에 수락했다.

수다르산은 8년 동안을 노인과 함께 살면서 산스크리트어를 익히고 모든 경전을 읽을 수 있게 되었다. 차츰 하리드와르 주변의 학자들은 경전의 의미를 해석하는 수다르산의 능력을 인정하기 시작했다. 수다르산은 행복해서 차츰 부모와 고향을 잊었다.

어느 날 노인이 말했다.

"수다르산, 들어라. 이제 네 앞에는 두 길이 놓여 있다. 구도자가 되어 신과 진리만을 추구하는 길과, 아니면 한 여성과 결혼하여 가장으로서의 의무를 다하면서 신에 대한 추구를 계속하는 길이다."

수다르산은 매우 영리했다. 그는 욕망과 싸워야 하는 구도자의 생활이 얼마나 어려운지 잘 알고 있었다. 자신을 속이고 싶지 않았던 그는 이렇게 대답했다.

"스승님, 저는 스승님께 모든 경전을 배우면서 억지로 욕망을 억제하는 일이 결코 쉽지 않다는 것을 깊이 이해했습니다. 반면에 결혼생활은 집착과 욕망으로 가득 차 있어서 쾌락과 고통의 연속이며, 그 생활 속에서 자신의 내면을 추구하고 성찰하기란 무척 어려운 일입니다. 그러나 제가 만약 한 여성과 결혼하여 그 여성과 제 자신 속에서 신을 발견하려고 노력하고, 또 육체의 쾌락과 진정한 사랑을 구분할 수만 있다면, 오히려 그 생활이 진리를 깨닫는 지름

길이라고 생각합니다."

이 대답을 들은 노인이 매우 기뻐하며 말했다.

"수다르산, 너는 인생의 참모습을 이해했다. 이제 너에게 내 딸을 아내로 주겠노라. 내 딸 역시 총명하고 천성적으로 신앙심이 깊은 아이이다. 내가 결혼식을 치러줄 테니 너는 살 집을 구하거라."

수다르산은 그렇게 해서 스승의 아름다운 딸과 결혼했다. 그녀의 이름은 '쑤난다'였다. 그녀는 열아홉 살밖에 안 되었지만 아내의 할 일이 어떤 것인지 잘 알고 있었다.

결혼식을 치른 뒤 수다르산과 쑤난다는 하리드와르를 떠나 북쪽으로 올라가 파우리 산에 정착했다. 몇 년이 지나 쑤난다는 사내아이를 낳았다. 그들은 아이의 이름을 '스리 차란'이라고 지었다.

수다르산은 시와 소설, 그리고 경전에 관한 책들을 써서 넉넉히 가족들의 생계를 꾸려갔다.

스리 차란은 별탈 없이 잘 자랐다. 그런데 그가 아홉 살이 되던 해에 그의 아버지 수다르산이 영문 모를 병에 걸려 갑자기 죽고 말았다. 쑤난다는 남편의 죽음에 심한 충격을 받았지만, 누구나 결국은 죽기 마련이며 그때가 언제인지는 아무도 알 수 없다는 사실을 잘 이해하고 있었다. 그래서 그녀는 마음을 강하게 먹고 전처럼 자신의 의무를 다했다.

하루는 태양이 막 지려는 때에 스리 차란이 매우 슬픈 표정을 짓더니 흐느껴 울기 시작했다. 쑤난다는 아들이 아버지가 그리워서 그러는 줄 알고 무릎에 앉혀 어루만져 주었다.

스리 차란은 어머니의 가슴에 머리를 파묻더니 이렇게 묻는 것이었다.

"엄마, 저 태양은 어디로 가고 있어?"

쑤난다가 대답했다.

"태양은 저녁이면 언제나 사라졌다가 아침이면 다시 나타난단다."

스리 차란이 다시 물었다.

"엄마, 저 하늘은 왜 상자처럼 우리를 덮고 있지? 난 숨이 막힐 것 같아. 내가 드넓은 공간에서 숨을 쉴 수 있도록 엄마가 저 하늘을 걷어줄 수 없어?"

"애야, 지금 무슨 말을 하고 있는 게냐? 엄마는 하늘을 걷어 버릴 수가 없단다. 배가 고픈 게로구나. 어서 저녁을 먹고 잠자리에 들거라."

이튿날 아침 스리 차란은 잠에서 깨어나 세수를 한 뒤, 마루를 닦고 있는 쑤난다에게 다가가서 물었다.

"엄마, 정말로 하늘을 걷어줄 수 없어?"

쑤난다가 말했다.

"그렇단다. 내가 어떻게 하늘을 걷어줄 수 있겠니? 이제 그 얘기는 그만 잊어라. 왜 자꾸 그런 엉뚱한 질문을 하니?"

그러자 스리 차란이 대답했다.

"엄마, 저는 나가겠어요."

쑤난다는 그 말에 별다른 주의를 기울이지 않았다. 근처에서 놀다가 오겠다는 뜻으로 생각했던 것이다.

30분 쯤 지난 뒤에 그녀가 스리 차란을 불렀지만 아무런 대답도 들을 수가 없었다. 여기저기 찾아 보았지만 아들의 모습은 보이지 않았다. 그러자 언뜻 아이의 아버지도 어린 나이에 집을 떠났다는 사실이 생각났다. 그러니 스리 차란이라고 집을 나가지 말란 법이 없었다.

그녀가 큰길로 뛰어가니 골짜기 저편에서 스리 차란이 급히 걸어가고 있었다. 그녀가 소리쳐 불렀다.

"스리 차란! 스리 차란! 어딜 가는 거냐?"

스리 차란이 소리쳤다.

"엄마, 걱정하지 마세요. 나는 하늘 밖으로 나가고 있는 중이에요. 이곳에서는 더이상 살 수가 없어요. 숨이 막힐 것 같아요."

쑨난다가 다시 소리쳤다.

"아들아, 네 아버지가 돌아가신 지도 얼마 되지 않았는데 이제 너마저 떠나면 나는 어떻게 하란 말이냐?"

스리 차란이 대답했다.

"엄마, 나도 엄마 곁을 떠나고 싶지 않아요. 하지만 여기서 살다가는 숨막혀 죽을 거예요. 거짓말이 아니에요. 이 상자 속에서는 살 수가 없어요. 밖으로 빠져 나가야만 해요."

쑨난다는 깊은 절망에 빠졌다. 그녀는 뭐라고 해야 좋을지 생각이 나지 않았고, 스리 차란은 서둘러 달아나고 있었다. 그래서 그녀는 눈물을 흘리며 말했다.

"아들아, 네가 정 떠나고 싶다면 나도 막고 싶지 않다. 하지만 내가 살아 있는 동안만은 내 곁에서 너무 멀리 가지는 말아라."

스리 차란이 말했다.

"그럴께요, 엄마. 아주 멀리 떠나지는 않겠어요."

그는 걷고 또 걸었지만 무엇을 해야 할지, 어디로 가야 할지 알 수가 없었다. 마침내 해가 떨어질 무렵, 그는 물레방앗간을 발견했다. 안으로 들어가 보니 노인 하나가 밀을 빻고 있었다. 노인은 날이 어두워지고 있는데 어린 소년이 혼자 나타난 것을 보고 물었다.

"넌 어딜 가는 길이냐?"

스리 차란은 대답을 할 수가 없었다. 너무나 지쳤기 때문에 하늘이 상자처럼 뒤덮고 있어서 숨이 막힌다고 말할 경황이 없었던 것이다.

노인이 다시 물었다.

"배고프냐?"

소년이 고개를 끄덕이자 노인은 빵 두 개와 물 한 컵을 주면서 말했다.

"오늘 밤 여기서 묵겠다면 저쪽 구석에서 자거라. 자루가 하나 있으니 덮고 자면 될 게야. 나는 이제 집으로 돌아가야겠다."

노인은 너무 어두워지기 전에 가야 한다고 덧붙이며 가버렸다.

다음 날 스리 차란이 눈을 떴을 때에는 해가 이미 중천에 떠 있었다. 죽은 사람처럼 잤기 때문에 충분한 휴식이 되었다.

아침에 둥지에서 나오는 새처럼 그는 물방앗간 밖으로 나왔다. 태양이 눈부셨다. 그는 얼굴을 씻고 옷에 묻은 먼지를 털었다. 마치 새장에서 풀려난 새처럼 기분이 무척 좋았다. 그는 다시 여행을 계속했다.

이제 그는 드넓은 평원에 도착했다. 사방이 막히지 않아서 멀리까지 볼 수 있었다. 가는 도중에 이따금 주민들을 만나 빵과 과일을 얻어먹었다.

또다시 해가 지고 날이 어두워지고 있었다. 스리 차란은 캄캄해지기 전에 어서 잘 수 있는 곳을 찾아야겠다고 생각했다. 하지만 사방에는 집은커녕 헛간도 눈에 띄지 않았다.

그는 약간 겁이 났다. 그런데 마침 바위들이 서로 얽혀 작은 동굴을 이룬 장소를 발견하고는 안으로 들어가 앉아 바위에 등을 기대고 다리를 뻗었다. 그리고는 금방 잠이 들었다.

아침에 눈을 뜨자 남자 두 사람이 동굴 밖에 서 있었다. 그들이 물었다.

"너는 왜 여기서 잠을 자고 있느냐? 이곳은 독사들이 우글거리는 곳으로 유명하다는 걸 모르느냐? 넌 집에서 도망친 거냐, 아니면 도둑이냐?"

스리 차란이 말했다.

"저는 도둑이 아니에요. 어딜 가고 있는 중이에요. 하지만 아직은 어디로 가야 할지 모르겠어요."

두 남자는 어린 소년에게 깊은 동정심을 느꼈다.

"우리 마을에서 살고 싶다면 함께 가자. 우리가 너를 먹고살게 해주마. 너는 그저 마을의 소들이 풀 뜯는 것을 지켜 주기만 하면 된다. 그게 싫다면 여기서 남쪽으로 십리만 가면 밀림으로 통하는 오솔길이 나온다. 밀림 속으로 들어가면 오두막 몇 채가 보일 게다. 네 또래의 아이들이 그곳에서 살고 있는데, 모두 한 스승 밑에서 요가 수행을 하고 있단다."

어떤 일이 좋고 나쁜지 가릴 필요도 없이 스리 차란이 대답했다.
"밀림 속에서 그 소년들과 함께 살겠어요."
한 남자가 말했다.
"너는 성품이 연약해 보이는데, 거기까지 가는 길은 험하고 도중에 뱀이나 맹수들이 많단다. 그래도 괜찮겠느냐? 꼭 가야겠다면 조심해서 걷고, 해지기 전까지는 도착해야 한다."
스리 차란은 그들이 준 감자와 빵을 받아 먹고 나서 남쪽으로 길을 떠났다. 이제는 걷는 것에 익숙해져서 오후쯤엔 쉽게 밀림 속에 도착할 수 있었다.
그는 다른 사람의 눈에 띨 때까지 한 오두막 앞에 서 있었다. 한 소년이 그를 보고는 즉시 다른 사람들에게 자기들과는 판이하게 생긴 아이가 왔다는 사실을 알렸다.
모든 소년들이 그를 에워싸고 어디로 가는 길이냐고 물었다. 잠시 후 스승이 나오더니 그에게 이름과 어떻게 해서 그곳에 오게 되었는지를 물었다.
그가 대답했다.
"제 이름은 스리 차란입니다. 여행 도중에 만난 두 사람이 이곳을 가르쳐 주어서 오게 되었습니다."
스승이 말했다.
"여기서 살려면 모든 규율을 따라야 한다. 그리고 지금 입고 있는 옷도 입어서는 안 된다. 며칠간 생각할 여유를 주겠다. 그동안은 이곳에서 쉬어라. 결심이 서면 나한테 말해 다오."
그곳에서는 모든 소년들이 아침 일찍 일어나 몸을 씻은 다음 요가 수련을 했다. 그리고 나서 30분 휴식을 취한 다음, 기도문을 외우고 스승에게 산스크리트어를 배웠다. 그들에게는 제각기 임무가 있었다. 밥을 하거나 마을에서 음식을 구해 오거나 젖소에게 풀을 먹이거나 과일을 따오고 불을 땔 장작이나 마른풀을 구하는 일 등이었다.

스리 차란은 그곳이 무척 마음에 들었다. 내면 깊은 곳에서부터 자유스러움을 느꼈다. 그는 모든 규율을 따르기로 동의하고 스승에게서 붉은 승복과 어깨에 두르는 노란 웃옷을 받아 입었다.

스승이 말했다.

"스리 차란, 이제 너는 브라마차리아(Brahmacharya)[1] 교단에 초심자로 입문하였다. 지금까지 이곳의 모든 규칙을 눈으로 직접 보았으니 이제부터 여기서 행복하게 살 수 있기를 바란다."

스리 차란은 하타 요가(Hatha Yoga)[2]에 신으로부터 부여받은 타고난 능력을 가지고 있었다. 아사나(asana)[3]도 능숙하게 해냈으며, 어떤 부분은 스승보다 더 완벽하게 해냈다. 아쉬람(ashram)[4]에서의 모든 임무를 마친 다음 그는 강으로 가서 몇 가지 정화수행을 하곤 했다. 아무도 그에게 이런 수행법을 가르쳐 주지 않았으며, 그조차 그 수행들의 효과가 무엇인지 알지 못했다.

정화 수행이 끝나면 그는 나무 아래 앉아 깊은 명상에 잠기곤 했다. 소년들 중의 누구도, 심지어 스승조차도 스리 차란의 명상법을 이해하지 못했다.

---

1 — 글자 본래의 뜻은 '신과 함께 걷는다.'는 뜻이다. 성(性)을 초월한 경지에 이른 존재. 여기서는 금욕과 성생활의 절제를 추구하는 교파를 말한다.
2 — 육체 또는 생리 조절을 중요시하는 요가. 11세기 경부터 시작되었으며, 기법면에서 많은 발전이 이루어졌다. '하'는 태양, '타'는 달의 뜻.
3 — 요가의 자세를 말함. 일반적으로 운동이나 체조 등은 〈움직임〉을 중심으로 하지만, 요가는 '고요함'이 중심이다.
4 — 명상처, 휴식처의 뜻. 명상을 추구하는 공동체를 말한다.

어느 날 그는 정화 수행을 하면서 물을 여러 모금 마신 다음 모두 토해 내었다. 그리고 다시 물을 몇 모금 삼켜 다양한 방법으로 위를 헹궜다. 그는 몇 가지 아사나를 행하면서 물로 내장 속을 씻어냈다. 그런 다음 물속으로 깊이 들어가 물이 위와 장을 거쳐 항문으로 나오게 했다.

한 성자가 강 건너편에서 식사를 하다가 스리 차란의 행동을 모두 지켜보았다. 스리 차란이 명상을 마치자마자 성자는 강물을 건너 그에게 다가갔다. 성자가 물었다.

"누가 너에게 이 모든 수행법을 가르쳐 주었느냐?"

스리 차란이 깜짝 놀라며 되물었다.

"어떤 수행법 말입니까?"

"물속에서 하는 정화 수행과 명상 말이다."

스리 차란이 말했다.

"아무도 그 방법들을 말해 주거나 가르쳐 주지 않았습니다. 저는 이 모든 방법을 스스로 시작했고, 진정한 목적도 모릅니다. 하지만 이 수행들을 하고 나면 내면이 아주 순수해지고 깨끗해지는 것을 느낍니다. 그리고 명상을 하며 앉아 있으면 육체를 완전히 잊고 오직 이마 한가운데의 찬란한 빛만이 보입니다."

그는 머리를 들고 성자의 눈을 바라보았다. 그 순간 온몸에 전류가 흐르는 듯했다.

성자가 말했다.

"나의 아들이여, 너는 요가에 천부적인 재주를 타고났다. 너는 전생에 요가 수행자였으며, 그래서 자신도 모르게 이생에서도 요가 수행을 하는 것이다. 누가 누구를 가르칠 수는 없다. 모두가 스스로 배울 뿐이다. 네가 행한 모든 수행법은 완벽에 가깝다."

스리 차란은 성자의 발 아래 엎드려 깊은 애정과 헌신으로 흐느껴 울면서 말했다.

"스승님, 간절히 원하오니 스승님과 함께 살면서 더 많은 것을 배우고 싶습니다."

성자가 말했다.

"아들아, 나는 이미 너를 받아들였으니 몇 가지 수행법을 가르쳐 주겠다. 하지만 너는 혼자 살면서 스스로 수행해야 한다. 함께 살면 나에게 의존하게 되어 수행에 진전이 없을 것이다. 그러나 네 수행에 변화가 필요할 때면 찾아오겠다. 큰 나무 밑에서는 작은 나무가 자랄 수 없으니, 혼자서 수행을 하고 어디든지 네가 살고 싶은 곳에서 살아라."

말을 마치자 성자는 강을 건너 사라져 버렸다.

그날은 스리 차란이 밥을 할 차례였는데 성자와 대화를 나누느라 시간이 늦고 말았다. 그는 다른 소년들과 스승이 화를 낼까봐 겁이 났다. 아쉬람으로 달려와 보니 소년들은 이미 밥을 해서 식사를 하는 중이었다. 아무도 스리 차란에게 식사를 권하지 않았다. 그리고 왜 늦었는지, 어디에 있었는지도 묻지 않았다.

여느 때처럼 소년들은 스리 차란이 규율을 지키지 않는다고 스승에게 불평을 했다. 그들은 스리 차란을 질투하고 있었던 것이다. 스승은 스리 차란을 아끼기는 했지만, 그가 자기보다 아사나를 더 잘 해 몹시 불편했다.

그래서 식사를 마친 뒤 스승은 자리에서 일어나 손과 입도 씻지 않고 그에게 말했다.

"스리 차란, 나는 네가 더이상 우리와 함께 있는 것을 원치 않는다. 어디든지 네가 가고 싶은 곳으로 가거라."

스리 차란은 변명하고 싶지 않았다. 그는 스승과 친구들에게 절을 하고 그곳을 떠났다.

아쉬람을 떠난 뒤 스리 차란은 몇몇 성자들을 만났다. 그 중의 어떤 사람은 경지가 깊었고, 어떤 사람은 사기꾼이었다. 그러나 그는 항상 그들과 떨어져 살면서 그를 제자로 받아들인 성자의 가르침에 따라 수행을 했다.

어느 날 그는 밀림 속을 거닐다가 강에서 60미터쯤 떨어진 산 중턱에서 작은 오두막 하나를 발견했다. 오두막 안으로 들어갔더니 두꺼운 돋보기 안경을 낀 늙은 성자가 앉아 있었다. 그가 몇 마디 질문을 하려고 시도해 보았지만, 그 성자는 귀머거리이거나 말이 잘 안 들리거나, 아니면 아예 들으려고 하지 않는 것 같았다.

대신에 성자는 몇 가지 마술을 보여주었다. 이를테면 성냥이 없이 단순히 입으로 바람을 불어 불을 붙인다든지, 조약돌을 꽃으로 바꾼다든지 하는 것들이었다.

그는 스리 차란에게 오두막에서 북쪽으로 100미터쯤 떨어진 곳에 있는 한 나무 밑을 파면 커다란 보석이 나올 것이라고 일러주었다. 스리 차란이 호기심에 차서 그 나무 밑을 파 보았더니 진짜로 광채가 나는 찬란한 보석이 나왔다.

그는 그 보석을 들고 오두막집으로 돌아가 어떻게 땅속에 무엇이 감추어져 있는지 아느냐고 성자에게 겸손히 물었다.

성자가 말했다.

"이 모든 능력은 신께서 주신 것이다. 나는 미래도 볼 수 있는 능력이 있다."

스리 차란은 이 성자에게 깊은 감명을 받고 그 근처 오두막에서 살기로 마음을 정했다.

하루는 성자가 말했다.

"스리 차란, 사람들에게 가서 나의 이야기를 해라. 내가 세상의 고통으로부터 인간을 해방시켜 줄 수 있으며, 닥쳐오는 미래의 위험을 예언할 수 있다고 말해라."

스리 차란은 마을로 음식을 얻으러 가서 사람들한테 그 성자의 기적적인 능력에 대하여 말했다. 마을 사람들이 점차 성자를 방문하기 시작했다. 모두들 성자의 기적에 깊은 감명을 받았다.

한번은 성자가 마을 사람들이 모두 모인 자리에서 말했다.

"이 깔리 유가(Kali Yuga)[5]에서는 황금을 지니고 있는 것이 가장 큰 죄이다. 이제 내가 성스러운 불을 피울 테니 모두들 자신이 가지고 있는 황금을 던져라. 그래야 죄가 소멸된다."

수백명의 사람들이 돌아가면서 금으로 된 장신구들을 불 속에 던졌다. 이렇게 함으로써 그들은 자신들의 죄가 불에 타버리고 신이 자신들에게 평화를 주시리라고 믿었다.

며칠이 지난 뒤, 스리 차란은 자신의 오두막에서 명상을 하고 있다가 사람들의 고함소리를 들었다.

"그놈은 사기꾼이었어, 사기꾼! 그놈이 우리 황금을 가지고 도망

---

[5] — 우주 창조의 주기는 '유가'라고 하는 네 가지의 긴 시간대로 나누어진다. 깔리 유가는 그 네 시기 중 마지막에 해당하는 것으로, 지금 시대가 바로 깔리 유가에 속한다.

쳐 버렸어! 그 사기꾼과 함께 있던 녀석은 어디 있지? 그 녀석을 혼내 주자!"

스리 차란이 밖에 나와 보니 성스러운 불은 꺼져 있고, 누군가가 타고 남은 재까지 싹 쓸어간 흔적이 보였다. 성자의 오두막 안으로 들어가 보니 성자는 간 곳이 없었다. 그는 도대체 무슨 일인지 이해할 수가 없었다.

청년 몇 사람이 달려들어 그를 때렸다. 스리 차란도 한창 젊은 나이였기 때문에 그들의 무례한 행동을 참을 수가 없었다. 그가 한 청년을 밀쳐내자 서너 명이 한꺼번에 넘어졌다. 모두가 잔뜩 화가 나서 스리 차란을 때리려고 덤벼들었다. 스리 차란도 분노에 가득 차 마치 독이 오른 코브라처럼 그들 앞에 버티고 섰다.

그때 한 노인이 말했다.

"여러분, 모두 들으시오! 만일 이 청년이 그 사기꾼과 한패였다면 그도 함께 도망쳤을 것이오. 여기 남아 사람들에게 두들겨 맞을 리가 없소."

그러자 스리 차란이 말했다.

"나는 정말 무슨 일인지 영문을 모르겠습니다. 성자는 어디 갔으며, 성스러운 불은 누가 껐습니까? 이 모든 게 어찌된 일입니까?"

노인이 말했다.

"그 사람은 성자가 아니라 사기꾼일세. 우리를 속이고 불 속에 던진 황금을 몽땅 챙겨서 달아났네. 자네는 죄가 없다는 것을 아네. 하지만 앞으로는 그런 사람을 가까이 하지 말게."

스리 차란은 생전 처음 사람이 남을 속인 일을 경험했다. 하지만 신에 대한 그의 신념은 흔들리지 않았다.

"저는 제가 원할 때까지 여기서 살겠습니다. 저는 여러분에게 아무것도 요구하지 않을 것이며, 또 여러분 중 어느 누구도 무시하지 않을 것입니다. 신께서 나에게 먹을 것을 주실 것입니다. 저는 신을 믿습니다."

사람들은 그를 의심한 일에 대해 용서를 빌고 마을로 돌아갔다.

바로 그날 밤 스리 차란이 오두막에 앉아 있는데, 옛날 강가에서 만났던 그 성자가 나타났다. 스리 차란은 깊은 애정을 품고 그에게 절을 하다가 문득 또다시 함정에 걸려드는 것이 아닌가 하는 의심이 생겼다.

성자는 당장 그의 속마음을 알아차리고 이렇게 말했다.

"무엇이 너를 그토록 괴롭히는지 말해 보아라. 너의 마음이 편치 않은 것 같구나."

스리 차란은 자신이 겪은 모든 일, 너무나 화가 나서 마을 사람들을 심하게 밀쳐낸 일까지 전부 이야기했다.

성자가 말했다.

"스리 차란, 너는 요가 수행자이다. 너는 분노를 다스릴 줄 알아야 한다. 이제 너에게 분노를 다스리는 가장 간단한 방법을 일러주겠다. 첫째, 아무에게도 말을 하지 마라. 둘째, 어느 누구에게도 너를 만나러 오라고 초청하지 마라. 셋째, 아무에게도 돌아가라고 말하지 마라. 넷째, 사람들이 질문을 할 때에만 대답하라. 그렇지 않을 때는 평화롭게 앉아 있어라. 분노를 다스리는 것이 너의 다음번 사드하나(sadhana)[6]이다. 내 도움이 필요할 때 다시 너를 찾아오겠노라."

스리 차란의 진정한 스승이었던 늙은 성자는 오두막을 나가더니

---

6 — 정신 수련.

어둠 속으로 사라져 버렸다.

마을 사람들이 또다시 스리 차란을 만나러 오기 시작했다. 그는 늘 침묵을 지켰다. 사람들이 무엇을 물을 때만 손가락으로 땅바닥에 글씨를 써서 대답했다.

그는 자신에게 필요한 것을 최소한으로 줄였다. 담요 한 장, 위아래가 붙은 긴 옷 하나, 그리고 누군가 갖다 주면 우유 한 잔을 마셨다. 그 밖의 곡식이나 과일 등은 일절 먹지 않았다.

마을 사람들은 스리 차란에게 대단한 애착을 느꼈다. 그래서 비가 오나 눈이 오나 빠짐없이 그에게 우유를 가져다 주었다. 그들은 스리 차란을 먹여살리는 것을 자신들의 의무라고 생각했다. 스리 차란은 날이 갈수록 모든 것에 대한 집착이 사라졌다.

마을에는 스무 살도 채 안 된 외아들을 잃은 노인이 하나 있었다. 아들의 죽음에 큰 고통을 느끼면서 노인은 매일같이 스리 차란에게 우유를 날라다 주었다. 추운 곳에 혼자 앉아 아무것도 먹지 않고 아무에게도 말을 하지 않는 스리 차란을 볼 때마다 노인은 마음이 몹시 아팠다. 노인은 그를 자식처럼 사랑하는 마음으로 정성을 다해 보살폈다.

스리 차란은 어느덧 수염이 많이 자라고 머리카락은 허리까지 내려와 있었다. 모두가 그를 성자로 떠받들었다. 마을 사람들의 눈에는 그가 단순한 청년으로 보이지 않았다.

그래서 아무도 그를 방해하지 않았다. 그는 밤에는 명상을 하고 낮에는 잠을 잤다. 신에 대한 그의 신뢰와 헌신은 나날이 깊어 갔고, 어느 누가 찾아와도 그는 아무런 분노도, 질투도, 미움도 느끼지 않았다. 주민들이 그에게 큰 집을 지어 주고 주위에 둘러앉아 영적인 노래들을 부르기도 했다.

어느 날 밤, 그의 스승이 다시 나타났다. 스리 차란은 그에게 절을 하면서 말했다.

"스승님, 세상에는 제가 사랑할 수 있는 사람이 아무도 없습니다. 제 가슴은 스승님을 만날 때만 기쁨으로 넘칩니다. 어찌하여 저와 함께 살지 않으십니까?"

성자가 말했다.

"스리 차란, 너는 스스로 진리를 깨달아야 한다. 나는 너에게 음식을 만들어 줄 수는 있어도 먹여 줄 수는 없다. 나에 대한 너의 신뢰가 바로 너의 스승이다."

말을 마치고 나서 성자는 스리 차란의 머리 위에 손을 얹었다. 그 순간 스리 차란은 척추 밑에서 정수리까지 전류가 흐르는 것을 느꼈다. 아무것도 보이지 않았다. 오직 천지사방에서 빛나는 찬란한 빛 하나뿐이었다. 그리고 아무 소리도 들리지 않았다. 오직 천지사방에 울려 퍼지는 옴(om)[7] 진동음 뿐이었다.

몇 시간 동안 그는 그 상태로 앉아 있었다. 의식을 되찾자 그는 그러한 체험을 하게 해준 스승에게 감사하는 마음으로 그의 발 아래 엎드렸다.

"스리 차란, 그것은 이미 네 안에 있었던 것이다. 나는 아무것도

---

[7] — 절대의 소리. 창조적이고 활동적인 힘의 상징인 '아(A)', 순수하고 균형을 이룬 힘인 '우(U)', 반발적이고 저항하는 힘인 '음(M)'으로 구성되어 있다.

한 일이 없다. 그것을 가능하게 한 것은 바로 너의 믿음이다."

성자는 이 말을 끝으로 다시 사라졌다.

이튿날 아침, 스리 차란은 떠오르는 밖에 나와 해를 바라보며 앉아 있었다. 그는 매우 평화로웠다.

아들을 잃은 노인이 평소처럼 우유를 가지고 올라왔다. 그는 스리 차란이 차가운 땅바닥 위에 앉아 있는 것을 보고 안타까운 마음으로 다가가 그의 머리에 손을 얹었다.

그 순간 스리 차란은 스승에게서 받았던 것과 똑같은 기운, 똑같은 빛, 똑같은 소리를 체험했다. 그는 의식을 잃었다.

의식이 돌아왔을 때 그는 우유를 가지고 온 노인이 앞에 앉아 눈물을 흘리고 있는 것을 보았다.

노인이 말했다.

"도대체 무슨 일입니까? 나는 그저 당신의 머리에 손을 얹었을 뿐인데 당신이 땅바닥에 쓰러졌습니다."

"그것이 노인의 손이었습니까?"

이제 그는 자신의 믿음이 스스로에게 축복을 가져다 준다는 사실을 깨달았다. 그는 자신에게 말했다.

"진정한 스승은 내 안에 있다."

그 이후로 그는 다시는 스승과 함께 살겠다는 욕망을 갖지 않게 되었다.

깨달음의 동굴

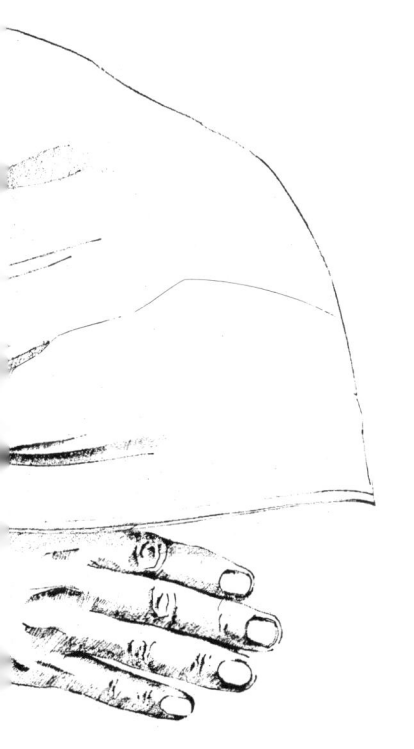

진실한 사랑은 신과 같다.
신 속에서 우리 모두는 하나이고,
언제까지나 하나로 남아 있을 것이다.
다만 육체가 실체를 가리고 있을 뿐.
눈을 떠서 육체가 아닌
육체 속에 담긴 신을 보라.

'**차**루 찬드 무카르지'는 캘커타 시 태생으로, 람찬드라 무카르지 거리에 대 저택을 갖고 있는 부유한 사람이다. 그의 조상 대대로 살아온 그 거리는 무카르지 바라문 계급만 살고 있었다. 바라문들은 자신들의 높은 신분을 대단한 자랑으로 여겼다. 그래서 언제나 같은 계층의 집안과 결혼함으로써 자신들의 권위를 지켜 나갔다.

'차루 바부[1]'라고 널리 알려진 차루 찬드 무카르지는 슬하에 아들 셋과 딸 하나를 두었으며, 요리사 한 명과 함께 살았다.

차루 바부와 동갑인 요리사는 여덟 살 때부터 그 집에서 일해 왔

---

[1] — '바부'는 존경의 뜻을 나타내는 단어. 그대로는 '정신적 스승'이라는 뜻.

다. 그는 비하르[2] 지방 출신으로, 아주 어렸을 때 부모가 그를 버린 것인지 아니면 부모가 일찍 죽은 것인지조차 확실하게 기억하지 못했다. 우연히 캘커타에 갔던 차루 바부의 아버지가 화장터에서 그 소년을 발견하고는 집으로 데려와 그날부터 함께 살기 시작했다. 그 이후 소년은 그 집을 자신의 가정으로 생각하고 단 하루도 떠난 적이 없었다.

청년 시절에 차루 바부는 옷감공장에서 공장장으로 일했다. 그리하여 많은 돈을 벌었으며, 여러 해가 지난 뒤에는 그 공장을 인수할 수 있었다.

스물여섯 살인 그의 장남 쑤닐은 상과 계통의 대학을 졸업했다. 차루 바부는 아들에게 옷감공장의 재무관리를 맡겼다. 그는 자신이 죽은 뒤에도 공장이 성공적으로 운영될 수 있도록 쑤닐을 모든 방면의 일에 훈련시켰다.

둘째아들은 이름이 비자야였다. 그는 고등학교를 졸업하고 대학에는 들어가지 못했다. 차루 바부는 이 둘째아들까지 사업에 끌어들이려고 시도했지만, 비자야는 옷감공장에서 일하는 것을 원치 않았다. 그는 시인이었다. 자기 방에 앉아 있거나 갠지스 강둑을 거닐거나 혹은 근처의 절을 찾아가 시를 쓰곤 했다. 차루 바부는 공장일이 너무 바빠서 대화를 나눌 시간이 없었기 때문에 비자야가 시를 쓴다는 사실을 모르고 있었다.

셋째는 쁘라밀라라는 이름의 딸이었다. 17세였으며 학교를 다니고 있었다. 그녀는 매우 아름답고 부드러우며 종교적인 심성을 가진 아가씨였다.

---

2 —— 인도 동북부에 위치한 드넓은 평야지대로, 갠지스 강을 끼고 많은 상업·공업도시가 발달했다.

넷째는 아들로 이름이 산자야였다. 아직 열 살밖에 안 되었고 자유분방했다. 학교도 어쩌다 마음이 내킬 때만 갈 뿐이었다. 그는 집안 식구들 중에서 가장 미남이었다. 차루 바부의 아내는 산자야가 할아버지를 닮아서 키가 크고 뼈대가 굵고 강인하고 코가 큰 멋진 미남이 될 것이라고 말하곤 했다.

그러나 그녀는 산자야가 태어난 지 열여덟 달도 채 안 되어 지병으로 세상을 떠나고 말았다. 그때 차루 바부는 쉰 살이었다. 아내의 죽음은 그에게 심한 고통을 안겨주었지만 이내 사업에 몰두해 아내를 생각하지 않게 되었다.

집안의 모든 살림은 요리사의 손에 맡겨져 있었다. 차루 바부의 아내가 살아 있을 때에도 마찬가지였다. 식량을 구입하는 일에서부터 요리, 청소, 아이들을 돌보는 일까지 모두 요리사의 책임이었다. 차루 바부의 아내는 늘 몸이 허약해 병석에 누워 있었다. 그녀가 차루 바부와 결혼하여 이 집에 들어왔을 때 요리사가 이미 모든 살림을 도맡아 해오고 있었기 때문에 그녀는 직접 일을 할 필요가 없었다. 따라서 그녀가 죽은 후에도 집안 살림을 해나가는 데에는 아무런 문제가 없었다. 하지만 그 집은 왕이 없는 왕궁과 같았다. 비록 모든 일이 순조롭게 돌아가긴 했지만.

차루 바부는 여자가 없는 집이 너무나 삭막하다고 느꼈다. 그래서 장남 쑤닐을 서둘러 결혼시키기로 마음먹었다. 어느 날 차루 바부가 쑤닐을 불러 말했다.

"쑤닐, 네 어머니가 세상을 떠나고 나서 칠팔 년 동안 이 집에는 안주인이 없었다. 쁘라밀라도 이제 시집갈 나이가 되었으니 얼마 안 가 이 집을 떠날 것이다. 산자야는 아직 어리기 때문에 대학을 졸업하거나 직장을 얻어 독립할 때까지는 가정이 필요할 것이다.

요리사는 너희 모두에게 어머니와 같은 존재이고 집안을 꾸려나가
느라 최선을 다하고 있지만, 그 역시 나처럼 늙었으니 언제 새가
새장을 날아가 버릴지 누가 아느냐?[3] 만일 지금 네가 결혼한다면
네 아내는 요리사에게서 집안을 순조롭게 꾸려나가는 법을 익힐 수
있을 것이다."

쑤닐은 잠시 생각 끝에 말했다.

"그렇습니다. 여자가 없는 집안은 향기가 없는 꽃과 같다는 것을
저도 압니다. 이제 저도 한 여자를 책임질 능력이 있으니 제 생각
에도 결혼할 때가 된 것 같습니다."

차루 바부는 캘커타 시에 있는 바라문 집안에서 신부감을 구하기
시작했다. 아들에게 짝을 구해 주기란 그다지 어려운 일이 아니었
다. 왜냐하면 그는 부자였으며, 그의 아들 또한 높은 교육을 받았
고 건강하고 미남인 데다 또 바라문이라는 높은 신분이었기 때문
이다. 그래서 비슷한 조건을 가진 집안에서 청혼이 잇달았다.

마두수단 바타차리아는 학생 시절부터 지금까지 차루 바부의 오
랜 친구였다. 그 역시 딸을 쑤닐과 결혼시키자고 청혼해 온 사람
중의 하나였다. 차루 바부는 아들의 색시감을 고르기 위해 여러 곳
을 물색할 여유가 없었기 때문에 쑤닐에게 마두수단 바타차리아의
집을 방문하여 그 집 딸이 마음에 드는지 보고 오라고 일렀다.

쑤닐이 방문하여 그 처녀를 만나 보니 그녀는 조금도 부끄러움을
타지 않았다. 학벌도 높아 교사로 일하고 있었다. 얼마 동안 얘기
를 주고받은 그들은 서로 마음에 들었다.

마두수단 바타차리아의 아내가 딸 스와쁘나가 마음에 드느냐고

---

[3] 머지않아 영혼이 육체를 떠날 것이다.

묻자 쑤닐은 상기된 얼굴로 말했다.

"예, 마음에 듭니다. 스와쁘나와 결혼하고 싶습니다."

스와쁘나 역시 찬성의 뜻을 비쳤다. 그렇게 해서 그 자리에서 결혼이 성립되었다.

이 소식을 들은 차루 바부는 쑤닐이 일을 매우 이성적이고 빠르게 처리하는 것이 무척 기뻤다. 이제 아들이 여러 처녀들 중에서 한 명을 골라 결혼날짜를 정했으므로 사방으로 뛰어다니면서 시달릴 필요가 없었다.

쑤닐은 그렇게 해서 결혼을 했고, 스와쁘나는 자신이 살 새 집으로 들어왔다. 차루 바부의 집안은 다시금 새로운 에너지, 새로운 빛과 새로운 애정으로 가득 찼다.

쑤닐은 매우 행복했으며 아내를 깊이 사랑했다. 쑤닐은 교사 경험이 풍부하고 천성이 지휘관 타입인 그녀의 손에 놀아나기 시작했다. 그는 아내가 시키는 대로만 했다. 거의 평생을 그 집안의 관리인으로 일해 온 요리사도 이제는 자신의 선택에 따라 무슨 일을 할 자유가 없었다. 시장에서 아무리 하찮은 물건을 사도 스와쁘나는 동전 한 닢까지 일일이 따지고 들었다.

비자야는 집안일에는 아예 무관심했다. 그는 결혼식에도 참석하지 않았고, 형수가 된 스와쁘나와도 일절 이야기를 하지 않았다. 그는 방 안에 앉아 있다가 밥을 달라고 할 때에만 요리사에게 말을 할 뿐이었다. 이것이 집안에서 그가 맺고 있는 유일한 인간관계였다.

쁘라밀라는 새언니에게 질투를 느꼈다. 쑤닐을 무척 좋아하던 그녀는 마치 오빠가 남모르는 여자에게 납치된 것 같은 느낌을 받았다. 하지만 세상일이 원래 그렇다는 것을 알고 감정을 극복하려고 노력했다. 언젠가는 자신 역시 남의 오빠와 결혼하게 될 것이라고 생각하고 마음을 다스렸다.

산자야는 언제나 자유로웠다. 마음이 내켜야 밥을 먹고, 뛰어놀고, 학교에 가곤 했다. 처음 며칠 동안은 새 식구가 생겨서 마음이 들떴지만 얼마 안 가서 흥미를 잃었다. 그래서 그는 이전의 생활습관으로 돌아갔다.

스와쁘나는 제멋대로 행동하는 막내 산자야가 마음에 들지 않았다. 어릴 때 훈련시키지 않으면 학교도 제대로 마치지 못할 것이며, 나쁜 무리들과 어울려 인생을 망칠지도 모른다고 생각했다.

그래서 스와쁘나는 산자야를 통제하고 여러 가지로 행동을 규제하기 시작했다. 산자야는 처음에는 그녀의 말에 따랐지만, 그녀가 이따금 너무 심하게 화를 내면서 자기를 미워하고, 게다가 날이 갈수록 제약이 많아지자 차츰 그녀의 말을 무시했다.

스와쁘나는 산자야의 태도에 더욱 화가 나 더이상은 그에게 말을 하지 않게 되었다. 그러나 산자야는 전혀 개의치 않았다. 오히려 형수가 아무 말도 하지 않고 간섭하지 않는 것이 더 편했다.

처음에 스와쁘나는 남편 쑤닐에게, 산자야가 말을 안 듣고 제멋대로이며 성질이 고약하다고 여러 가지 불평을 했다. 쑤닐은 아내의 말을 듣기는 했지만, 산자야와 스와쁘나 사이에 일어나는 단순한 심리적인 갈등이라고 여기고는 언젠가는 당사자들끼리 화해점을 찾을 것이라고 가볍게 생각했다. 그래서 동생에게 별다른 꾸지람을 하지 않았다.

스와쁘나는 그런 남편의 행동에 더욱 화가 났다.

"당신네 형제들은 다 똑같아요. 아무도 남의 말을 들으려 하지 않아요. 내가 무엇 때문에 그애를 교육시키느라 골치를 썩겠어요.

이젠 그애가 학교를 가든지 말든지, 나쁜 친구들과 어울리든지 상관하지 않겠어요. 내 인생이 망가지는 것은 아니니까요."

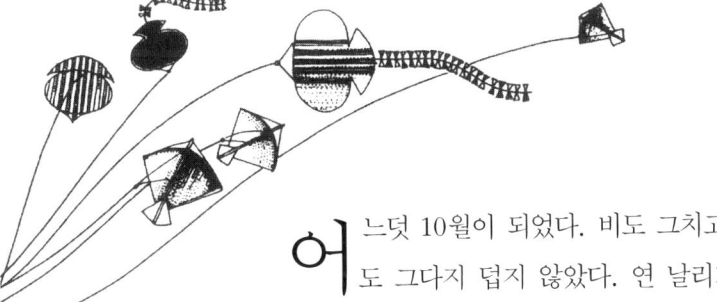

어느덧 10월이 되었다. 비도 그치고 날씨도 그다지 덥지 않았다. 연 날리기에는 좋은 계절이었다. 수천 수만의 연들이 아침부터 밤늦게까지 하늘을 수놓았다. 사람들은 연을 가지고 온갖 재주를 부렸으며 연날리기 대회를 벌이기도 했다.

산자야가 가장 좋아하는 놀이도 연날리기였다. 그는 매일같이 3층의 발코니에 올라가 연을 날렸다.

하루는 그가 연 재료를 사서 풀로 붙이기 위해 3층의 큰형 방으로 들어갔다. 연을 만들고 있는 사이에 스와쁘나가 방에 들어와 산자야가 종이쪼가리와 풀 따위를 늘어놓은 것을 보았다.

연을 다 만든 산자야는 일어나서 발코니로 나가려고 했다. 그때 스와쁘나가 날카로운 목소리로 외쳤다.

"왜 내 방에 들어오니? 내 방은 연 따위를 만드는 곳이 아니야. 너는 내 방에 들어올 권리가 없어. 나가! 썩 나가!"

산자야는 형수가 느닷없이 화를 내자 몹시 놀랐다. 지금까지 아무도 그에게 그토록 심하게 화를 낸 적이 없었다. 집 안의 어떤 방에 들어기면 안 된다는 소리를 들은 적도 없었다.

산자야가 말했다.

"나는 언제나 이 방에서 연을 만들었고 발코니에서 연을 날렸어. 여태까지 내가 이 방에 들어와서는 안 된다고 말한 사람은 아무도 없었단 말이야. 그리고 연을 날릴 만한 장소는 이 방말고는 없어."

말을 마치고 그는 발코니로 걸어나갔다. 그 순간 스와쁘나가 고함을 지르며 달려들어 연을 낚아챘다. 그녀는 실패까지 빼앗아 저 아래 길바닥으로 던져 버렸다.

산자야는 처음에는 너무 놀라 멍하니 서 있다가 울음을 터뜨렸다. 그토록 공들여 만든 연을 형수가 순식간에 부수어 버린 것이다. 집 안에는 그를 달래줄 사람이 아무도 없었고, 스와쁘나는 성난 뱀처럼 그를 노려보고 있었다.

"왜 내 연을 부수는 거야?"

산자야가 소리쳤다.

"이 연은 내 돈으로 산 거야. 형수한테는 조금도 도움을 받지 않았어."

스와쁘나가 말했다.

"여기는 내 방이고 이 발코니는 이 방에 딸린 거야. 나는 네 형수지 하녀가 아니야. 나는 네가 어질러놓은 물건들을 치울 의무가 없어."

"여기말고는 연을 날릴 장소가 없단 말이야. 내가 왜 발코니에서 연을 날리면 안 되는 거지?"

스와쁘나는 더욱 화가 나서 소리쳤다.

"운다고 해서 내가 겁날 줄 아니? 나는 학교에서 너 같은 녀석을 수도 없이 다루어 봤어."

그녀는 산자야의 멱살을 움켜쥐고 끌고 나가 층계 밑으로 던져 버렸다.

산자야가 화가 나서 외쳤다.

"내가 이 집에 있는 게 그렇게 싫다면 당장 나가버리겠어!"

스와쁘나도 소리쳤다.

"그래, 네 맘대로 해! 다시는 내 앞에 너의 추한 얼굴을 보이지 마. 네가 얼씬거리기만 해도 나는 소름이 끼쳐."

스와쁘나의 말은 아직 어린 산자야에게 가슴 깊은 곳까지 상처를 입혔다.

산자야는 실패를 찾으러 울면서 길가로 나갔다. 실패는 진흙 속에 처박혀 있었다. 집어들어 보니 실이 엉키고 진흙과 물에 젖어 쓸모없게 되어 있었다.

"모두 형편없이 되었군!"

산자야는 이렇게 한탄하고는 새 연과 실패를 살 생각으로 시장으로 걸어갔다.

시간도 보낼 겸, 그리고 형수의 난폭한 행동에서 받은 마음의 상처도 달랠 겸 산자야는 시장을 오르내렸다. 그러다가 한 떼의 군중이 빙 둘러서서 무엇인가를 구경하고 있는 광경이 눈에 띄었다. 그는 군중 틈을 비집고 들어가 맨 앞 줄에 쪼그리고 앉았다. 마술사 하나가 마술을 보여주고 있었다.

마술사는 군중 가운데 아무나 한 사람 나와서 자신의 쇼를 도와달라고 말했다. 마침 산자야가 마술사 바로 앞에 앉아 있었던 터라 벌떡 일어나 앞으로 걸어나갔다.

"내가 하겠어요."

마술사가 다정한 웃음을 지으며 말했다.

"어서 와라, 꼬마야. 너야말로 이 마술에 가장 적당한 사람이다.

내가 칼로 너의 몸을 두 토막 냈다가 다시 붙여도 겁나지 않겠니?"

"그렇게 하면 상처가 나나요?"

산자야의 물음에 군중이 웃음을 터뜨렸다.

마술사는 산자야에게 최면을 건 다음 군중 속에 있는 사람들에 대해 여러 가지 질문을 했다. 산자야는 각 질문마다 정확한 대답을 했다. 그는 그 사람들의 이름은 물론 고향까지 알아맞혔다. 군중은 놀라움을 금치 못했다.

그 다음 마술사는 길들인 코브라로 몇 가지 마술을 보였다. 코브라는 명령에 따르도록 잘 훈련되어 있었다. 쇼가 끝나자 사람들은 마술사에게 돈을 던져주고 흩어졌다. 산자야도 그만 일어나려고 했다. 그때 마술사가 말했다.

"잠깐, 짐을 꾸릴 때까지 기다려라. 너한테 할 말이 있으니까."

산자야는 다시 자리에 앉아 기다렸다. 짐을 다 싼 다음 마술사가 말했다.

"꼬마야, 이름이 뭐니?"

소년이 대답했다.

"산자야 무카르지."

"아, 너는 바라문 출신이구나. 너도 마술을 부리고 싶지 않니?"

산자야는 매우 신이 나서 당장 배우고 싶다고 대답했다. 그는 형제들이나 친구들에게 마술시범을 보이면 정말 신이 날 것이라고 생각했다.

마술사가 말했다.

"그럼, 먼저 이 사탕을 먹고 물을 마셔라."

산자야는 그 사탕을 받아 입 안에 넣고 물을 마신 다음, 어서 마술사가 마술을 가르쳐 주기를 기다렸다. 그는 마술사가 몇 분 만에 모든 마술을 가르쳐 주기를 기대하고 있었다.

잠시 후 산자야는 주위가 빙빙 도는 것 같은 느낌을 받았다. 말도 제대로 할 수가 없었다. 마술사가 어깨에 가방을 메고 걸어가기 시작하자 산자야는 아무 감각도 없이 무작정 그를 따라가기 시작했다.

정신을 차려 보니 어떤 외떨어진 곳의 오두막 안에 들어와 있었다. 집 안에는 두 아이와 여자도 있었다. 도대체 자기한테 무슨 일이 일어난 것인지 산자야는 이해가 되지 않았다. 어떻게 해서 이곳까지 오게 된 것일까? 왜 집으로 돌아가지 않았을까?

마술사가 다시 사탕 하나를 먹이자 산자야는 또다시 의식을 잃었다. 이렇게 해서 그는 그곳에서 생활하게 되었다.

한편 요리사는 저녁이 되어 식구들에게 식사를 차려준 뒤 산자야가 돌아오기를 기다렸다. 그러나 산자야는 밤새도록 돌아오지 않았다. 산자야 때문에 한숨도 못 잔 요리사는 아침 일찍 곧장 차루 바부에게 갔다.

"어제 오후부터 산자야가 보이지 않습니다. 어제 저녁밥도 먹으러 오지 않았습니다. 집 안에 없는 것 같습니다."

차루 바부가 대답했다.

"아, 한창 자랄 나이이니 친구들과 함께 놀고 있겠지. 걱정 마시오. 곧 돌아올 테니. 그애가 돌아오거든 앞으로는 어디 갈 때마다 당신에게 얘기를 하라고 이르시오."

"지금까지 산자야는 밖에서 잠을 잔 적이 한 번도 없었습니다. 밖에 나가 하루 종일 놀다가도 해질녘이면 꼭 돌아왔습니다. 나쁜 일이 생긴 것은 아닌지 걱정이 됩니다."

그러나 차루 바부는 그의 말에 별로 신경을 쓰지 않았다. 그래서

깨달음의 동굴 · 259

요리사는 쑤닐에게 갔다. 쑤닐은 마침 응접실에서 남동생 비자야와 여동생 쁘라밀라와 함께 차를 마시는 중이었다.

요리사가 말했다.

"어제 오후부터 산자야가 보이지 않는데 아무도 신경을 쓰지 않는군요. 아이의 어머니가 살아 계셨더라면 무척 걱정하셨을 텐데. 저는 이제 늙은이입니다. 제가 무엇을 할 수 있겠어요? 저는 지금까지 여러분을 친자식처럼 키워 왔어요."

그가 눈물을 흘리며 말을 이었다.

"저는 마음이 아파 견딜 수가 없습니다. 그러니 어서 산자야를 찾아보세요."

자식들은 모두 요리사를 아버지처럼 존경하고 있었다. 사실 그들이 아버지의 정을 받았다면, 그것은 요리사에게서였다. 차루 바부는 늘 바빴기 때문에 아버지의 정을 베풀 겨를이 없었다.

쑤닐이 말했다.

"어쩌면 스와쁘나가 산자야에 대해 알고 있을지도 몰라요. 그녀에게 물어보셨나요?"

요리사가 말했다.

"아닙니다. 차루 바부께만 말씀드렸는데 별로 신경을 쓰지 않으시더군요."

쑤닐은 3층에 있는 자기 방으로 뛰어올라갔다. 스와쁘나는 목욕을 마친 뒤 머리를 빗고 있었다. 쑤닐이 당황한 목소리로 물었다.

"산자야가 어제부터 보이지 않는데, 어디 갔지?"

스와쁘나는 심술이 잔뜩 나서 말했다.

"당신은 내가 점쟁이거나 그애의 유모인 줄 아세요? 난 그애가 어디 있는지 몰라요. 어제 아침 당신이 공장으로 떠난 다음 방으로 올라와 보니, 그애가 이 방의 발코니에서 연을 날리려 하고 있었어요. 그래서 내가 '왜 책은 안 읽고 놀기만 하니? 학교는 왜 안 가니?' 하니까 그 못된 녀석은 화가 잔뜩 나서 연과 실패를 밖으로 집어던지더니 '내가 이 집에서 사는 것이 그렇게 못마땅하다면 내가 나가겠어.' 하고 쏘아부치고는 나가 버렸어요."

그녀는 더욱 화가 난 어조로 말을 이었다.

"처음 왔을 때부터 그애를 교육시키려고 애썼지만 그애는 내 말을 통 듣지 않았어요. 언제나 내 방을 어질러놓고 물건들을 집어가서 나를 놀리려고만 했어요. 그래서 그애와 일절 말을 하지 않았던 거예요. 어제는 나와 싸움을 하려고 작정하고 있다가 내가 약간 듣기 싫은 소리를 하자 화를 낸 거예요. 나는 이 집안에 신물이 났어요. 학교 선생이나 하고 있는 편이 나을 뻔했어요. 나는 지금까지 독립적으로 생활해 왔어요. 그런데 이 집안에선 하녀나 마찬가지예요. 나는 당신한테는 봉사할 수 있지만 당신 동생들에게까지 봉사할 수는 없어요!"

그녀가 소리내어 울기 시작했다.

쑤닐은 아내와 논쟁을 벌이고 싶지 않았다. 그녀의 말이 부분적으로 옳다고는 생각했지만 동생 역시 무척 아꼈다. 그는 스와쁘나가 산자야를 미워했기 때문에 그가 집을 나간 것이라는 사실을 깨달았다. 산자야는 어머니 없이 자라서 누군가 어머니처럼 간섭하는 것에 익숙하지 않았다.

쑤닐이 말했다.

"스와쁘나, 당신 잘못이 아니야. 울지 말아. 그애는 어디선가 친구들하고 놀고 있을 거야. 곧 돌아오겠지."

그는 산자야가 돌아오면 이내와 산자야가 화해할 것이라고 생각하고는 직장으로 떠났다.

여러 날이 지나고 여러 달이 지났다. 그래도 산자야는 돌아오지 않자 그제서야 차루 바부의 눈이 떠졌다. 이제는 경찰에 알리기도 너무 늦었지만 어쨌든 신고를 했다. 처음으로 자식에 대한 애정이 강렬하게 솟구쳐 가슴이 찢어지는 것 같았다. 산자야의 모습이 늘 머리에서 떠나지 않았다.

그는 점점 몸이 야위고 기억력까지 둔해졌다. 그러니 공장일도 할 수 없었다. 어느 날 공장에서 일을 지시하다가 그는 가슴에 예리한 통증을 느끼고 쓰러졌다. 그는 그날을 마지막으로 더이상은 공장에서 일할 수 없게 되었다. 그는 모든 권한을 장남 쑤닐에게 넘겨주고 집 안에서만 생활했다.

쑤닐은 공장 내의 여러 부문에서 일을 해 보았기 때문에 업무의 성격을 잘 파악하고 능률적으로 공장을 관리해 나갔다. 하지만 이제 임무가 너무 무거워 아내와 대화를 나눌 시간적 여유조차 생기지 않았다. 스와쁘나에게는 무척 힘겨운 일이었다. 그녀는 아직 젊었고 아직 신혼인데, 남편과 떨어져 많은 시간을 보낸다는 것이 쉬운 일은 아니었다.

이러한 상황 속에서 스와쁘나는 더욱 신경질적으로 변해 갔다. 그녀는 이 모든 일이 시아버지의 잘못 때문이라고 생각했다. 비록 면전에 대고 말을 할 수는 없었으나 마음속으로는 화가 나서 견딜 수가 없었다.

그녀는 차루 바부가 요리사를 무척 좋아한다는 사실을 알고 있었기에 걸핏하면 요리사에게 시비를 걸기 시작했다. 만일 그러한 사실을 요리사가 차루 바부에게 일러, 차루 바부가 뭐라고 하면 그 일을 핑계 삼아 남편을 설득해 따로 나가서 살 생각이었다.

하지만 그녀의 계획은 이루어지지 않았다. 어느 날 밤 차루 바부는 심장에 극심한 통증을 호소했고, 아침에 가 보니 이미 세상을 떠난 뒤였다.

쑤닐은 혼자서 공장을 운영하고 가정을 이끌어 나가기가 무척 어려웠다. 비자야는 이미 반미치광이가 되어 집에도 잘 들어오지 않더니 아버지가 죽은 뒤로는 아예 자취를 감추어 버렸다.

대학에 다니고 있었던 쁘라밀라는 시집갈 나이가 다 되어 있었다. 이제 그녀를 결혼시키는 것도 쑤닐의 책임이었다.

요리사는 쑤닐에게 자신은 이제 너무 늙어서 더이상 일을 할 수 없다고 말했다.

쑤닐은 그의 나이를 이해했기 때문에 집에서 쉬라고 일렀다.

차루 바부가 죽은 지 여섯 달 후에 요리사도 죽었다. 동시에 스와쁘나는 임신을 했다. 그녀는 임신한 것이 무척 기뻤지만, 아이를 낳고 나면 집안을 돌볼 사람이 없는 것이 큰 걱정이었다. 그녀는 쑤닐에게 음식을 만들고 청소를 할 사람이 필요하다고 몇 차례 얘기했다.

여동생 쁘라밀라는 시간이 없었다. 그녀는 아직 학생이었기 때문에 집에 와서도 언제나 공부만 했다. 쑤닐은 좀처럼 하녀를 구할 수가 없었다. 그래서 될수록 아내를 피해 전보다 더 많은 시간을 공장에서 보냈다.

여동생 쁘라밀라에게는 벨라라는 여자 친구가 있었다. 벨라는 바라문이 아닌 다른 신분의 사람들이 모여 사는 거리에 살고 있었다.

쁘라밀라는 아버지가 살아 계셨을 때까지는 벨라의 집을 방문한 적이 없었다. 그런데 집에는 화 잘 내고, 질투심 많고, 이기적이고, 밉살맞은 새언니 밖에 없으니 집에 일찍 들어갈 마음이 나지 않았다.

쁘라밀라는 전에도 스와쁘나를 좋아하지 않았지만, 임신을 한 뒤부터는 까닭없이 소리를 지르고 화를 내는 등 더욱 신경질적으로 변해 견딜 수가 없었다. 그래서 벨라의 집으로 가서 공부를 하곤 했다.

벨라에게는 쁘라디브라는 네 살 위의 오빠가 있었다. 음악가인 쁘라디브는 미남인 데다가 진실하고 순수한 사람이었다. 벨라에게는 여동생도 두 명 있었으며, 그녀의 아버지는 학교 선생이었고, 어머니는 이태 전에 세상을 떠났다.

이들 네 처녀는 집 안에서 자유롭게 놀았다. 쁘라디브는 자기 방에서 음악을 연주하곤 했다. 이따금 그가 가게에서 과자를 사다 주기도 했지만, 그리고 나면 다시 자기 방으로 들어가 노래를 부르거나 곡을 쓰곤 했다.

벨라와 그녀의 동생들은 쁘라디브의 노래를 그저 그런 것으로 받아들였지만, 쁘라밀라는 그의 노래를 들을 때마다 가슴이 뛰었다. 그녀는 쁘라디브의 달콤한 목소리에 자신의 영혼이 사로잡힌 것을 느꼈다. 이따금 그녀는 자신을 억제하지 못하고 친구들을 밖에 둔 채 쁘라디브의 방으로 가곤 했다.

벨라는 노는 데 더 흥미가 많았다. 그녀는 쁘라밀라가 함께 놀다 말고 오빠의 방으로 가버리는 것이 싫었다.

어느 날 벨라가 말했다.

"쁘라밀라, 너는 우리와 함께 노는 것이 싫으니? 오로지 쁘라디브 오빠의 노래만 듣고 싶어하는 것 같아. 너 우리 오빠한테 반했구나?"

이 말을 듣고 쁘라밀라의 얼굴이 붉어졌다. 그녀는 어색한 웃음을 지으며 말했다.

"아, 아냐. 너희 오빠의 노래가 좋은 것뿐이야. 나는 지금까지 그렇게 노래를 잘 부르는 사람을 본 적이 없어. 너도 알다시피 나는 고등학교 때 음악반이었잖니. 너희 오빠의 노래는 정말 훌륭해. 설령 그렇게 잘 생기고 친절하고 순수한 남자와 사랑에 빠진다 해도 나쁠 건 없잖아? 나에게 선택권만 주어진다면 너희 오빠와 결혼할 수도 있어. 하지만……."

벨라가 말을 가로챘다.

"그래, 나도 알아, 쁘라밀라. 우리는 바라문 계급이 아니야. 그러니 네가 아무리 우리 오빠를 좋아해도 결혼은 할 수 없어. 그랬다간 너는 영원히 바라문 사회에서 추방될 거야. 쁘라밀라, 나도 쁘라디브 오빠가 너를 사랑한다는 것을 알고 있어. 네가 며칠 눈에 띄지 않으면 오빠는 맨날 너에 대해서만 물어. 노래도 부르지 않고 너를 기다리는 것처럼 바깥에 나가 앉아 있어. 오빠는 수줍음이 많은 사람이라서 너에게 마음을 털어놓지는 않을 거야. 하지만 오빠의 가슴은 너에 대한 사랑으로 가득 차 있어."

쁘라디브 역시 자신을 사랑한다는 얘기를 들은 쁘라밀라는 눈물을 참을 수가 없었다. 지금까지 감추어 왔던 사랑의 감정이 표면으로 터져나왔다.

"벨라, 너는 내가 어떤 마음을 먹고 있는지 아니? 쁘라디브와 결혼하지 못하면 나는 수도승이 될 거야."

그녀의 눈에서 두 줄기 강물처럼 눈물이 흘러내렸다. 그녀는 목이 잠겨 더이상 말을 잇지 못하고 벨라의 무릎에 얼굴을 파묻고 흐느끼기 시작했다. 그러는 사이 쁘라디브가 자기 방에서 나와 쁘라밀라가 울고 있는 것을 보았다.

"쁘라밀라, 무슨 일이 있었어? 조금 전까지만 해도 즐겁게 놀고 있더니, 어디 다치기라도 했니?"

쁘라밀라가 울면서 말했다.

"놀이 때문이 아니라 사회관습 때문에 우는 거예요."

그녀는 무릎을 꿇고 쁘라디브의 다리를 붙들고 말했다.

"쁘라디브, 당신을 처음 본 날부터 나는 사랑에 빠졌어요. 나는 그 사랑을 아무도 눈치채지 못하도록 꼭꼭 감췄어요. 하지만 그 사랑은 화산과 같아서 언제까지나 감춰둘 수는 없었어요. 우리는 사회가 우리의 결혼을 허용하지 않으리라는 것을 잘 알아요. 그래서 가슴이 아파요. 나는 당신 없이는 살 수 없어요. 당신은 내 인생의 빛이고 새의 눈과 같아서, 눈을 잃은 새는 여기저기 머리를 부딪치다가 죽고 말 거예요. 당신을 잃으면 나는 미쳐버릴 거예요."

쁘라디브가 쁘라밀라의 손을 잡고 애정이 가득 담긴 목소리로 말했다.

"쁘라밀라, 나 역시 너에 대한 사랑을 감추어 왔다는 사실을 몰랐을 거야. 그건 나의 수줍음 탓도 있고, 가난 탓도 있고, 또 내가 바라문 계급이 아닌 탓도 있어. 하지만 나는 이미 결심했어. 만일 너와 결혼할 수 없게 되면 나는 영원히 결혼하지 않을 거야. 네가 나를 좋아한다는 것을 알아. 하지만 우리의 뜻대로 결혼을 했다가는 사회의 엄한 규율이 우리를 불행하게 만들 거야. 하지만 우리의 사랑이 진실하다면, 비록 결혼하지 않아도 늘 서로의 가슴속에 살아 있을 거야."

그날부터 두 사람은 아주 가까워졌다. 가끔은 쁘라디브와 벨라와 두 여동생이 함께 쁘라밀라의 집으로 놀러 오곤 했다.

스와쁘나는 그들이 쁘라밀라의 방에 앉아 얘기하는 소리를 듣고 그들이 바라문 신분이 아니라는 것을 알아차렸다. 그녀는 그들에 대해 아무것도 모르면서, 혹시 쁘라밀라가 쁘라디브와 사랑에 빠진 것은 아닐까 의심하기 시작했다.

기회만 있으면 헐뜯으려 하는 그녀는 이웃 사람들에게 쁘라밀라가 바라문 계급이 아닌 남자와 연애를 한다고 소문을 퍼뜨렸다. 점차 그 소문이 바라문 사회 전체에 퍼져 사람들은 쑤닐에게 쁘라밀라가 그 청년과 도망치기 전에 서둘러 바라문 청년과 결혼시키라고 충고하기 시작했다. 쑤닐은 사람들의 압력에 못 이겨 여동생을 될 수 있으면 빨리 바라문 청년과 결혼시켜야만 했다.

신랑감을 충분히 물색해 보기도 전에 그는 한 바라문 청년의 청혼을 받아들여 아무에게도 알리지 않고 혼자서 결혼 날짜를 정해 버렸다. 그렇게 해서 어느 날 느닷없이 쁘라밀라는 결혼하게 되었다.

쁘라밀라의 결혼 소식을 들은 쁘라디브는 자신을 마음속의 남편으로 맞아들인 그녀가 그토록 빨리 마음을 바꾸어 다른 남자와 결혼했다는 사실에 큰 충격을 받았다. 그는 고통을 참을 길이 없었다. 이대로 벵갈 지방에 남아 있는 한 도저히 그녀를 용서할 수 없을 것만 같아서 어느 날 밤 집을 나와 자취를 감추어 버렸다. 이무도 두 번 다시 그를 만날 수 없었다.

한편, 마술사에게 납치되어 간 산자야는 새로운 생활에 잘 적응하고 있었다. 그는 마술사 집단에 섞여 생활했는데, 그들은 마술뿐만 아니라 피부병이나 치질, 혹은 뱀에 물린 상처를 치료하는 약을 팔아 돈을 벌기도 했다. 또한 만트라(신령한 주문)를 사용해 귀신들린 사람을 치료하기도 했다. 어떤 늙은 마술사는 황소의 뿔로 상처의 피를 빨아내어 피부병이나 관절염, 그 밖에 신경과 근육의 통증을 치료하는 재주를 갖고 있었다.

산자야는 그 모든 치료법을 다 배웠다. 하지만 그는 손재주로 하는 마술에 더 흥미가 많았다. 마술사들과 함께 일하면서 여러 가지 마술기법을 익힌 그는 어느덧 그 방면의 전문가가 되어 직업 마술사들까지 그에게 속을 정도가 되었다.

산자야를 납치한 마술사는 산자야에게 대단한 희망을 걸었다. 하지만 남들이 납치해 온 아이라는 것을 눈치챌까봐 함부로 도시 순회공연에 데리고 다니는 것을 꺼렸다. 산자야는 잘생기고 키도 크며 몸집이 단단했기 때문에 검은 피부에 못생기고 작고 마른 그 집단 사람들과는 금방 구별이 되었다.

마술사는 산자야의 피부에 어떤 기름을 발라 그를 검어 보이게 만들었다. 옷도 입지 않고 뜨거운 뙤약볕 아래에서 먼지를 뒤집어쓰면서 일을 하고, 게다가 형편없는 음식을 먹다 보니 산자야의 외모는 급격히 달라졌다. 마술사는 서서히 그를 데리고 작은 도시들을 여행하기 시작했다. 때로는 산자야가 마술시범을 보이고 마술사가 조수 노릇을 하기도 했다.

산자야가 마술공연을 하면 스승이 할 때보다 더 많은 돈이 벌렸다. 그의 놀라운 손재주와 기막힌 말솜씨, 게다가 젊고 미남인 덕분에 군중에게서 더 많은 관람료를 끌어냈다.

그 마술사는 아편중독자였다. 그는 아편을 사는 데 많은 돈을 낭비했다. 아편이 그의 인생이나 마찬가지였다. 아편 없이는 걷거나 말할 기운도, 마술을 보일 기운조차 없었다.

그래서 그는 대부분의 시간을 산자야 혼자서 쇼를 진행하도록 맡겨두고 아편을 사러 가곤 했다. 산자야는 아직 어렸지만 스승의 도움 없이도 혼자서 충분히 마술쇼를 진행할 수 있게 되었다.

산자야는 자신이 누구였는지, 집이 어디에 있었는지, 그리고 부모형제가 누구였는지 까마득히 잊고 있었다. 그는 자신을 돈을 벌기 위해 마술을 보이면서 이 도시, 저 도시를 여행하는 마술사로만 생각했다.

차루 바부가 죽고 나서 시를 쓰는 비자야는 집을 떠나 캘커타 근교의 갠지스 강가에 있는 어떤 사원에서 잠시 머물렀다. 그곳에서 그는 구도자들에게 영적인 노래를 불러 주거나 '라마크리슈나 파라마한사'[4]에 관한 시를 크게 읽어 주곤 했다.

이렇게 지내던 어느 날, 비자야는 구도자들의 어깨 너머로 겨울철 동안 알라하바드에서 종교적인 축제가 열린다는 이야기를 들었

---

4 —— 인도의 벵갈 지방에 살았던 19세기의 위대한 성자.

다. 인도 전역에서 영적인 세계를 추구하는 사람들이 다 모인다는 것이었다.

비자야는 알라하바드에 가서 축제에 관한 시를 쓰면 좋겠다고 생각했다. 그래서 아직 축제가 열리려면 한 달이 남았음에도 불구하고 알라하바드로 떠났다.

알라하바드에 도착한 그는 곧장 여러 강줄기가 만나는 트리베니라는 곳으로 가서, 밤에는 그곳의 한 사원에서 잠을 자고 낮에는 강둑에 앉아 시를 쓰곤 했다. 이제 비자야의 외모는 완전히 진짜 수도승처럼 변했다. 긴 머리칼에 수염을 기르고, 허리에서 무릎까지 오는 옷 하나만 걸치고 상체는 알몸이었다.

그는 노트가 든 가방 하나를 어깨에 메고 다녔다. 그 밖에는 가진 게 아무것도 없었다. 그래서 다들 그를 구도자로 여기고 좋은 음식을 대접했다. 그가 학식있는 시인이라는 사실을 알면 돈을 주기도 했다.

알라하바드에서 축제가 시작되어 트리베니는 사람들로 가득 찼다. 며칠 전까지만 해도 쓸쓸하기 그지없던 강둑은 승려와 구도자와 순례자 등 영적인 사람들의 도시로 변했다.

비자야는 이 새로운 도시를 보게 된 것이 무척 기뻤다. 그는 여러 막사를 찾아다니며 성자들을 만났다. 그래서 성자들의 높은 경지에 관한 시를 써서 순례자들에게 읽어 주었다.

때로는 혼자 갠지스 강의 한적한 강둑에 앉아 평화롭게 흐르는 강물을 바라보기도 했다. 서너 시간씩 강가에 앉아 있는 동안 그의 마음은 오로지 시에만 몰두해 있었다.

어느 날 비자야가 홀로 앉아 강물을 바라보고 있을 때, 한 남자가 그곳으로 와서 강물로 뛰어들었다. 그 사람은 만트라를 외우면서 물속으로 108번 들어갔다 나왔다를 거듭했다. 그러더니 다시 경전을 읊으면서 해를 향해 손바닥으로 물을 뿌렸다.

물속에서 나온 그 사내는 추위서 벌벌 떨었다. 그는 어디 모래밭 위에라도 누워 햇볕에 몸을 말려야겠다고 생각했는지 두리번거렸다. 그러다가 문득 모래 위에 앉아 있는 한 구도자를 보게 되었다.

그는 비자야에게 다가가 절을 하며 말했다.

"선생님, 이곳에 좀 앉아도 되겠습니까?"

비자야가 고개를 끄덕이자 그는 태양을 등지고 비자야의 발 앞에 앉았다. 15분쯤 지나자 몸이 따뜻해진 남자가 말했다.

"선생은 어디서 오셨소? 이곳은 정말이지 온갖 곳에서 온 사람들이 다 있는 것 같습니다. 인도 전역에서 다 모였어요."

그는 비자야의 대답을 기다리지도 않고 계속해서 말했다.

"나는 히말라야 산속에 산다는 위대한 성자에 관한 얘기를 들은 적이 있습니다. 아무도 그 성자의 진짜 이름을 모르지만, 사람들은 그를 '마하바타르 바바지'라고 부릅니다. 그 성자는 이 축제 때마다 성스러운 갠지스 강에서 목욕을 하기 위해 이곳으로 온답니다. 그를 본 사람도 있고, 아직 보지 못한 사람도 많이 있습니다. 나는 원래 알라하바드 출신이기 때문에 이곳에 살면서 여러 해 동안 그 성자를 만나려고 애썼지만, 아직까지 한 번도 그를 본 적이 없습니다. 사람들이 그러는데 그 성자는 알모라 지방의 드로나기리 산에 있는 한 동굴에서 산다고 합니다. 전해오는 말에 의하면, 마하바라타(Mahabharata) 전투[5]의 다섯 형제들이 한때 드로나기리로 와서 같은 동굴에서 살았답니다. 그리고 마하바타르 바바지 성자 역시

---

[5] 마하바라타는 기원전 6세기경에 생겨난 인도의 전설로, 선과 악의 싸움을 상징적으로 묘사하고 있다.

마하바라타 전투에 참가했다고 합니다. 그는 일곱 명의 불사신 중 하나입니다."

비자야도 마하바타르 바바지에 관한 이야기를 조금 들은 적이 있었다. 그래서 그는 이 남자가 하는 이야기를 열심히 들으며 생각했다.

'이 사람이 이렇게 동굴에 관한 정보를 자세하게 알려주는 건 어쩌면 나더러 그 동굴로 가라는 신의 메시지인지도 모른다. 아마도 그 이유 때문에 내가 알라하바드에도 오게 된 것 같다. 마하바타르 바바지는 여러 가지 기적적인 방법으로 은총을 베푼다는 얘기를 들은 적이 있다.'

그 남자가 이야기를 계속했다.

"기차를 타고 카트고담까지 간 후, 버스로 라니켓으로 가면 됩니다. 라니켓에서부터는 걸어가야 합니다. 도중에 드와라하트라는 작은 마을이 있는데, 바로 거기서 드로나기리 산으로 올라가면 됩니다."

그가 말하고 있는 동안에 비자야는 눈을 감고서 모든 여행과정을 상상하기 시작했다. 그 남자는 구도자가 눈을 감고 앉아 있는 것을 보고는 말을 멈추고 입을 다물었다. 그리고 자신도 같은 식으로 눈을 감고 명상하기 시작했다.

비자야는 조용히 일어나 걷기 시작했다.

잠시 후 눈을 뜬 남자는 조금 전까지 앞에 앉아 있던 구도자가 사라진 것을 알았다. 그는 깜짝 놀라서 주위를 둘러보았지만 구도자는 어디에도 보이지 않았다. 남자는 의문에 잠겨 생각했다.

'어쩌면 바로 그 사람이 마하바타르 바바지였는지도 모른다. 그는 내 앞에서 순식간에 사라져 버렸다. 마하바타르 바바지가 아니

고서는 그러한 초능력을 발휘할 수가 없다. 그는 마하바타르 바바지가 틀림없다.'

그는 너무나 놀라운 사실에 가슴이 벅차 사람들에게 소리쳤다.

"히말라야의 마하바타르 바바지께서 방금 이곳을 다녀가셨다! 나는 처음엔 그분을 알아보지 못했지만, 태양이 떠오르자 그분이 내 눈앞에서 연기처럼 사라지는 것을 목격하는 순간 그분이 진실로 마하바타르 바바지인 것을 깨달았다. 내가 떠드는 동안 그분께서는 줄곧 아무 말 없이 눈을 감고 앉아 계셨다. 그러더니 갑자기 사라지셨다. 하늘을 날고, 물 위를 걷고, 불 위에 앉아 있을 수 있으며, 순식간에 나타났다가 사라지는 능력을 가지신 분은 세상에 그분 하나뿐이다."

그가 너무나 가슴 벅차게 흥분하여 외쳤기 때문에 사람들은 그 말을 진실로 받아들였다. 그래서 그들 역시 마하바타르 바바지가 축제에 나타났었다는 얘기를 하기 시작했다. 몇몇 사람은 마하바타르 바바지를 찾기 위해 그 남자의 뒤를 따라다니기도 했다.

그러는 사이 비자야는 기차역에 도착하여 카트고담으로 떠났다. 카트고담에 도착한 그는 드로나기리 산을 향해 여행을 계속했다.

산에 도착한 그는 그곳의 한 절에 머물면서 매일같이 동굴을 방문했지만, 감히 그 동굴에서 살 생각은 하지 못했다. 그러나 언젠가는 동굴 속에 앉아 있는 마하바타르 바바지를 발견하게 되리라고 굳게 믿었다.

한편 결혼한 쁘라밀라는 남편의 집으로 갔다. 그녀는 너무나 화가 나고 고통스러웠다. 완전히 사기당한 기분이었다. 사전에 결혼에 대한 얘기를 한 마디도 듣지 못했기 때문이다. 아무도 그녀에게 그 남자와 결혼할 의사가 있는지를 묻지 않았으며, 쁘라디브에게 사정을 설명할 시간적인 여유도 없었다.

그녀의 남편은 상점을 운영하는 장사꾼이었는데, 매우 욕심이 많은 사람이었다. 그가 쁘라밀라와 결혼한 이유도 그녀가 바라문 신분이 아닌 남자와 사랑에 빠져 그녀의 오빠가 같은 신분의 사람과의 결혼을 서두르고 있다는 이야기를 들었기 때문이다. 그는 쁘라밀라와 결혼하면 쑤닐이 지참금으로 많은 돈을 주리라고 굳게 믿었다.

하지만 그는 쑤닐이 남들이 하는 대로 보석을 사고 결혼식을 치르는 데 필요한 액수만 내놓자 몹시 화가 나서 쁘라밀라를 학대하기 시작했다.

그는 패물을 모두 빼앗고 그녀에게 만일 2만 루삐를 보내지 않으면 동생을 받아들이지 않겠다고 쑤닐에게 편지를 쓰게 했다.

쁘라밀라는 아무것도 두렵지 않았다. 쁘라디브가 행방을 감췄다는 얘기를 들은 그녀에게는 이제 삶이 아무런 의미도 없었다. 그래서 남편에게 쑤닐에게 돈을 보내라고 편지를 쓰지도 않을 것이고, 또 그와 함께 살지도 않을 것이라고 선언했다.

바로 그날 밤, 그녀는 어둠을 틈타 자취를 감추어 버렸다.

그녀의 남편은 결혼패물을 차지했으니 밑질 것이 없었다. 그래서 그녀를 찾으려는 노력도 하지 않았다. 그는 쑤닐에게 동생이 집을 나갔는데 어쩌면 애인과 함께 도망친 것 같다는 편지를 써 보냈다. 그것으로 그들의 관계는 끝이 나 더이상은 편지를 주고받을 필요가 없었다.

쁘라밀라까지 사라지자 쑤닐은 큰 충격을 받았다. 형제들이 모두 떠나 버리고 그는 이제 완전히 혼자였다.

쑤닐은 생각했다.

'아버지는 집안 살림을 다스릴 여자가 필요해서 나를 결혼시키셨다. 그런데 내가 결혼한 바로 그날부터 모든 것이 빗나가기 시작했다. 맨 먼저 막내동생 산자야가 행방불명되었고, 아버지와 요리사가 세상을 떠났다. 그 후 비자야도 집을 나가 버리고, 이제 하나밖에 없는 여동생 쁘라밀라까지 자취를 감춰 버렸다. 나는 옷감공장을 운영해서 많은 돈을 벌고 있지만, 돈을 즐겁게 써 줄 사람이 아무도 남아 있지 않다. 그래, 내 아내와 나와 내 자식들은 그 돈을 잘 쓰겠지. 하지만 공장은 우리 형제들의 것인데 어떻게 나 혼자서 그 수입을 독차지할 수 있단 말인가.'

쑤닐은 아내에게 쁘라밀라가 행방불명되었다는 소식을 전했다. 그렇다고 아내에게서 어떤 동정을 기대한 것은 아니었다. 그런데 그녀가 갑자기 울음을 터뜨리며 이렇게 말했다.

"쑤닐, 내가 이 집에 온 다음부터 죄다 나쁜 일만 일어났어요. 나는 당신한테는 매우 불길한 존재인가 봐요. 그러니 어떻게 하면 좋아요? 내 생각에도 나는 재수없는 여자가 틀림없어요. 이러다가 만일 옷감공장에까지 나쁜 운이 닥치면 어쩌죠? 그렇게 되는 날이면 우리 식구는 거지가 되고 말 거예요."

아내를 달래기 위해 쑤닐이 말했다.

"아니, 그렇지 않아. 당신 탓이 아니야. 모두가 자신의 운명을 갖고 태어나기 마련이야. 그러니 자신을 탓하지 말아. 마음을 편하게 가져. 당신을 사랑해, 스와쁘나. 이제 당신만이 나에게 힘을 줄 수 있어."

스와쁘나는 마음을 진정시키고 더욱 용기를 갖고 집안일을 해 나가기 시작했다.

산

자야가 마술사와 함께 생활한 지도 어느새 5년이 되었다. 이제 마술사는 산자야가 절대 도망치지 않으리라는 확신을 갖게 되었다. 아편중독 때문에 그는 산자야보다 훌륭한 마술공연을 해낼 수가 없었다. 그래서 산자야가 대부분의 공연을 도맡아 했다. 하지만 마술사는 여러 도시와 마을을 다녀본 경험이 풍부해 마술공연 일정이나 장소 등은 주로 그가 정했다.

한번은 베나레스로 공연을 갔다. 마술사가 벵갈에서 가까운 인도 동부지역으로 산자야를 데리고 간 것은 이번이 처음이었다.

그들은 시내 중심가에서 마술공연을 시작했다. 이번에는 마술사가 공연을 하고 산자야가 조수 역할을 했다. 쇼가 끝날 즈음 산자야는 돈을 받기 위해 모자를 들고 청중들 사이를 돌았다.

돈을 걷다가 산자야는 문득 옛날 이웃에 살던 사람과 마주쳤다. 그 사람은 산자야를 알아보지 못했지만 산자야는 그를 알아보았다. 과거의 모든 기억이 되살아났다.

그는 생각에 잠겼다.

'왜 내가 마술사와 함께 살고 있지? 나에게는 아버지와 형들과 누나가 있는데. 그리고 우리집은 부자였어. 집으로 돌아가기만 하면 이렇게 고생할 필요 없이 행복하게 살 수 있을 텐데.'

하지만 그는 마술사가 겁이 났다. 마술사는 잔인한 사람이었기 때문에 그가 집에 돌아가도록 내버려두지는 않을 것이다.

그날 밤 그들은 시내 변두리의 후미진 장소에 캠프를 쳤다. 시내 중심가에 오래 있다가는 늘 경찰 때문에 말썽이 일어날 염려가 있었다. 경찰은 마술사라면 도둑이나 소매치기, 노름꾼 정도로만 생각했다. 그래서 시내에 있다가는 조금만 나쁜 사건이 발생해도 그들 모두 경찰에 체포당할 가능성이 많았다. 마술사는 과거에 경찰한테 당한 경험이 많았으므로 밤에 캠프를 칠 때에는 언제나 시내 변두리의 한적한 장소를 선택했다.

마술사는 평소처럼 아편을 복용하고 음식을 조금 먹은 다음 잠자리에 들었다. 하지만 산자야는 잠이 오지 않았다. 갑자기 집 생각이 나서 견딜 수가 없었다. 그는 어떻게 하면 마술사에게서 도망칠 수 있을까 궁리하기 시작했다.

산자야는 한밤중에 자리에서 일어났다. 마술사는 아편에 취해 완전히 의식을 잃은 상태였다. 그는 마술사의 주머니에서 돈을 모두 꺼낸 다음 아편 주머니를 꺼내 모두 차 끓이는 주전자 속에 부었다. 마술사가 아침에 눈을 뜨자마자 차를 마신다는 사실을 잘 알고 있었기 때문이다.

그는 주전자에 차를 넣고 물까지 부어놓은 다음 마술사 곁에 갖다 놓았다. 눈을 뜨자마자 마술사가 일어날 필요도 없이 누운 채로 차를 끓여 마시도록 하기 위해서였다.

산자야는 어둠 속을 걸어 기차역으로 갔다. 경찰에게 불심검문을 당할까봐 인적이 뜸한 길을 골라서 걸었다. 아침 나절에 베나레스 철도역에 도착한 그는 캘커타행 기차를 탔다.

마술사는 눈을 뜨자마자 산자야에게 소리쳤다.

"아침이다. 어서 시장에 가서 먹을 것을 사 와라."

아무런 대답이 없자 그는 투덜거렸다.

"엉덩이를 발로 차야 일어날 모양이군."

그는 누운 채로 차를 끓여 마신 다음 산자야를 깨우기 위해 자리에서 일어났다. 그런데 산자야가 자리에 없었다. 처음에는 화장실에 간 것이려니 생각했는데 아무리 기다려도 오지 않아 주머니를 뒤져 보니 돈이 전부 없어졌다. 가방을 열어 보니 아편까지 모두 사라지고 없었다.

마술사는 화가 나서 외쳤다.

"그 나쁜 녀석이 돈과 아편을 모두 훔쳐 도망을 쳤군. 내가 이놈을 잡기만 하면 평생 잊지 못하도록 따끔한 맛을 보여주리라! 틀림없이 아편을 먹고 도망쳤을 테니 얼마 가지도 못했을 거야. 의식을 잃고 땅바닥에 쓰러져 있겠지."

그는 혼자서 즐거워하며 말했다.

"생전 도둑질도 안 해본 녀석 같으니라구! 아편을 먹고 도망치는 녀석이 어디 있담!"

그는 땅바닥에 쓰러져 있을 산자야를 찾기 위해 밖으로 달려나갔다. 몇 걸음 가지 않아서 아편 기운이 오르기 시작했다. 그는 중얼거렸다.

"아, 다리가 후들거리는군. 아마도 어젯밤 먹은 아편이 독했던 모양이야. 무척 졸린데……."

그는 땅바닥에 주저앉아 의식을 잃었다. 찻주전자 속에 있던 아편이 너무나 독해서 마술사는 이틀 동안이나 무의식 상태로 땅바닥에 쓰러져 있었다.

의식이 돌아오자 마술사는 막사로 돌아왔다.

"그 녀석이 캘커타 시의 어느 곳에 살고 있는지 알 수가 있나. 주소를 물어본 적도 없으니 말야. 캘커타 시에서 사내아이 하나를 찾는 일은 불가능해. 캘커타는 너무나 커서 바다와 같지. 하지만 캘커타를 어슬렁거리다 보면 우연히 그 녀석을 만나게 될지도 몰라. 그 녀석이 바라문 계급 출신이라는 것을 알고 있으니 바라문들이 사는 지역을 집중적으로 찾아 보자."

마술사에게는 돈이 없었다. 그래서 도중의 여러 도시와 마을에서 마술공연을 하면서 천천히 캘커타까지 가기로 했다. 그러자면 아마도 여섯 달은 걸릴 것이었다. 그리고 여섯 달 정도면 산자야는 그를 까마득히 잊고 지낼 것이었다.

열 살에 집을 떠났던 산자야는 이제 열다섯 살이 되어 있었다. 몸집도 완전히 변했다. 이제는 키가 아주 컸고 수염도 약간 자랐다. 피부는 갈색에다 목소리는 깊고 그윽했다. 열 살 때의 산자야와 열다섯 살의 산자야 사이에는 아무런 공통점이 없었다.

집에 도착하니 그를 알아보는 사람이 하나도 없었다. 이웃들은 입을 모았다.

"저 자는 산자야가 아니라 사기꾼일 거야. 아마도 산자야가 집을 나간 일과 차루 바부가 죽은 사실을 전해 듣고 사기를 치러 온 것이 틀림없어. 산자야로 가장해서 옷감공장의 이익을 배당받으려는 거야."

집 안에도 그를 알아볼 사람이 없었다. 요리사는 죽었고 비자야와 쁘라밀라는 행방을 감추어 버렸다. 그리고 쑤닐은 공장에 출근한 뒤였으며, 집 안에는 형수 스와쁘나와 아이들 둘밖에 없었.

스와쁘나는 산자야와 오래 살지도 않았기 때문에 그를 전혀 알아보지 못했다.

이웃들은 그가 한 걸음도 집 안에 들어가지 못하게 했다. 그들은 매우 화가 나서 경찰을 부르겠다고 위협까지 했다. 그가 식구들의 이름을 대도 그들은 믿으려 하지 않았다.

그러자 산자야가 스와쁘나에게 말했다.

"히루는 내가 3층 발코니에서 연을 날리고 있는데 형수가 화를 내며 내 연과 실패를 빼앗아 진흙 바닥으로 던져 버렸지요. 그 일이 기억나세요?"

그러자 스와쁘나가 큰 소리로 외쳤다.

"산자야가 맞아요! 산자야와 나말고는 아무도 알지 못하는 일이에요. 이제 보니 산자야가 틀림없어요. 5년 동안에 너무나 커서 알아보지 못했어요. 하지만 산자야가 분명해요."

이웃들은 스와쁘나를 믿었기 때문에 그를 집 안에 들어가게 했다. 스와쁘나는 아이들만 데리고 집 안에 있는 것이 적적했고, 또 쑤닐이 가정과 공장 양쪽 일에 너무나 무거운 짐을 지고 있는 것 같아 걱정이 많았다. 그런데 이제 산자야가 돌아왔으니 적어도 집안일만큼은 도움을 받을 수 있으리라고 생각했다.

그녀가 말했다.

"산자야, 모든 형제가 큰형만 남겨두고 집을 떠났으니 큰형 혼자서 어떻게 공장일을 처리할 수 있겠어? 어쨌든 공장일은 형제들 세 사람에게 골고루 책임이 있으니, 적어도 이제부터는 집안일만이라도 형을 거들어야 해. 아버님께서는 산자야가 행방불명된 것에 충격을 받아 세상을 떠나셨어. 비자야도 집을 떠났는데 영원히 안 돌아올지도 몰라. 그리고 설령 돌아온다 해도 그는 아무런 도움이 되지 않을 거야. 거의 미친 사람이나 다름없어. 누나도 결혼하자마자 자취를 감추어 버렸어."

그녀는 산자야를 달래듯 말했다.

"과거에 있었던 일은 모두 잊어. 우리도 충분히 고통을 받았고, 산자야도 고통스러웠을 거야. 이제 돌아와 줘서 무척 기뻐. 언젠가는 산자야도 결혼을 해서 아이들을 낳게 되겠지. 그러면 이 집은 다시 식구들로 가득 찰 거야."

산자야는 나쁜 소식들을 듣고 충격을 받았다. 그는 다만 이렇게 말했다.

"알겠어요. 이제부터는 집에 있겠어요. 그래서 돌아온 거예요."

밤에 공장에서 돌아온 쑤닐은 산자야가 왔다는 것을 전해들었다. 그는 대화를 나누고 싶었지만 산자야는 오랜 여행에 지쳐 이미 잠이 든 뒤였다.

쑤닐이 아내에게 말했다.

"내 말 잘 들어. 당신은 산자야와 화해를 해야 돼. 나는 산자야가 필요해. 난 그애를 사랑해. 비자야는 돌아오든지 말든지 상관없어. 비자야는 식구들과 어울리지도 않았고 집안일에도 관심이 없었으니까. 하지만 산자야는 소중한 아이야. 그애는 나에게 많은 도움을 줄 수 있어."

스와쁘나가 말했다.

"우리는 이미 화해했어요. 나 역시 그를 좋아해요. 내일 아침 그를 보면 당신은 전혀 몰라볼 거예요. 그는 당신처럼 키가 크고 벌써 어른처럼 행동을 해요. 말은 많지 않지만 부끄러움을 타는 성격은 아닌 것 같아요."

이튿날 아침 쑤닐은 자리에서 일어나는 대로 산자야의 방으로 갔다. 산자야는 침대 위에 앉아 있었다. 산자야가 돌아왔다는 얘기를 들었으면서도 쑤닐은 산자야를 알아보지 못했다. 그가 정말로 산자야인지 의심이 갈 정도였다.

산자야가 그의 의구심을 알아차리고 이렇게 말했다.

"나는 산자야가 틀림없어요. 나는 뙤약볕 아래서나 비를 맞으면서 온갖 장소에서 살았어요. 그러다 보니 피부가 검어졌어요. 또 키가 이렇게 컸으니 아무도 못 알아보는 것은 당연한 일이에요. 내가 어렸을 때 나무에서 떨어져 허벅지에 상처가 나자 형이 나를 병원에 데려다 준 기억이 날 거예요. 보세요, 여기 그 흉터가 아직도 남아 있어요."

쑤닐이 말했다.

"아, 그래! 너는 산자야가 틀림없어. 정말 많이 변했구나! 전혀 못 알아보겠어."

쑤닐이 계속 말했다.

"산자야, 너의 형수가 너에게 모든 소식을 전한 것 같으니 내가 되풀이하지는 않겠다. 나는 너를 사랑한다. 그리고 난 네가 필요해. 나는 완전히 혼자다. 이 모든 일을 나 혼자서 해낼 수는 없어. 네가 날 좀 도와다오. 공장일도 좋고 집안일도 좋다. 아무 쪽에서든지 날 좀 도와다오. 아니면 학교에 다니고 싶다면 내가 뒤를 돌봐주마. 너는 아직 나이가 있으니 학교를 다녀도 돼."

산자야가 말했다.

"지금 당장은 결정을 못 하겠어요. 당분간은 집에 있으면서 이 생활에 적응하도록 노력하겠어요. 집을 나간 뒤 나는 마술사에게 납치되어 5년 동안 떠돌이생활을 했어요. 그런데 이제 다시 새로운 환경에 들어왔으니 여기에 적응하려면 시간이 좀 걸릴 것 같아요. 지금 당장은 밖으로 나가 사람들을 만나는 일이 겁나요."

쑤닐이 말했다.

"좋다. 네 마음대로 해라. 앞으로는 나한테 할 이야기가 있으면 즉시 하고, 자신을 이방인으로 생각하지는 말아라. 너한테는 엄연히 이 집안 재산의 3분의 1을 가질 권리가 있다."

그렇게 해서 산자야는 집에서 살기 시작했지만 가족에게 소속되어 있다는 느낌은 들지 않았다. 언제나 이질감을 느꼈다. 또한 밖으로 나가는 것이 두려웠기 때문에 대부분의 시간을 집 안에서만 지내면서 발코니에 앉아 거리를 오가는 사람들을 구경하곤 했다.

여섯 달이 지났다. 산자야는 집 안에만 있으면서 좋은 음식에 아무 일도 하지 않고 지내다 보니 체중도 늘고 원래의 피부색도 되살아났다.

어느 날 발코니에 앉아 거리를 구경하고 있던 산자야는 멀리서 긴 장대 끝에 바구니를 매달아 어깨에 지고 걸어오는 뱀 부리는 마법사를 보았다. 그 사람은 바로 그를 납치했던 마술사였다.

마술사는 멀리서도 금방 산자야를 알아보았지만, 산자야는 그가 집앞 거리에 도착해 바구니를 길에 내려놓을 무렵에야 비로소 그의 정체를 알아차렸다. 마술사는 바구니 뚜껑을 열더니 독 있는 코브라 한 마리를 꺼냈다. 그는 뱀의 머리를 산자야를 향해 높이 쳐들었다가 땅바닥에 내려놓고 꼬리를 발로 밟았다.

산자야는 그 기술을 익히 알고 있었다. 그 코브라는 사람을 죽이도록 훈련받은 뱀이었다. 마술사의 손을 떠난 뱀은 당장 집 안으로 들어왔다. 산자야는 집 안에 그대로 있다가는 꼼짝없이 죽고 말 것이라고 생각했다. 그 뱀은 작은 구멍에 교묘히 숨어 있다가 갑자기 공격하는 기술을 가지고 있었다. 뱀이 구멍 속에 숨어 있는 한 죽일 수도 없었다.

그래서 그는 뒷담장에 밧줄을 걸고 담을 넘어 도망쳤다.

마술사는 대문 앞에서 서너 시간을 기다렸다. 그가 피리를 불자 어린아이들과 어른들이 몰려들었다. 그는 마술을 보여주고 돈을 거둬들였다.

공연이 끝나고 구경꾼들이 모두 돌아갔을 때 코브라가 돌아왔다. 코브라는 아직도 독을 잔뜩 품고 있었다. 그래서 마술사는 뱀이 산자야를 죽이지 못했다는 것을 알았다.
그는 생각했다.
'아마도 그놈이 뒷문으로 도망을 친 모양이군. 집 안에 있었다면 코브라가 그를 죽이지 못했을 리가 없지.'
며칠 뒤 마술사는 수도승으로 가장해서 저녁 무렵에 산자야의 집을 방문했다. 그는 쑤닐을 만나 산자야가 집에 있는지를 물었다.
쑤닐이 말했다.
"아, 그 녀석은 이미 타락해 버렸소! 5년 전에 나갔다가 6개월 전에 돌아오더니 또다시 아무 말도 없이 자취를 감추어 버렸소. 난 그 녀석에 대한 기대를 완전히 버렸소. 더이상은 그 녀석을 믿지 않소."
수도승이 동정을 표하면서 말했다.
"나는 여러 곳을 여행하니 그를 만나면 집으로 돌아가라고 타이르겠습니다. 만일 그가 돌아오면 나에게 편지로 알려주십시오. 그러면 내가 그를 만나 다시는 집을 떠나지 않도록 얘기해 보겠습니다. 하지만 그가 다시 달아날지도 모르니 내 얘기는 하지 마십시오."
수도승은 쑤닐에게 주소를 가르쳐 주고 집을 떠났다.
집에서 도망친 뒤 산자야는 표도 끊지 않고 기차를 탔다. 그는 가능한 한 빨리 캘커타를 벗어나고 싶었다. 열차의 종착역은 델리였다. 산자야는 기차에서 내려 검표원의 눈을 피해 다행히 표를 내지 않고서도 역을 빠져나올 수 있었다.
그는 델리에서 노동도 하고 구걸도 하면서 여기저기를 돌아다녔다. 델리가 마음에 든 것은 아니었다. 군중과 소음 때문에 겁이 났다. 그래서 그는 어느 날 순례자들 틈에 끼여 버스를 타고 하리드와르로 갔다.

하리드와르에서는 안전함을 느꼈다. 사람들도 많지 않았고, 그나마 대개가 영적인 사람들이었다. 사원의 현관이나 순례자들을 위해 마련해 놓은 방에서 잠을 잘 수도 있었다. 음식을 구하는 데에도 별 어려움이 없었다. 그래서 산자야는 그곳에서 행복하게 지냈다.

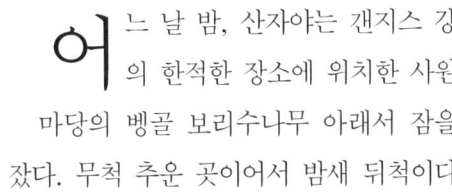

어느 날 밤, 산자야는 갠지스 강의 한적한 장소에 위치한 사원 마당의 벵골 보리수나무 아래서 잠을 잤다. 무척 추운 곳이어서 밤새 뒤척이다가 아침해가 뜰 무렵에야 비로소 잠이 들었다. 그때 한 수도승이 목욕을 하러 사원 근처의 강으로 왔다가 아침인데도 아직 잠들어 있는 사람을 보고 소리높여 주문을 외쳤다.

"하리 옴(Hari om)! 하리 옴!"

산자야는 깜짝 놀라 자리에서 일어났다. 수도승은 물결치는 긴 머리칼에 검은 눈의 잘생긴 젊은이를 보고 가까이 다가와 말했다.

"어디서 온 젊은이인가?"

산자야는 여러 지방에서 살아본 경험이 있었기 때문에 힌두어 및 몇 개 지역의 언어를 완벽하게 구사할 줄 알았다. 그가 말했다.

"델리에서 왔습니다."

"델리가 고향인가?"

"아, 아닙니다. 베나레스가 고향인데 지금은 여행중입니다. 델리에서도 잠시 머물렀지요. 하지만 이제는 베나레스로 돌아갈 생각이 없습니다. 이곳이 마음에 듭니다. 한적한 장소, 사원들, 성스러운 갠지스 강과 사람들이 모두 좋게 느껴집니다."

젊은이가 성스러운 사람들을 좋아한다는 말을 듣고 수도승은 일부러 진지한 표정을 지으며 말했다.

"이곳에 여행온 것이라면 나와 함께 지내도 좋네. 나는 저쪽 망고나무숲에 작은 거처를 가지고 있네. 수도승이 되길 원한다면 내가 자네를 입문시켜 주겠네."

산자야가 말했다.

"언젠가는 저도 스님처럼 되겠지요. 하지만 지금은 잠자고 생활할 수 있는 집이 필요해요."

수도승이 말했다.

"집에 대해서는 걱정 마라. 나와 함께 살자. 자, 나를 따라오너라."

그가 일어서자 산자야는 그의 뒤를 따랐다. 산자야는 지금까지 늘 혼자였다. 그에게도 함께 이야기를 나눌 친구가 필요했다. 그는 마술사가 그를 발견할까봐 겁이 나서 혼자 있는 것이 더욱 두려웠다.

수도승과 산자야는 망고나무숲의 오두막에서 함께 살기 시작했다. 수도승은 산자야에게 비단으로 된 오렌지색 승복을 사주었다.

"젊은이, 자넨 무척 잘생겼군. 아마 이 승복을 입으면 더욱 잘생겨 보일 거야. 사람들은 자네에게 끌려 많은 돈을 기부할 것이니 자넨 그냥 심각하게 앉아 있기만 하면 돼. 그러면 사람들은 자네를 성자로 여길 걸세. 만일 사람들이 나에 대해 물으면 자네의 스승이며, 산에서 몇 년 동안 수행을 하다가 내려왔다고 말하게. 하지만 가능하면 사람들의 질문에는 침묵을 지키는 것이 좋아. 내가 대신 대답해 줄 테니. 그리고 명심해. 이제부터 자네의 이름은 '발 요기(Bal Yogi)[6] 함사 뎁'이야."

수도승은 아침 일찍 밖으로 나갔다가 저녁 늦게 돌아오곤 했다. 그는 발 요기 함사 뎁이 몇 가지 초능력을 가진 대단한 성자라고 선전하면서 돌아다녔다.

젊은 성자를 보여주기 위해 그는 일단의 순례자를 데리고 오기도 했다. 그는 함사 뎁이 갓난아이였을 때 자기가 입문시켰다고 말하기도 했다. 그리고 자신의 제자가 밀림 속에서 몇 년의 수행 끝에 대단한 능력을 얻어 가지고 내려왔다고 설명했다. 그는 만나는 사람마다 각각 다르게 거짓말을 했다. 모두들 이 젊은 성자를 보고 그의 준수한 용모와 진지함과 침묵에 매료되었다. 차츰 그의 명성이 널리 퍼져 더욱 많은 사람들이 그를 만나러 왔다.

어느 날 수많은 군중이 망고나무숲에 모였다. 오두막에서 나온 함사 뎁은 단 위에 연꽃자세로 가부좌를 틀고 앉았다. 오렌지색 비단승복에 반사된 그의 얼굴이 환하게 빛났다.

수도승이 큰 소리로 말했다.

"신사 숙녀 여러분, 새삼스럽게 발 요기 함사 뎁을 소개할 필요는 없을 것입니다. 그가 지금 여러분 앞에 앉아 있습니다. 만일 내가 태양을 가리키며 여러분에게, '보시오. 저것이 바로 태양이오!' 하고 외친다면 그것이야말로 우둔한 짓일 것입니다. 태양은 누구나 볼 수 있습니다. 사람들은 태양의 빛과 열기를 느낄 줄 압니다. 나는 다만 발 요기 함사 뎁이 나의 제자라는 사실, 그리고 내 제자가 맹렬한 수행과 헌신과 신앙으로 높은 경지에 도달했다는 사실만 말

---

6 ― '발 요기'는 어렸을 때부터 요가를 수행한 사람이라는 뜻이다.

쏨드리고 싶습니다. 그는 많은 초능력을 행사할 줄 알지만 영적 진화에는 그 능력들이 오히려 방해가 되기 때문에 좀처럼 그 능력을 보여주지 않는 것입니다."

군중 속에서 누군가 외쳤다.

"그렇습니다. 우리는 태양을 볼 수 있습니다. 하지만 우리의 귀는 발 요기 함사 뎁의 입에서 나오는 몇 마디 말을 듣고 싶어 안달입니다. 부디 한 말씀 해주십시오."

함사 뎁은 부드럽게 몸을 흔든 다음 입을 열었다.

"영적 수행자의 목적은 능력을 얻는 데에 있지 않습니다. 이 능력들은 깨달음을 얻은 존재에게는 그림자처럼 따라다닙니다. 하지만 능력을 얻으려고 애쓰는 사람들은 결국 능력의 노예가 되고 맙니다. 나는 좀처럼 내가 획득한 능력을 보여주지 않지만, 가끔 사람들 마음속에 신념을 불어넣기 위해 몇 가지 시범을 보이기도 합니다."

그가 손을 높이 쳐들고 말했다.

"내 손을 쳐다보십시오."

순간 그의 손에서 포도송이가 나타났다. 다시 그가 손을 쳐들자 포도송이는 사라지고 꽃다발이 나타났다. 그 다음에는 입을 벌리더니 입 안에서 갠지스 강의 조약돌을 하나 꺼냈다. 잇달아 색색가지의 돌멩이 네댓 개가 더 나왔다. 그리고 나서 다시 조약돌을 모두 삼킨 다음 이렇게 말했다.

"조약돌은 모두 몸 속의 적당한 장소로 들어갔습니다."

모든 군중이 너무 놀라 말을 잃었다. 그 중에서도 가장 놀란 사람은 그 가짜 수도승이었다. 그는 땅바닥에 엎드려 그에게 수없이 절을 했다.

군중은 발 요기 함사 뎁에게 값나가는 물건들과 돈을 바쳤다. 군중이 돌아간 뒤 수도승은 돈과 보석과 과일을 모두 모은 뒤 함사 뎁을 모시고 오두막으로 돌아갔다.

수도승은 함사 뎁을 상석에 앉힌 뒤에 다시금 발 아래 엎드려 절을 하며 말했다.

"성자님, 용서하십시오. 성자님이 정말로 초능력을 갖고 계신 줄은 미처 몰랐습니다. 성자님을 제자로 선전한 것을 용서해 주십시오. 성자님, 앞으로 평생 동안 모시고 살겠습니다."

함사 뎁은 아무 말도 하지 않고서 다만 침묵과 엄숙한 표정으로 자신의 성스러움을 나타냈다. 이제 수도승은 함사 뎁을 주인처럼 떠받들기 시작했다. 그렇지만 그는 사람들이 바친 물건을 챙기는 데에는 매우 재빨랐다.

함사 뎁은 어느덧 하리드와르 전체에 깨달음을 얻은 능력있는 성자로 널리 소문이 퍼졌다. 그가 아침부터 밤까지 망고나무숲에 앉아 있으면 수천명의 사람들이 그를 보러 와서 돈을 바쳤다.

수도승의 운명도 태양처럼 빛나기 시작했다. 그는 전보다 훨씬 더 많은 존경을 받았다. 불과 여섯 달 만에 망고나무숲은 거대한 아쉬람으로 변해 숲 가운데에 쉬바 신을 모시는 거창한 사원까지 세워졌다. 이제 함사 뎁은 보석으로 치장한 옷을 입었으며, 그의 모습은 더욱 휘황찬란하게 보였다.

그러던 어느 날 함사 뎁은 누군가의 노랫소리를 듣게 되었다. 사람들도 가끔 갠지스 강 건너편에서 들리는 영적인 노래를 듣곤 했다. 어떤 때는 힌두어로, 그리고 어떤 때는 벵갈어로 노래를 부르기도 했다.

함사 뎁이 제자들에게 물었다.

"저 노래를 부르는 사람이 누구인가?"

한 제자가 대답했다.

"그는 미친 사람입니다. 더럽고 다 찢어진 옷을 입고 있으며 머리카락과 수염도 길고 지저분합니다. 그는 가끔가다 마구 뛰어다니기도 하고 울부짖기도 합니다. 그러다가 마음이 가라앉으면 저렇게 노래를 부릅니다. 그는 강가의 모래밭을 거닐다가 그곳에서 잠을 잡니다. 어떤 때는 사람들한테 음식을 구걸하기도 합니다. 완전히 미쳤다고밖에 볼 수 없습니다. 미쳤기 때문에 스승님을 뵈러 오지 않는 것입니다."

함사 뎁이 말했다.

"나는 여태껏 저렇게 신앙심 깊은 노래를 들어본 적이 없다. 아마도 그는 신에게 미친 것 같다."

함사 뎁은 오랜만에 벵갈어로 된 노래를 듣는 것이 기뻤다. 그는 노래부르는 남자를 한 번 만나보고 싶었다.

그러던 어느 날 밤, 모두가 잠든 뒤 함사 뎁은 노랫소리를 듣고 밖으로 나왔다. 잠시 노래를 듣고 있다가 그는 강을 건너가 그 사람을 만나기로 결심했다.

여름엔 강에 물이 많지 않기 때문에 함사 뎁은 쉽게 강을 건널 수 있었다. 그는 모래밭 위에 누군가가 앉아 있는 것을 보고 가까이 다가갔다.

그 사람은 노래를 멈추고 앞에 서 있는 함사 뎁을 보았다. 그리고는 깊은 존경심으로 함사 뎁에게 엎드려 절했다. 합장한 손으로 눈물을 흘리면서 그가 서투른 힌두어로 말했다.

"성자님, 저는 성자님께서 전지전능하신 분이라는 것을 압니다. 성자님을 뵙고 싶었지만 성자님 앞에 나타나기엔 제가 너무나 부족함을 느꼈습니다. 저는 성자님 발에 묻은 흙을 만질 자격조차 없습니다. 언젠가 경전을 읽어 보니 열심으로 원하는 사람한테는 신이 모습을 나타낸다고 적혀 있더군요. 성자님은 저를 축복해 주시러 이곳에 나타나셨습니다. 성자님은 인간의 육체를 빌어서 나타난 신이십니다. 제가 어떻게 하면 성자님께 봉사할 수 있을까요?"

그는 다시금 함사 뎁의 발 아래 엎드렸다.

함사 뎁이 말했다.

"자네는 벵갈어를 할 줄 아는 것 같던데, 어디서 왔는가?"

사내가 말했다.

"성자님, 저는 캘커타의 바라나가르 거리에서 산 적이 있습니다. 하지만 이제는 온 세상이 제 집입니다. 저는 오직 성자님의 종이 되고자 할 뿐입니다."

함사 뎁은 생각했다.

'아, 이 사람은 우리집에서 가까운 곳에 살고 있었군.'

그는 자기도 벵갈 지역에서 왔다는 얘기를 하지 않았다. 그리고 사내 역시 함사 뎁의 말투만 가지고는 그 사실을 알 수가 없었다. 함사 뎁은 힌두어를 완벽하게 구사할 줄 알았기 때문에 전혀 벵갈 억양이 나타나지 않았던 것이다.

같은 도시에서 왔다는 사실을 알게 되자 함사 뎁은 사내에 대한 동정심이 일었다. 하지만 겉으로는 절대로 감정표시를 하지 않음으로써 권위를 지켰다.

함사 뎁은 평온한 말투로 말했다.

"너의 헌신적인 마음이 나를 이곳까지 오게 했다. 너는 진정 신에게 귀의한 자이다. 오늘 밤 나는 신의 명령을 전하기 위해 너를 찾아왔다. 나는 이미 너를 나의 제자로 받아들였다. 이제 너의 이름은 '스와미 나라다난다'이다. 과거는 모두 잊어라. 과거에 네가 누구였고, 무엇을 했는지에 대해서는 모두 잊어라. 네 자신을 신의 하인인 나라다난다로 여겨라. 이제부터 산속으로 들어가 모든 사원을 방문한 뒤, 바드리나뜨 사원을 찾아가라. 만일 신의 뜻이 작용한다면 우리는 그곳에서 다시 만나게 될 것이다."

나라다난다는 눈물을 흘리며 함사 뎁의 발 아래 깊이 엎드려 절했다.

"마침내 신의 은총에 힘입어 저는 길을 찾았고 스승님을 발견했습니다."

잠시도 지체하지 않고 그는 길을 떠날 준비를 했다. 함사 뎁은 자신의 값나가는 옷을 벗어 나라다난다의 어깨에 걸쳐 주었다. 그러자 사내는 다시 한번 절을 하고 어둠 속으로 사라졌다.

함사 뎁은 방으로 돌아왔다. 그는 몹시 흥분되고 자신이 옳지 못한 짓을 한 것 같아 불안했다. 나라다난다의 믿음, 헌신, 정직함이 그를 눈뜨게 했다. 그는 자신이 점점 더 돈과 거짓명성에 빠져들고 있음을 깨닫기 시작했다.

함사 뎁은 생각했다.

'나는 부유한 집안에서 태어났다. 내가 집을 떠나지 않았다면 나는 부유한 생활을 즐겼을 것이다. 그러나 부자라고 해도 배가 부르면 더이상 먹지 못한다. 부자나 가난뱅이나 먹는 것은 마찬가지이다. 하지만 탐욕은 부자와 가난뱅이를 모두 불행하게 만든다. 내가 값나가는 보석과 황금에 파묻혀 살면서 왕처럼 행세를 해도 나의 욕망은 더 많은 것을 바랄 것이다. 욕망에는 끝이 없다.'

그날 밤 좀처럼 잠을 이루지 못한 그는 밖으로 나와 강을 건너 아무런 생각도, 목적도 없이 끝없이 걷기 시작했다.

한편 나라다난다는 산속에 있는 여러 사원을 방문한 끝에 마침내 함사 뎁이 말한 바드리나뜨 사원에 도착했다. 사원에 도착하니 마음이 한결 평온해졌다.

그 사원의 문은 겨울 내내 닫혀 있었고, 아무도 찾아오지 않았다. 나라다난다는 그곳을 떠나고 싶지 않았지만 먹을 것이 없어 생활이 불가능했다.

그래서 그는 다른 곳으로 가기로 마음을 먹었지만, 히말라야에 어떤 성지들이 있는지 아무런 지식도 갖고 있지 않았다. 다른 구도자들이 여행계획을 짜고 있는 것을 보고 그는 그들에게 어디로 갈 것인가를 물었다.

한 구도자가 말했다.

"한 바퀴 순례를 하시오. 드와라하트로 가서 드로나기리 산에 있는 판두콜리 동굴을 방문하시오. 그 동굴 속에는 마하바타르 바바지 성자가 살고 있소. 그는 지난 5천년 동안을 여러 육체로 몸을 바꾸어 가며 죽지 않고 살아온 불사신이오. 하지만 그는 모습을 나타낼 때도 있고 전혀 나타내지 않을 때도 있소. 그러니 운이 좋은 사람만이 그를 만날 수가 있소. 그는 진정 자신을 만나고 싶어하는 사람에게만 모습을 나타낸다고 하오."

나라다난다는 자신이 간절히 원했을 때 스승이 자기 앞에 나타났던 일을 상기했다. 이제 그는 이 위대한 성자를 만나고 싶었다.

그는 말했다.

"좋습니다. 나는 판두콜리 동굴로 가겠습니다. 그런데 판두콜리로 가려면 어떻게 해야 합니까?"

구도자 하나가 그에게 자세한 길을 가르쳐 주었다.

그는 모든 정보를 얻어들은 후에 닫혀 있는 사원 문을 향해 절을 한 뒤 여행을 시작했다.

아쉬람을 떠난 뒤 함사 뎁은 우거진 밀림에 도착했다. 그곳에는 야생코끼리들이 대열을 지어 오가고 있었다. 이 밀림은 동굴 속에 숨어 사는 도둑떼나 가축에게 줄 풀을 베러 오는 농부가 아니면 아무도 감히 들어가지 못하는 곳이었다.

밤새 걸은 함사 뎁은 무척 피곤했다. 그는 나무 아래 앉자마자 잠이 들었다.

한 떼의 산적이 밀림 속을 지나다가 몸에 보석을 걸치고 좋은 옷을 입은 청년이 나무 아래 누워서 자고 있는 것을 보았다. 산적 하나가 말했다.

"야, 호박이 넝쿨째 굴러들어왔군. 저걸 좀 봐! 보석을 걸친 친구가 나무 아래서 왕처럼 잠들어 있어. 어리석은 친구 같으니라구! 틀림없이 어디서 훔쳤을 거야."

도둑들은 그를 에워싸고 보석과 옷을 모두 빼앗았다. 함사 뎁은 아무것도 겁나지 않았다. 옷과 보석을 빼앗겨도 조금도 아깝지 않았다.

산적들이 말했다.

"젊은이, 하늘이 목숨을 구해준 줄 알게. 반항을 하지 않았으니 망정이지, 그러지 않았으면 우리한테 목이 달아났을 거야."

그리고 나서 그들은 밀림 속으로 사라졌다.

함사 뎁은 허리 아래만 간신히 걸친 몸으로 나무 아래 앉아 있었다. 잠시 후 해가 중천에 솟자 농부들이 풀을 베러 왔다. 그들은 낯선 젊은이가 나무 아래 앉아 있는 것을 보고 다가왔다.

한 농부가 말했다.

"왜 이런 위험한 밀림 속에 앉아 있소? 이곳은 코끼리와 뱀과 다른 야생동물이 많고, 산적들의 소굴도 있는 곳이오. 산적들의 눈에 띄는 날이면 당신을 경찰의 첩자로 생각하고 죽이려고 할 거요."

함사 뎁이 말했다.

"나는 코끼리나 뱀이나 다른 짐승들은 무섭지 않습니다. 강도들도 겁나지 않습니다. 죽음도 더이상 두렵지 않습니다. 나는 마음의 평화를 찾을 수 있는 어딘가로 가고 싶습니다."

다른 농부가 말했다.

"당신은 아직 젊소. 젊을 때는 가끔 일시적인 충동에 이끌려 세상의 집착에서 벗어나 구도자가 되고 싶을 때가 있는 법이라오. 그러나 아직까지는 집착에서 완전히 벗어나지 못했기 때문에 큰 고통에 시달리는 것이오. 왜 집으로 돌아가지 않소? 당신의 부모가 당신을 애타게 기다리고 있을 것이오. 젊은이, 세상의 쾌락을 골고루 누려본 사람만이 세상의 모든 것을 포기하고 구도자가 될 수 있소. 마음의 평화를 찾는 일은 나이가 들어서나 할 수 있는 일이오."

여러 사람에게 둘러싸인 함사 뎁은 몹시 불안해졌다. 불과 며칠 전까지만 해도 경지가 높은 성자로 존경받던 그가 이제는 쓸데없는 생각으로 집을 뛰쳐나와 방황하는 젊은이 취급을 받고 있었다.

자존심이 상한 그가 말했다.

"충고해 주어서 고맙습니다, 여러분. 그러나 나는 집으로 돌아갈 수가 없습니다. 온 세상이 나의 집입니다."

그는 자리에서 일어나 오솔길을 따라 걷기 시작했다. 가는 도중에 함사 뎁은 지난번 하리드와르의 갠지스 강가에서 만난 구도자에게 지나친 장난을 했다는 생각이 들었다. 그때까지 그는 자신을 속여 오고 있었다. 만일 그때 나라다난다를 만나지 못했다면 아직까지도 돈과 거짓명성에 눈이 어두워 있었을 것이다.

그는 마음의 평화를 얻을 수 있도록 길을 인도해 줄 누군가가 필요했다. 하루 종일 쉴새없이 걸은 그는 밤중에 람나가르 시에 도착했다.

이미 날이 어두워져서 쉴 곳을 찾기가 마땅치 않았다. 날씨도 추웠다. 그래서 그는 곧장 철도역으로 가서 대합실 한구석에 쪼그리고 앉았다. 대합실 안은 시끌벅적했지만 몹시 지친 몸이라 금방 골아떨어졌다.

아침에 눈을 뜬 그는 시내구경을 하러 갔다. 돈이 한 푼도 없었지만, 그의 배는 그가 돈이 있는지 없는지 상관하지 않았다. 그는 너무나 배가 고파서 뭘 좀 얻어먹을까 하는 생각으로 근처의 절을 찾아갔다. 그러나 그 절의 승려는 젊은 친구가 밖에 서 있는 것을 보자마자 고함을 쳤다.

"너는 음식을 구걸하는 것이 부끄럽지도 않느냐? 젊고 힘도 있는 녀석이 일을 해서 먹고살 생각은 하지 않고 거지 노릇을 해서 편하게 살려고 하다니! 거지에게 줄 음식은 없어!"

이렇게 말하고 젊은이를 쫓아보내려고 절 밖으로 나온 승려는 함사 뎁의 빛나는 얼굴을 보고 금방 기가 죽었다.

"아, 미안합니다. 나는 음식을 구걸하러 온 거지인 줄 알았습니다. 이제 보니 수도승이시군요. 당장 먹을 것을 갖다 드리겠습니다."

그는 세 사람이 먹고도 남을 만큼의 음식을 주었다. 아마도 자신의 행동이 부끄러워 스스로 관대한 사람이라는 것을 보이기 위해 그렇게 많은 음식을 준 것 같았다.

함사 뎁은 배가 불러 더이상 먹을 수 없을 때까지 잔뜩 먹은 다음, 남은 음식을 나뭇잎에 싸들고 그곳을 떠났다. 저녁 때까지 먹을 음식이 충분했기 때문에 아무 걱정이 없었다. 그는 사람들을 구경하며 시내를 걸어다녔다.

도중에 그는 어린아이들이 소리지르고 박수치는 소리를 들었다. 무슨 일인가 보려고 걸음을 빨리 해서 가보니, 미친 여자가 아이들한테 놀림을 받고 있었다. 그녀의 피부는 더위와 추위와 먼지로 갈라지고, 머리는 빗지 않아 마구 헝클어져 있었다. 옷은 완전히 누더기였다. 그녀는 아이들이 놀릴 때마다 타지역의 언어로 고함을 쳤고, 이것이 아이들을 더욱 신나게 했다.

가까이 다가간 함사 뎁은 여인이 벵갈어로 외치는 것을 알았다. 그가 겁을 주자 아이들이 모두 달아나 버렸다.

함사 뎁은 벵갈어를 사용해서 여인에게 어디서 왔느냐고 물었다. 여인은 대답 대신 배가 고프다고 중얼거렸다.

함사 뎁은 갖고 있던 음식 절반을 여인에게 주고 나서 다시 벵갈 지역으로 돌아가고 싶은지 아니면 이곳에 그녀를 돌봐줄 사람이 있는지를 물었다.

그녀가 중얼거렸다.

"나는 그 사람을 찾아야 해요, 그 사람을 찾아야 해요. 그 사람은 나한테 화가 나 있을 거예요."

함사 뎁은 여인이 완전히 미쳤기 때문에 더이상 말을 건네는 일이 쓸모없다는 것을 깨달았다. 그녀는 아무것도, 심지어 자신의 유체도 의식하지 못하는 상태였다. 그래서 그는 여인을 남겨두고 떠났다.

그는 시내 변두리에 편하게 거주할 장소를 찾고 싶었다. 강가로 걸어간 그는 오두막 하나를 발견했다. 오두막은 순례자들이 쉬거나 목욕한 뒤에 옷을 갈아입도록 만들어진 장소였다. 강에는 몇 명의 순례자들이 근처의 신성한 사원을 방문하기 전에 목욕을 하고 있었다.

함사 뎁은 강가에 자리를 잡고 앉았다. 저녁에 순례자들이 모두 떠나고 나면 오두막 안으로 들어가 잘 생각이었다. 순례자들은 강가에 수도승이 앉아 있는 것을 보고 음식과 돈을 주었다. 어떤 부자는 그에게 추위를 막도록 털실로 짠 숄을 선사했고, 어떤 사람은 양털담요까지 주었다.

불과 몇 시간 만에 함사 뎁 주위에는 옷과 돈과 과일이 잔뜩 쌓였다. 근처에 앉아 있던 순례자 하나가 그에게 말을 걸었다.

"아주 옛날부터 위대한 성자 한 분이 이 강가에 나타나곤 하셨습니다. 아무도 그분의 진짜 이름은 모르지만 사람들은 마하바타르 바바지라고 부릅니다. 그분은 드로나기리 산의 판두콜리 동굴에 살고 있습니다. 그분은 불멸불사의 성자이시며, 아직도 가끔 사람들 사이에 나타나십니다. 그분을 만나러 그 동굴로 찾아가는 사람들도 있습니다."

함사 뎁이 물었다.

"어떻게 하면 그곳에 갈 수 있습니까?"

순례자가 대답했다.

"여기서 라니켓까지는 황토길입니다. 거기서 드와라하트로 가십시오. 드와라하트에서 드로나기리까지는 몇 시간이면 갈 수 있습니다."

　사람들이 모두 떠난 뒤 그는 새로 생긴 물건들을 챙겨 들고 오두막 안으로 들어갔다. 달도 뜨지 않은 밤이라 오두막 안팎이 똑같이 칠흑 같았다. 그는 보따리를 끌면서 엉금엉금 기어 안으로 들어갔다.

　어둠 속에서 그의 머리가 누군가의 몸에 닿았다. 그 순간 벵갈어로 외치는 소리가 들렸다. 함사 뎁이 말했다.

　"아, 아까 그 미친 여인이 여기 와 있군."

　그는 과일을 집어들고 물었다.

　"배 고프지 않소? 맘껏 드시오."

　여인은 아무 말도 하지 않고 열심히 먹기 시작했다. 다 먹고 나서 여인이 물었다.

　"당신은 왜 이 도시로 왔나요?"

　함사 뎁이 대답했다.

　"아, 뚜렷한 목적은 없습니다. 하지만 내일 나는 라니켓으로 떠날 것입니다. 신께서 나를 어디로 데려가실지는 나도 모르겠습니다."

　시간이 늦어 그들은 함께 잠이 들었다. 아침에 눈을 뜬 함사 뎁은 여인이 아직도 자고 있는 것을 보았다. 그는 털실 숄로 그녀를 덮어준 다음 갖고 있던 돈과 음식을 모두 그녀 곁에 놓아두었다. 그는 양털담요로 몸을 감싼 뒤 라니켓으로 향했다.

　눈을 뜬 여인은 털실 숄과 다른 물건들을 보았다. 그녀는 무척 놀랐다. 그녀는 너무나 감사함을 느껴, 자신에게 그토록 커다란 자비를 베푼 청년에게 고맙다는 말을 하기 위해서라도 그를 따라 라니켓으로 가야겠다고 생각했다.

그녀는 모든 물건을 보따리로 묶은 다음 어깨에 걸치고서 급히 라니켓으로 향했다. 그러나 추위로 발바닥이 모두 갈라졌기 때문에 빨리 걸을 수가 없었다. 흙과 모래가 발바닥의 갈라진 틈으로 들어와 심한 고통을 주었지만 그녀는 고통 따위는 신경쓰지 않았다. 그녀는 청년을 따라잡기 위해 걸음을 빨리 했지만 아무리 가도 청년이 지나간 흔적은 보이지 않았다.

함사 뎁은 네댓 시간을 걸은 뒤에 어떤 마을에 도착했다.

한 수도승이 나무 아래 앉아 있는 것을 본 아이들이 그 사실을 어른들에게 알려 온 마을 사람들이 함사 뎁 주위로 모였다. 함사 뎁은 매우 매력적인 인물이었다. 게다가 마을 사람들은 모두 진리를 찾는 수도승을 보면 존경과 헌신을 아끼지 않았다.

그래서 당장 그 장소를 깨끗이 치운 다음 함사 뎁이 앉을 수 있도록 좋은 자리를 마련해 주었다. 그리고 춥지 않도록 모닥불도 피워 주었다. 그들은 영적인 노래를 부르고 음식도 가져왔다.

늦은 저녁, 마을 사람들은 멀리서 낯선 형체가 다가오는 것을 보았다. 처음에 사람들은 그 형체가 유령인 줄 알고 겁을 먹었다가, 유령이라면 수도승 곁으로 갈 수 없다는 사실을 알고는 틀림없이 미친 사람이라고 생각했다. 털실 숄로 온몸을 덮은 그 물체는 느릿느릿 다가와 수도승 곁에 앉았다.

마을 사람들은 야생동물처럼 생긴 여인을 보았다. 그녀는 몹시 더러웠고, 발바닥의 갈라진 틈에서 피가 흐르고 있었다. 그리고 다리는 무릎까지 부어 있었다. 얼굴은 햇볕에 그을려 껍질이 벗겨져서 더욱 추하게 보였다. 사람들은 미친 여자를 수도승 옆에 앉힐 수는 없다고 생각했다. 누군가 말했다.

"그곳에 앉지 말고 다른 곳에 앉으시오. 다른 나무도 있으니, 다른 곳으로 가라."

함사 뎁은 그녀를 알아보고 주민들에게 말했다.

"신은 모든 존재 안에 계십니다. 이 여인이 어떻게 생겼는지를 보지 말고, 이 여인의 가슴속에 계시는 신을 보십시오. 이 여인의 다리는 부어오르고 발바닥은 갈라졌지만 아직 의지는 강합니다. 이 여인은 신이나 다름없습니다. 그러니 미워하지 말고 사랑하십시오. 이 여인을 돌봐주십시오. 그러면 여러분은 이 여인을 통해 신을 발견하게 될 것입니다."

마을 사람들은 대부분 무지했기 때문에 승려의 말을 곧이곧대로 듣고 그녀를 높이 받들어 모셨다. 이제 시간이 늦어 주민들은 모두 집으로 돌아갔다. 승려와 미친 여자는 불 쪽으로 등을 향한 채 잔뜩 구부리고 누워 잠이 들었다.

젊은 승려가 언제 떠났는지는 아무도 몰랐다. 아침 일찍 마을 사람들이 그를 만나러 왔을 때에는 미친 여자만이 잠들어 있었다. 사람들이 떠드는 소리에 여인은 잠이 깼다. 그녀는 젊은 승려가 떠난 사실을 알고는 그를 뒤쫓아갈 생각으로 물건을 챙기기 시작했다.

주민들은 그녀의 상태가 너무 나빠 더이상 걷다가는 쓰러져 죽을지도 모른다고 생각했다. 그들은 그녀에게 몸이 나을 때까지 마을에서 묵으라고 했다. 하지만 그녀는 그들의 말을 알아듣지 못했고, 그녀가 하는 말은 주민들이 이해하지 못했다.

그러다가 마을 여자들이 그녀의 보따리를 들고 그녀를 마을로 데리고 들어갔다. 그들은 그녀의 머리를 감기고, 목욕을 시키고, 상처를 씻어준 다음 편안한 장소에서 쉬게 했다. 그 여자가 이렇게 친절한 대접을 받기는 이때가 처음이었다.

그녀는 그 마을에서 이틀을 머물렀다. 주민들은 그녀를 여신처럼 떠받들었다. 하루에 몇 번씩 뜨거운 소금물로 발을 찜질해 주자 염증이 사라졌고, 갈라진 틈에 꿀을 바르자 금방 상처가 나았다. 그리고 밤마다 신선한 버터로 얼굴을 문지르니 햇볕에 그을린 자국도 사라졌다.

그녀에게 새옷을 입히자 그녀의 모습은 완전히 바뀌었다. 그녀는 아침의 연꽃처럼 새롭게 피어났다.

마을 사람들은 그녀가 좀더 머물러 있기를 원했지만 그녀는 떠나겠다고 고집을 부렸다. 다음 도시는 라니켓이었는데, 사람들은 그녀가 백리길을 걸어가는 것이 무리라고 생각하여 라니켓으로 가는 목재트럭이 오기를 기다렸다.

마침 트럭운전사는 신앙심이 깊은 사람이라서 주민들이 그녀를 라니켓까지 가려는 신도라고 소개하자 기꺼이 태워다 주겠다고 했다. 그런데 트럭에는 남은 자리가 없어서 짐칸의 목재 위에 걸터앉아 가는 수밖에 없었다. 걸어서 가는 것보다는 낫다고 생각한 주민들은 그녀가 앉을 수 있도록 목재더미 위에 자리를 마련해 주었다. 그녀는 주민들의 배웅을 받으며 마을을 떠났다.

함사 뎁은 꼬박 이틀을 걸어서 저녁에야 라니켓에 도착했다. 그는 어디에 묵어야 할지 엄두가 나지 않았다. 그리고 라니켓은 무척 추운 동네였다. 밤중에는 기온이 영하로 내려갔다.

그는 지금까지 이렇게 추운 곳에서 살아본 적이 없었기 때문에 사람들에게 밤을 지샐 만한 장소가 있는가 물었다. 동네 사람들은 그에게 순례자들이 3일 동안 묵을 수 있는 장소를 가르쳐 주었다. 함사 뎁은 너무 어두워지기 전에 그 장소로 갔다.

그는 실내로 들어가 구석에 자리를 잡고 앉았다. 그는 양털담요 한 장밖에 없었기 때문에 그것으로 몸을 감쌌다. 그리고 새우처럼 몸을 구부려 허벅지를 가슴에 대고 두 팔로 무릎을 감싸안았다.

그날 밤 라니켓에 도착한 목재트럭은 순례자들의 휴게실 바로 앞에 멈추었다. 트럭운전사는 언어가 통하지 않는 여인에게 손짓으로 그곳에서 잘 수 있다고 가르쳐 주었다. 여인은 트럭에서 내려 가르쳐 주는 대로 그 집으로 들어갔다.

어둠 속을 더듬거리다가 여인은 구석에서 자고 있는 어떤 사람과 부딪쳤다. 피곤했던 함사 뎁은 막 깊은 잠 속으로 빠져들 찰나였다. 그러다가 어떤 사람이 와서 부딪치자 깜짝 놀라 소리쳤다.

"누구요?"

그가 소리치자 여인도 놀라서 벵갈어로 소리쳤다.

"당신은 누구죠?"

함사 뎁은 그녀의 목소리를 알아차리고 벵갈어로 말했다.

"아, 당신이었군요. 이쪽으로 앉으시오. 무척 추운 날씨요."

여인도 그를 알아보고 가까이 다가가 앉았다.

함사 뎁은 매번 우연히 그녀를 만나게 되는 것이 신기했다. 그는 두 사람 사이에 깊은 인연이 있는 것이 틀림없다고 생각했다. 어쩌면 같은 지방 출신이기 때문에 자꾸만 마주치게 되는지도 모른다고 생각했으나, 한편으로는 '어쩌면 그 이상의 인연이 있는지도 모른다. 어쩐지 그녀에게서는 매우 친근감이 느껴진다.' 하는 생각을 하면서 잠이 들었다.

새벽 무렵, 그는 너무 춥고 몸이 떨려서 잠이 깼다. 여인은 털실 숄로 몸을 휘감고 있었기 때문에 아직 자고 있었다. 처음에 함사 뎁은 아무 말도 없이 그냥 떠날까 생각하다가 자신이 드와라하트 마을을 거쳐 드로나기리 산으로 가고 있는 중이라는 사실을 알려야겠다고 결심했다. 그래야 여인이 더이상 그를 따라오지 않을 것 같았다.

그는 그녀를 흔들어 깨워 자신의 행선지를 얘기한 다음, 드로나기리 산 다음에는 어디로 가서 무엇을 할지 아직 계획이 없다고 말해 주었다. 여인은 너무 추워 여전히 숄로 얼굴을 가리고 그가 하는 말을 듣고 있었다. 그녀는 아무 말도 하지 않았다.

함사 뎁은 그녀가 다른 마을로 가든지, 아니면 라니켓에서 살든지, 아니면 여기보다 따뜻해 추운 겨울을 나기에는 편한 람나가르로 되돌아가든지 할 것이라고 생각했다. 그래서 그곳을 떠났다.

해가 높이 솟아 공기가 따뜻해지자 여인은 밖으로 나왔다. 이제 그녀는 자신의 게으름 때문에 그 친절한 사람과 헤어지게 되었다고 후회하기 시작했다. 믿을 만하고 또 같은 고향 출신인 젊은이를 놓치게 되어 그녀는 슬프고 외로웠다.

그녀는 물건을 챙겨들고 마을로 들어갔다. 언어가 다르기 때문에 그녀는 사람들에게 드와라하트라는 말만 했다. 사람들은 그녀가 그곳으로 가려고 한다는 것을 알고 길을 가르쳐 주었다. 그 길은 잘 다듬어져 있고 도보여행자들과 물건을 실은 우마차, 그리고 말을 타고 가는 상인들이 많았기 때문에 도중에 강도를 만나거나 목숨을 잃을 염려가 없었다.

여인은 다시 여행을 시작했다. 하지만 아직 다리가 완전히 낫지 않았기 때문에 빨리 걸을 수가 없었다. 조심하면서 천천히 걸었지만 얼마 못 가서 다리에 심한 통증을 느꼈다. 그녀는 더이상 걸을 수가 없었다.

그녀는 길가에 앉아 생각에 잠겼다. 라니켓으로 돌아갈 수도 없고 드와라하트로 계속 걸어갈 수도 없었다. 청년을 놓치고 말 것 같았다. 그가 다른 곳으로 가버리는 날이면 영영 만날 수 없을 게 틀림없었다.

그때 달구지를 끌고 라니켓에 갔다가 저녁 늦게 돌아오던 사람이 젊은 여인이 신음하면서 길가에 앉아 있는 것을 보았다. 그는 동정을 느끼고는 그녀를 드와라하트까지만이라도 태워다 주면 다른 사람들의 도움을 받을 수 있을 것이라고 생각했다.

그는 여인에게 드와라하트로 가고 싶으냐고 물었다. 여인이 드와라하트라는 말만 되풀이했기 때문에 그는 그녀를 달구지에 태웠다.

그들은 한밤중이 되어서야 드와라하트에 도착했다. 달구지 주인은 서둘러 집으로 돌아가야 했기 때문에 여인을 빈 절간에 내려놓고 돌아갔다. 여인은 무릎으로 기어서 절 안으로 들어갔다.

거기서 다시 여인은 그곳에서 자고 있는 함사 뎁의 몸과 부딪쳤다. 여인이 놀라서 소리쳤다.

"거기 누구세요?"

함사 뎁은 그녀의 목소리를 알아차리고 아주 평화롭게 말했다.

"아, 당신도 이곳까지 왔군요. 구석 자리로 가서 주무시오. 나는 지쳐서 더이상 대화를 나눌 수가 없군요. 당신은 나보다 더 지쳤을 테니 그쪽에서 쉬시오."

아침에 두 사람은 동시에 일어났다. 처음으로 함사 뎁은 그녀의 얼굴을 자세히 보게 되었다. 그는 전에 틀림없이 그녀를 본 적이 있다는 생각이 들었다. 캘커타나 혹은 다른 곳에서 만났던 것은 틀림없는데, 어디인지는 자세히 기억나지 않았다. 람나가르에서 만났을 때에는 햇볕에 타고 먼지를 뒤집어써서 몹시 추해 보였지만, 주민들이 그녀를 보살펴준 다음부터 그녀의 피부는 본래의 색깔을 되찾았다. 그녀는 매우 아름다웠다.

함시 뎁은 생각했다.

'이 여인이 누구인지는 모르지만 나와 매우 가깝게 맺어진 사람인 것만은 틀림이 없다. 누군가를 이렇게 자주 만난다는 것은 절대로 우연이 아니다. 이제부터는 내가 그녀를 데리고 다니면서 보살펴야겠다. 그녀는 제정신이 아니고 병들고 약하니 아무도 그녀가 가까이 오는 것을 원치 않을 것이다. 하지만 나에게 그녀는 여신이나 다름없다. 신께서는 내가 그녀를 보살펴 주기를 원하고 계신다.'

여인의 발이 갈라지고 부어올랐기 때문에 함사 뎁은 여인이 완쾌될 때까지 그곳에서 머물기로 했다. 그는 마을을 돌며 음식을 구걸했다. 함사 뎁은 음식을 얻기가 무척 쉬웠다. 모두가 그를 수도승으로 알고 존경했고, 그는 잘생겼기 때문에 언제나 둘이 먹고도 남을 만큼 음식을 얻어왔다. 이런 식으로 일주일 가량 절에서 생활하니 여인의 발이 나아 다시 걸을 수 있게 되었다.

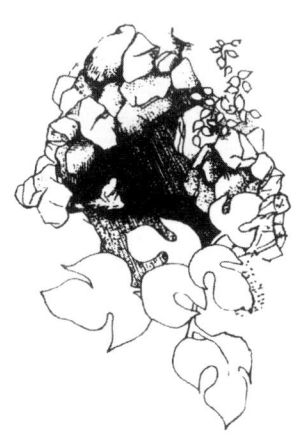

바로 그 무렵, 나라다난다는 드로나기리 사원에서 살고 있었다. 그는 그곳에서 완전히 혼자였기 때문에 마음이 무척 평화로웠다. 그가 마음의 평화를 느끼기는 그때가 처음이었다.

그는 생각했다.

'이렇게 마음이 평화로운 것은 아마도 여기서 그다지 멀지 않은 동굴에 살고 계신 마하바타르 바바지의 은총 덕분일 것이다. 그분은 지금 그 동굴 안에 앉아 계실지도 모른다."

그는 갑자기 그 동굴을 방문하고픈 욕망을 강하게 느꼈다. 그래서 어느 날 아침 일찍 동굴로 향했다. 판두콜리에 도착해서 사방을 둘러보니 동굴 하나가 눈에 띄었다.

그는 자신이 불쑥 나타나 동굴 안에 앉아 있을지도 모를 마하바타르 바바지를 괴롭히고 싶지 않았기 때문에 동굴 밖에서 주문을 외웠다.

"하리 옴! 하리 옴! 하리 옴!"

때마침 매일같이 그 동굴을 찾아오던 비자야가 동굴 안에 앉아 있었다. 주문소리에 놀라 바깥을 살짝 내다본 그는 오렌지색 승복을 두른 젊은 청년이 동굴 밖에 서 있는 것을 보았다. 매우 잘생긴 그를 보고 비자야는 생각했다.

'바바지께서는 늘 여러 형태로 나타나신다. 어떤 때는 젊은이로, 어떤 때는 노인의 모습으로. 저분이 바로 바바지가 틀림없다. 아니라면 얼굴이 저렇게 빛날 수가 없다!'

그는 황급히 동굴 밖으로 달려나가 나라다난다의 발을 붙잡고 말했다.

"성스러운 스승이시여, 언젠가는 당신께서 나타나실 줄 알았습니다. 제가 이렇게 오랫동안 동굴 속에서 기다린 것도 바로 그 때문입니다. 오늘에야 저의 소원이 이루어졌습니다. 저는 사람들로부터 당신께서 당신을 신앙하는 사람을 축복하기 위해 모습을 나타내신다는 얘기를 들었습니다."

나라다난다도 강렬한 신앙심에 몰두해 있었다. 그는 도대체 무슨 영문인지 알 수가 없었다. 그는 동굴로 걸어들어가 자리에 앉았다. 비자야가 따라 들어와 그의 발 아래 몇 번이고 절을 했다. 나라다난다도 이렇게 생각했다.

'헌신적으로 신을 섬기는 사람에게는 신께서 어떤 형태로든 모습을 나타내신다.'

그렇게 생각하고서 그는 자리에서 일어섰다. 그러다가 우연히 그의 손이 비자야의 이마에 닿는 순간, 비자야는 척추 밑에서부터 전류가 흐르는 것을 느꼈다. 비자야는 무의식중에 몸을 똑바로 하고 앉더니 눈을 감고 깊은 무아지경에 들어갔다.

나라다난다는 황홀경에 빠져 노래를 부르면서 동굴 밖으로 나왔다. 산으로 올라간 그는 큰 바위 위에 걸터앉았다. 그 자리에서 그는 가끔 무아지경에 빠지면서 노래를 불렀다.

바로 그날 함사 뎁과 벵갈 지방에서 온 여인은 판두콜리 동굴로 떠나기로 결정했다. 두 사람은 아주 이른 새벽에 길을 떠났다. 함사 뎁은 걸음이 느린 그녀를 남겨두고 혼자서 떠나고 싶지 않았기 때문이었다.

동굴 근처에 왔을 때 그들은 누군가 산 위에서 부르는 매우 달콤한 노랫소리를 들었다. 그 소리가 여인의 가슴을 울렁거리게 했다. 그녀는 무척 흥분했으며 몸 전체가 새로운 기운으로 가득 찼다. 그녀는 서둘러 걷기 시작했다.

함사 뎁은 오로지 바바지를 만나는 일에만 마음이 가 있었다. 바바지를 만나면 깨달음으로 가는 길을 물어볼 생각이었다. 바바지를 만나면 더이상의 길이 필요없을 것이라는 생각이 들기도 했다. 그의 축복을 받는 것만으로도 모든 것이 이루어질 것만 같았다.

점점 가까이 다가갈수록 함사 뎁은 더욱더 동굴에 이끌렸고, 반면에 여인은 노래에 이끌려 산 위로 올라가기 시작했다.

동굴 속으로 들어간 함사 뎁은 긴 머리에 수염이 난 사람이 바위처럼 앉아 있는 것을 보았다. 그에게 가까이 다가간 함사 뎁은 그의 얼굴이 별처럼 빛나는 것을 보았다.

그는 생각했다.

'마하바타르 바바지가 아니고서는 이렇게 찬란한 얼굴을 가질 수 없다!'

그는 비자야의 앞에 몸을 던지고 애원했다.

"주인이시여, 저는 죄인이고 사기꾼입니다. 하지만 의도적으로 그럴 생각은 없었습니다. 성자님은 저의 모든 과거와 현재와 미래를 알고 계십니다. 그러니 당신 앞에 제가 무슨 말씀을 드릴 수 있겠습니까? 성자시여, 저를 구원해 주십시오! 저는 평화를 원합니다. 저는 진리를 원합니다. 이 무지의 어둠에서 벗어나고 싶습니다. 성자시여, 성자님을 만난 것만으로도 저에게는 크나큰 행운입니다. 성자님은 열렬히 신앙하는 사람에게만 모습을 나타내신다는 말을 들었습니다."

함사 뎁은 손을 뻗어 비자야의 발을 만졌다. 손에 발이 닿는 순간 그의 몸 전체에 전류가 흘렀다. 그가 지르는 비명소리가 동굴 속을 울렸다.

그는 바위처럼 몸을 꼿꼿이 하고 앉아 깊은 무아지경에 들어갔다.

나라다난다는 황홀경에 빠져 있다가 동굴 속에서 들리는 비명소리를 듣고 동굴로 돌아가려고 마음먹었다. 산을 내려오다가 그는 아래에서 열심히 올라오고 있는 여인을 보았다. 그는 근처에 마을 사람들이 많이 있는 것이라고 여기고는 다른 장소로 가야겠다고 생각했다. 하지만 지금은 어쨌든 산을 내려가고 볼 일이었다.

여인에게 가까이 다가간 그가 깜짝 놀라서 소리쳤다.

"쁘라밀라, 당신이 여기 웬일이오?"

얼굴을 덮고 있는 긴 머리칼과 수염 때문에 처음에는 그를 알아보지 못하다가 이내 알아차린 쁘라밀라가 소리쳤다.

"쁘라디브, 당신이군요!"

그리고는 기절해 버렸다. 땅바닥에 부딪치기 전에 얼른 그녀를 붙잡은 쁘라디브는 그녀를 안아들고 동굴로 내려갔다. 동굴 구석에 그녀를 내려놓은 그는 낯선 사람이 그곳에 앉아 있는 것을 보았다.

가까이 다가간 쁘라디브는 그 사람이 자신의 스승 함사 뎁인 것을 알아차렸다. 그는 깊은 숭배심으로 함사 뎁의 발 아래 엎드려 절을 했다. 그의 손이 함사 뎁의 발에 닿는 순간 그는 강한 전류가 척추를 타고 흐르는 것을 느끼고는 충격과 함께 똑바로 몸을 세우고 앉아 깊은 무아지경으로 들어갔다.

이제 동굴 속의 세 사람은 모두 이 세상에 존재하지 않았다.

몇 분 뒤 의식을 찾은 쁘라밀라는 수염을 기른 세 남자를 보았다. 모두가 바위처럼 똑바로 앉아 있었고 얼굴이 별처럼 빛났다.

그녀는 자신이 어떻게 이 동굴 속으로 들어왔는지 알 수가 없었다. 그녀는 자신과 함께 온 청년과 쁘라디브를 보았다. 그런데 세 번째 남자는 누구일까? 아마도 여행 도중에 청년이 말한 그 성자가 틀림없다고 생각했다. 그는 위대한 성자, 마하바타르 바바지가 틀림없었다.

그녀는 앞으로 다가가 성자의 발 아래 엎드려 절을 했다. 그녀가 그의 발을 만지는 순간 그녀의 몸은 마구 진동하면서 척추가 뜨거워졌다. 겁이 난 그녀는 쁘라디브 쪽으로 물러나 앉았다. 그녀도 역시 몸이 꼿꼿해지면서 깊은 무아지경으로 들어갔다.

얼마나 오랫동안 무아지경 상태로 동굴 속에 앉아 있었는지는 아무도 모른다. 쁘라밀라가 제일 먼저 의식을 되찾았다. 그녀는 쁘라디브에게 대단한 집착을 갖고 있었기 때문이었다. 쁘라디브 역시 의식을 되찾았다. 그의 마음속에도 언제나 쁘라밀라에 대한 생각이 자리잡고 있었기 때문이었다.

쁘라밀라가 그에게 다가앉으며 말했다.

"쁘라디브, 당신이 사라진 바로 그날부터 나는 당신을 찾아 헤맸어요. 당신은 내가 배신한 거라고 생각했겠지요? 내 잘못이 아니에요. 오빠 쑤닐이 나에게는 한 마디도 없이 나를 결혼시킨 거예요. 다행히 내가 결혼한 사람은 짐승과 조금도 다를 바가 없어서 오히려 빠져나오기 쉬웠어요. 옛날에 당신이 한 말을 기억하고 계시나요? '우리가 비록 결혼은 하지 못하더라도 우리는 영원히 사랑하며, 서로의 가슴속에 영원히 존재할 거야.' 하늘이 보내 주신 이 젊은 승려가 나를 여기까지 데려다 주었어요. 당신을 다시 만나게 된 것은 정말로 신의 뜻이에요."

쁘라디브가 말했다.

"그때 내가 한 말은 진실이 아니었지만, 지금은 진실이오. 참된 사랑은 신과 같소. 신 속에서 우리는 모두 하나이고 언제까지나 하나로 남아 있을 것이오. 다만 육체가 실체를 가리고 있을 뿐이오. 쁘라밀라, 눈을 뜨고 육체가 아니라 육체 속에 담긴 신을 보시오."

그 순간 집착으로 인한 쁘라밀라의 무지가 사라졌다. 그녀는 어디에서나 사랑을, 신을, 실체를 보기 시작했다.

그들이 대화를 나누고 있는 사이에 비자야가 무아지경에서 벗어나 쁘라밀라의 얘기를 엿들었다. 그는 그 여인이 자신의 누이동생일지도 모른다고 생각했다. 잠깐 동안 과거의 기억이 되살아난 그가 말했다.

"쁘라밀라, 내가 바로 너의 오빠 비자야다. 아버지가 세상을 떠난 뒤 나는 집을 떠났다. 그리고 산자야는 그보다 먼저 집을 나갔지. 너도 기억이 날 것이다. 하지만 나는 쁘라디브에 대해서는 기억이 나지 않는다. 어떻게 그를 알게 되었지?"

쁘라밀라는 무아지경을 겪게 한 사람이 바로 오래 전에 잃어버린 오빠라는 사실을 믿을 수가 없었다. 그녀가 말했다.

"당신이 정말로 비자야인가요?"

잠깐 동안 일었던 비자야의 집착이 금방 사라졌다. 그는 침묵 속에 앉아 있었다. 그에게 가까이 다가가 그를 알아본 쁘라밀라가 소리쳤다.

"정말로 비자야 오빠군요. 쁘라밀라는 한때 나의 연인이었는데 지금은 나의 영적인 스승이에요. 당신 역시 한때는 오빠였지만 지금은 나의 스승이에요. 나는 연인과 오빠를 동시에 찾았고, 둘 다 내게 진리를 발견하게 해 주었어요."

이제 의식을 되찾은 산자야도 그들이 하는 얘기를 모두 들었다. 그는 오랫동안 함께 지낸 여인이 자신의 누나이며, 나라다난다가 누나의 연인이라는 사실을 알고 무척 놀랐다. 그리고 그에게 실체를, 진리를 발견하게 해준 사람은 다름아닌 형이었다.

그는 생각했다.

'마하바타르 바바지께서 우리 모두의 내면에 나타나 서로를 통해 우리의 눈을 뜨게 해준 것이 아닐까?'

그는 큰 소리로 외쳤다.

"나는 한때 산자야였고 지금은 함사 뎁입니다. 한때 우리는 캘커타의 같은 집에서 살았는데, 이제 우리는 마하바타르 바바지의 동굴에 함께 있습니다. 마하바타르 바바지께서 우리의 가슴속에 나타나 서로를 통해 우리의 눈이 열리도록 해주셨습니다. 나는 이제 세상으로 돌아가고픈 욕망이 남아 있지 않습니다. 나는 내가 찾던 길을 발견했습니다."

쁘라밀라와 비자야가 무어라고 하기도 전에 그는 자리에서 일어나 쏜살같이 동굴 밖으로 달려나갔다.

쁘라밀라가 말했다.

"아, 바로 산자야였구나! 나를 참 많이 도와 주었는데! 나는 산자야 덕분에 여기까지 올 수 있었어요. 세 분이 모두 도와 내 눈을 뜨게 해주었으니 나는 얼마나 큰 행운을 얻었는지요!"

그때 갑자기 동굴 속에서 낯선 목소리가 들려왔다.

"쁘라디브와 쁘라밀라여, 그대들은 진리를 발견했다. 하지만 아직 그대들에게는 함께 풀어야 할 인연의 사슬이 남아 있다. 그러니 함께 캘커타로 돌아가 경건한 생활을 하라. 주위 사람들에게 평범한 생활인도 구도자가 될 수 있다는 모범을 보여라."

그 목소리가 계속 말했다.

"비자야, 그대는 옛날부터 세속의 삶을 좋아하지 않았으니 남은 생은 드로나기리 사원에서 살아라. 산자야는 세속의 모든 인연을 끊었기 때문에 이제 더이상 이 세상 사람이 아니다."

쁘라디브와 쁘라밀라는 캘커타로 떠났고, 비자야는 드로나기리 사원에 살면서 아직도 마하바타르 바바지가 사람의 형상을 하고 동굴에 나타나기를 기다리고 있다.

바바 하리 다스의 칠판에서

신이 창조한 이 세계에서는 모든 것이 가능하다. 그대가 집착하기를 원하면 집착할 수가 있고, 초연하기를 원하면 초연할 수도 있다. 초연한 자는 평화를 얻을 것이고, 집착하는 자는 고통을 얻으리라. 그것만이 다를 뿐이다.

잠에서 깨어날 때는 꿈이 사라진다. 그대가 깨우칠 때는 마야(환상)가 사라진다.

ॐ

지적인 이해에는 끝이 없다. '자유'에 대한 정의를 암기한다고 해서 자유를 얻는 것이 아닌 것처럼, 지적인 이해에는 살아 있는 느낌이 전혀 없다. 지적인 장난을 잊는다면 우리는 더욱더 신에게 헌신할 수 있다. 신을 따르기 위해서 꼭 경전을 읽을 필요도 없고, 성직자나 성자나 철학자들의 강연에만 매달릴 필요도 없다. 우리는 그저 신을 따르기만 하면 된다.

형태는 우리가 보고 느낄 수 있기 때문에 숭배하기가 쉽다. 하지만 신은 명칭과 형태를 초월한다. 우리의 욕망이 형태를 만들어 놓았고, 그래서 우리는 우리 자신의 욕망을 숭배하고 있다. 보다 높은 단계에 오르면 명칭과 형태는 사라진다.

 형태를 갖춘 신을 숭배함으로써 인간은 자신의 환상으로 신을 만들어낸다. 어렸을 때 나는 신이 지붕 위에서 걸어다니는 거인과 같으리라고 생각했었다.

ॐ

 신은 마술사
 신은 마음속에서 살아요
 우리의 눈이 자신의 마음속을 보지 못하여
 신도 역시 볼 수 없답니다
 그러나 자신의 마음속을 보려고 노력한다면
 결국엔 신을 보게 되죠
 신은 공기가 아니지만, 공기는 신의 한 부분
 신은 물이 아니지만, 물은 신의 한 부분
 신은 흙이 아니지만, 흙은 신의 한 부분
 코가 내 자신은 아니지만
 나의 한 부분인 것처럼

—— 어린아이에게 보낸 편지에서

ॐ

 간절히 염원하는 자는 자신이 마음속에 만드는 바로 그 신을 만나게 된다. 만일 그가 신이 빛이라고 생각한다면, 신은 빛으로 나타난다. 만일 그가 신이 소리라고 생각한다면, 신은 소리로 나타난다. 만일 신이 인간의 모습을 하고 있다고 생각한다면, 신은 인간의 형상으로 나타난다. 사실 신의 이 모든 외적인 모습은 마음의 환상일 뿐, 신은 명칭과 형태를 초월한다. 신은 모든 것이면서 아무것도 아니다. 그러나 환상은 그것을 보는 사람에게는 진리이며, 그에게 진리에 대한 확신을 가져다 준다.

신은 어디 다른 곳에 존재하는 것이 아니라, 그대 자신이 곧 신이다. 그대는 신이요, 그대는 신 안에 존재한다. 단순히 받아들이는 문제만이 남아 있다.

그대 자신을 받아들이고, 타인을 받아들이고, 세상을 받아들이라. 그리하면 그대는 모든 것이 사랑으로 충만해 있음을 발견할 것이며, 사랑이 곧 신이라는 것도 알게 될 것이다.

☆

새 한 마리가 방 안으로 날아들었는데 밖으로 나갈 길이 없다. 새는 나갈 길을 찾느라 방 안을 이리저리 날아다니다가, 결국 찾지 못하자 기운이 빠져 그냥 한쪽 구석에 앉아 있다. 그러자 누가 문을 열고는 새를 밖으로 날려 보내준다. 우리는 마음(사념)의 방 안에서 날아다니며 나갈 길을 찾다가, 나갈 길이 없다는 것을 깨달은 다음에는 평화롭게 앉아서 신이 우리를 해방시켜 주기를 기다린다.

☆

가슴을 꽃피우려면 자신뿐 아니라 남을 미워하지 말아야 한다. 미움은 연못을 얼어붙게 하고 연꽃 줄기를 메마르게 하는 가을의 서리와 같다.

사랑은 모든 속박으로부터의 자유이다. 사랑은 우리의 머리로도,

육체로도 만들어낼 수가 없다. 사랑은 사랑 자체의 순수함 속에 존재하고 그 자체 때문에 빛난다. 연못에 활짝 핀 연꽃은 남의 시선을 끌려고 애쓰지 않아도 모든 이의 눈길을 끈다.

가슴의 연못에서 사랑의 연꽃이 활짝 피어나면 모든 이들이 그 연꽃을 보고 느낄 수가 있으며, 꿀을 따라 오는 벌들처럼 찾아온다.

사랑이 그대의 가슴속에서 자라도록 하라. 마음이 순수해질수록 더 많은 사랑이 솟아날 터이고, 그러면 어느 날 그대는 사랑과 하나가 되리라.

ㅋ

진흙으로 덮인 황금덩어리는 돌멩이처럼 보이지만, 표면을 덮은 진흙을 닦아내고 나면 당장에 빛나기 시작해 주위의 진흙과는 뚜렷하게 구분된다. 이 육체, 감각과 감각들이 만들어내는 것, 세상의 환상들은 태양을 가리고 있는 짙은 구름과 같아서 '참된 자아'를 뒤덮고 있다. 그러나 '참된 자아'는 절대로 육체와 사념에 진정으로 영향을 받는 일이 없으며, 그것들은 모두 그 영광을 가리고 있을 뿐이다. 진흙 속의 연꽃처럼 그 둘은 언제나 분리되어 있다.

ㅋ

세상은 어떻게 창조되었는가?

세상은 우리 자신의 마음에 의해서 창조되었다. 우리의 마음에 의해 세상은 커지고, 우리의 마음에 의해 세상의 실체가 존재한다. 모든 사람의 세계는 저마다 그 사람 자신의 마음이다. 어느 누구도 다른 사람의 꿈을 대신 꿀 수 없듯이, 아무도 남의 세계를 볼 수 없다. 하지만 우리는 모두 서로 상대방의 세계 속에 존재한다. 마음에 의해 받아들여진 것만이 존재할 수 있고, 마음이 거부한 것은 그 존재성이 사라진다. 세상은 꿈과 같이 마음에 의해 창조되었으며, 우리는 잠에서 깨어나기 전까지는 꿈을 현실로 착각한다.

⁂

행동하는 주체로서의 '나'에 대한 집착이 있는 한 우리는 절대로 자유로울 수가 없다.

진주를 찾으러 물속으로 들어가기는 쉽지만, 일단 진주를 얻고 나면 잃을까봐 두려워진다. 거기엔 아무런 평화도 없을 터이니, 비록 힘은 들더라도 차라리 신을 찾으러 물로 뛰어드는 것이 낫다.

⁂

평화와 자유는 신에게 완전히 자신을 내맡김으로써 얻을 수 있다. 규칙적으로 사드하나(정신수련)를 쌓고, 온전히 신에게 바치라. 능력이나 지식을 얻기 위해 정신수련을 해서는 안 된다. 주인에게 아무런 보상도 기대하지 말고 신의 겸허한 종으로 행동하라. 사랑하는 사람의 목에 걸어줄 꽃다발을 만들기 위해 정원에서 꽃을 따는 여자처럼 그렇게 하라. 연인의 행복이 곧 그녀의 행복이다.

⁂

나의 집, 나의 정원, 나의 아들 등 세상에 대한 애착과, 의사, 변호사, 목사, 요가 수행자 등 '나는 행동의 주체다.'라고 생각하는 에고(ego)는 인간을 단단한 쇠사슬로 묶어놓는다. 그렇기 때문에 인간은 에고를 버려야만 영원한 평화를 얻는다는 사실을 알면서도 집착을 떨쳐버리지 못한다. 그래서 인간은 늘 '나는 행동의 주체다.'라는 고통 속에 머물러 있다.

세상에서 성공을 거두려면 에고가 무척 중요하지만, 만일 그쪽으로 길을 잡았다면 참된 평화를 얻는 데 크나큰 장애물이 될 수도 있다. 인간이란 사회적인 존재여서 사회 없이는 살아갈 수 없다. 하지만 사회에서 활동하려면 자신의 존재 혹은 에고가 필요하다. 그런 상황에서 어떻게 진정한 평화를 얻을 수 있겠는가? 집착에서 벗어나 초연한 마음으로 사람들 사이에서 살아가는 방법을 터득해야만 평화를 얻을 수 있다. 만일 세상이 환상이고 에고의 투영에 지나지 않는다는 점을 이해하고 단지 의무를 이행하듯 세상에서 행동한다면 그대는 어디서나 평화를 발견할 것이다.

ᠵ

언젠가 라마크리슈나 파라마한사(19세기에 인도의 벵갈 지방에서 살았던 위대한 성자)가 말했다. "소금으로 된 인형이 바다의 깊이를 재겠다고 나섰지만 바다로 내려가는 동안에 녹아 없어졌다."

ᠵ

쉬바(변화와 변천의 요소로서 파괴자인 신)와 그의 아내 파르바티는 카일라샤 산에서 살았다. 어느 날 쉬바와 파르바티는 카일라샤 산 꼭대기에 앉아서 시원한 바람을 즐기며 도시와 읍내와 밀림과 강들이 있는 드넓은 평원을 둘러보았다. 파르바티가 말했다.

"저것 좀 보세요! 당신을 숭배하는 자들이 수천명이나 사원에서 노래를 부르고, 밀림이나 동굴이나 강둑에서 살면서 당신에 대한 명상을 하는군요. 저토록 일생을 바쳐 헌신하는 사람들에게 당신은 왜 구원을 베풀지 않나요?"

쉬바가 말했다.

"여보, 나를 숭배하는 사람들을 보러 갑시다. 이제는 나도 그들에게 구원을 베풀어줄 마음의 준비가 되어 있다오."

쉬바는 성자로, 그리고 파르바티는 제자로 변장을 했다. 이들은 세상으로 내려가 어느 도시로 들어가서 외딴 곳에 앉아 있었다. 사람들이 찾아오면 쉬바가 그들의 과거와 미래를 얘기해 주었다. 예언을 하는 능력을 지닌 훌륭한 성자가 찾아왔다는 소문이 삽시간에 이웃 도시들로 퍼져나갔다. 자신의 미래를 알고 싶어 마음이 들뜬 사람들이 떼를 지어 몰려들기 시작했다. 어느 날 신자들이 무리를 지어 찾아왔다. 그들은 하나같이 신앙심으로 도취해 노래를 부르고 춤을 추었다. 경전을 읊은 다음 그들 가운데 지도자처럼 보이는 신자 한 명이 앞으로 나서더니 성자에게 절을 했다. 그러면서 아주 공손하게 말했다.

"구루 마하라지(영적인 스승을 아주 높여서 부르는 호칭)시여, 제가 언제 구원을 받게 될 것인지 말씀해 주시겠습니까? 저는 겨울에 목까지 물속에 담근 채로 앉아 두 시간 반씩이나 명상을 합니다. 여름이면 뜨거운 불에 둘러싸인 채로 두 시간 반씩이나 명상을 하고, 비가 내리면 비를 맞으며 명상합니다. 저는 날마다 여덟 시간씩 명상을 하고, 몇 년 전부터는 매일 과일 하나와 우유 한 컵으로 한 끼씩만 식사를 했습니다."

성자는 무척 놀란 표정으로 그를 쳐다보며 말했다.

"오, 당신은 심한 고행을 하고 있군요! 당신은 아주 훌륭한 요기 (요가 수행자)입니다. 당신은 신앙심이 깊어요."

이 말을 듣고 기분이 아주 좋아진 남자는 어서 자신의 구원에 대한 얘기가 듣고 싶어 잔뜩 흥분했다. 성자가 말을 이었다.

"만일 사드하나(정신수련)를 규칙적으로 계속한다면 당신은 세 번 태어난 다음에 구원을 얻을 것입니다."

신자는 이 말을 듣고 충격을 받았다. 머리를 숙이고 다른 사람들이 있는 곳으로 물러가면서 그가 말했다.

"아직도 세 번을 더 태어나야 하다니!"

다른 사람이 나와 자신이 행한 정신수련을 얘기했고, 성자는 그가 일곱 번 태어나면 구원을 받으리라고 말했다. 이런 식으로 모든 사람이 구원을 받는 데 대한 질문을 했다. 성자는 어떤 사람에게는 열 번 태어나야 한다고 말했고, 또 어떤 사람에게는 열다섯 번, 어떤 사람에게는 스무 번이나 서른 번이라고 했다. 모든 사람의 얘기가 끝난 다음 마지막으로 다른 사람들 뒤에 숨어 있던 키가 작고 야윈 못생긴 남자가 앞으로 걸어나왔다. 그는 소심하고 겁이 많았지만 겨우 용기를 내어 말했다.

"선생님, 저는 정신수련은 전혀 행하지 않았지만 신이 창조한 세계를 사랑하고, 내 행동이나 생각이나 말로 어느 누구에게도 해를 끼치지 않으려고 노력합니다. 제가 과연 구원을 얻을 수 있을까요?"

성자는 자그마한 남자를 쳐다보더니 좀 의아하다는 듯 머리를 긁적거렸다. 남자는 다시 성자에게 절을 하고는 초조하게 물었다.

"그럴 수 있을까요, 선생님?"

"글쎄요, 그런 식으로 계속해서 신을 사랑한다면 아마도 천 번 태어난 다음에는 구원을 받을지도 모릅니다."

결국 언젠가는 구원을 받을 수 있으리라는 말을 듣자마자 남자는 기뻐서 소리쳤다.

"나도 구원을 받을 수가 있답니다! 나도 구원을 받을 수가 있답니다!"

그리고 그는 황홀경에 빠져 춤을 추기 시작했다. 그때 갑자기 그의 육체가 불덩어리로 바뀌었다. 그와 동시에 성자와 제자로 변장하고 있던 쉬바와 파르바티 역시 불꽃으로 변했다. 세 불덩어리가 하나로 뭉치더니 사라졌다.

쉬바와 파르바티는 다시 카일라샤 산 꼭대기에 앉아 있었다. 파르바티가 말했다.

"저는 통 영문을 모르겠군요. 당신은 그토록 심한 고행을 하는 수행자더러 세 번 태어난 다음에 구원을 얻으리라고 말하셨어요. 그리고는 못생기고 명상이나 고행도 하지 않는 남자에게는 천 번 태어난 다음에 구원을 받으리라 말하고는 그에겐 즉석에서 구원을 베푸셨잖아요."

쉬바가 말했다.

"첫번째 신자가 신앙심도 깊고 진심으로 열심히 고행을 한다는 사실은 의심할 나위가 없었지만, 그 사람은 아직도 자신이 정신수련을 한다는 사실을 의식하고 있었소. 그는 아직 에고를 떨쳐버리지 못했고, 세 번의 태어남이 그에게는 아주 기나긴 세월로 느껴졌소. 그러나 마지막 남자는 신앙심이 어찌나 깊었는지 천 번의 태어남도 아주 짧은 기간이라고 여긴 것이오. 그는 나에게 완전히 자신을 바친 셈이오. 내가 그에게 구원을 베풀어준 것이 아니라, 내 말에 대한 그의 믿음이 곧 구원이었소. 그의 감정이 어찌나 승화되었는지 그는 더이상 육체를 지닐 수가 없게 되었소. 그의 생명의 본질이, '참된 자아'가 내 속에서 살게 된 것이오."

☞

생명의 본질은 절대적이며 어디에나 존재한다. 죽음은 형태의 변화에 불과하다. 인간, 동물, 식물의 세계, 광물의 세계— 모두가 살아 있다. 그들은 형태를 바꾸어 태어나고, 자라고, 썩고, 죽는다.

☞

하나의 형태가 다른 형태로 바뀔 때를— 비록 그 형태 속에 생명력이 그대로 존재한다 하더라도— 우리는 죽음이라고 한다. 예컨대, 한 그루의 식물이 죽으면 생명력이 당장 생겨나서 그 식물을 부패시키기 시작한다. 완전히 부패한 다음에는 세번째 생명력이 활동을 시작한다. 형태가 바뀌는 이 순환은 끊임없이 계속되지만 생명의 본질은 항상 존재하며, 불멸한다.

우리는 갖가지 형태 속에 존재하는 생명의 차이를 우리의 감각에 의거해서 측정하지만, 어떤 생명력은 우리의 감각을 초월한다. 이를 관찰하려면 망원경이나 현미경 같은 도구를 사용해야만 한다. 단 하나의 세포로 이루어진 지극히 미세한 생물도 그 자체만으로 완전한 세계를 이루고 있다. 그 생물들도 먹고, 소유하기 위해 싸우고, 번식하는 등등의 활동을 한다.

힌두교 경전에는 이렇게 적혀 있다.

"절대자는 다리가 없이 걷고, 손이 없이 일을 하며, 입이 없이 먹는다……."

이 작디 작은 생물도 마찬가지다. 팔다리가 없지만, 팔다리가 없이도 모든 일을 한다. 만일 측정 수단이 제한되어 있지 않아서 이 단세포 생물의 내면을 보다 깊이 들여다볼 수 있다면, 누가 알겠는가. 우주 전체가 그 안에 들어 있는지를.

ॐ

육체에 대한 애착에서 죽음의 공포가 생겨난다. 그것은 가장 강렬한 애착이다. 갓 태어난 아이에게도 이 애착은 있다. 죽음의 공포를 극복하기 위해서는 "우리는 모두 죽어야만 한다."는 사실을 받아들일 필요가 있다. 어느 누구도 우리를 죽음으로부터 구제할 수는 없다. "그 사람은 죽을 것이다."라는 말은 하기 쉽지만, 자신의 죽음을 직시하기는 두려워한다. 육체에 대한 애착이 사라지면 죽음의 두려움도 서서히 사라진다.

ॐ

머리가 둘 달린 백조에 관한 얘기가 있다. 그 백조는 머리가 하나뿐인 백조들보다 훨씬 더 빨리 먹을 수가 있었다. 어느 날 두 머리는 어느 쪽이 더 빨리 먹고 어느 쪽이 더 느린지를 놓고 말다툼을 벌이기 시작했다.

한 머리가 독있는 열매를 발견하고는 그 열매를 땄다.

다른 머리가 말했다.

"안 돼! 그건 먹지 마! 네가 그걸 먹으면 나도 죽을 기야."

하지만 다른 머리는 어찌나 화가 났던지 아랑곳하지 않고 독을 삼켰고, 그래서 결국 머리가 둘 달린 백조는 죽고 말았다.

╬

세상은 하나의 추상화다. 우리는 누구나 그 속에서 저마다 원하는 것을 본다. 그 속에는 선과 악이 혼합되어 있으며, 두 가지 모두 자연의 수레바퀴를 돌리는 데 똑같이 중요한 역할을 한다. 밤이 없다면 낮도 존재하지 않는다. 어떤 이에게는 낮이 좋고, 또 어떤 이에게는 밤이 좋다. 현재를 평화롭게 만드는 일이 중요하다. 과거를 잊어버리고 미래를 생각하지 말라. 미래는 현재를 바탕으로 삼아서 이루어진다. 현재가 평화롭다면 서서히 미래 또한 평화로워질 것이다.

╬

삶은 짐이 아니다. 우리는 자신의 내면에 혼란을 일으킴으로써, 또 끝없이 과거를 생각하고 미래를 위한 계획에만 몰두함으로써, 그리고 현재를 생각하지 않음으로써 삶을 짐으로 만든다.

╬

그대는 신선한 공기와 나무와 풀과 개울이 존재하는 산 속에 와 있다. 그 한가운데 앉아서 신이 창조한 세계를 누리라. 신과, 신이 창조한 세계는 별개의 것이 아니다.

☞

　욕망이 욕망을 낳고, 그런 식으로 온 세상이 이루어졌다. 우리의 마음속에 존재하는 이 욕망의 거미줄은 바깥으로 펼쳐져 나간다. 우리는 거미처럼 그물을 짜기도 하고, 삼켜 버리기도 한다.

☞

　성자 한 사람이 숲속에서 살았다. 어느 날 다른 성자 한 사람이 찾아와서 그에게 바가바드 기타(힌두교의 경전) 한 권을 주었다. 성자는 날마다 그 책을 읽겠다고 작정했다. 그러던 어느 날 그는 쥐들이 그 책을 쏠아먹었다는 사실을 알게 되었다. 그는 쥐를 쫓으려고 고양이를 키우기로 작정했다. 고양이를 키웠더니, 고양이에게 먹일 우유가 필요해졌다. 그래서 그는 암소를 키웠다. 이제 그는 혼자서는 이 짐승들을 모두 돌볼 수가 없게 되었고, 그래서 암소를 돌봐줄 여자를 구했다. 숲속에서 2년을 지내는 사이에 커다란 집과 아내, 두 아이, 고양이와 암소와 온갖 것들이 마련되었다. 그러자 성자는 이제 걱정이 되었다. 그는 혼자 살 때 자신이 얼마나 행복했었는지를 생각해 보았다. 이제 그는 절대자를 생각하는 대신에 아내와 아이들과 암소와 고양이를 생각한다. 그는 어쩌다가 이런 사태가 벌어졌는지 곰곰이 생각해 보고는 한 권의 얄팍한 책이 이토록 커다란 세계를 만들어 냈다는 결론을 내렸다.

☞

　만일 어떤 사람이 세상의 짐을 자신의 어깨에 지고 있다고 생각한다면 그는 부담을 느끼기 시작하고, 몇 년 후에는 곱추가 되고 말 것이다. 그러다가 어느 날 그는 세상이 그 자체로서 따로 존재한다는 사실을 깨닫는다. 하지만 때는 너무 늦었으니 한번 곱추가 되면 등이 펴질 수가 없다.

고통의 90퍼센트는 스스로 만들어내는 것이다. 그 모든 고통의 원인이 실제로는 존재하지 않는 것임을 이해할 때 고통은 사라진다. 사람은 자신의 모든 행동이 신을 위한 것이라고 생각해야 한다. 따라서 그대의 꽃밭도 신을 위한 것이고, 그대는 절대자를 위해서 먹는 것이며, 그대의 삶은 절대자를 위해서 존재한다. 이 생각이 훨씬 깊어지면 그대는 절대자가 어디에나 존재하며, 그대의 모든 행동이 곧 명상임을 깨달을 것이다.

긋

언젠가 한 사람이 숲속의 동굴에서 정신수련을 하고 있었다. 신이 그에게 내려와 물었다.
"너의 소원이 무엇이냐?"
"제가 생각하는 모든 것이 현실이 되었으면 좋겠습니다."
그가 대답했다.
"좋다. 네가 생각하는 대로 무엇이나 다 현실이 될지어다."
수행자는 매우 기뻤다. 그가 좋은 음식을 생각했더니 음식이 생겨났고, 푹신한 잠자리를 생각했더니 침대가 나타났다. 갑자기 그는 이런 생각이 머리에 떠올랐다.
'만일 이 동굴이 무너지면 어떻게 될까?'
이 생각을 하자마자 당장 동굴이 무너져 그는 바위에 깔리고 말았다.

그는 힘을 얻었지만 정신수련이 충분하지 못했기 때문에 마음을 다스릴 능력이 없었다. 우리가 생각을 다스릴 능력을 얻기 위해서는 정신수련이 필요하다.

༺

진주를 얻으려면 그대는 바다 깊은 곳까지 잠수해야만 한다. 그러니 바닷가에 앉아서 진주알들이 그대의 바구니로 굴러들어오기를 기대함으로써 마음을 혼란시키지 마라.

༺

우리 삶의 모든 순간은 곡식 낟알이나 마찬가지이고, 시간은 모든 곡식을 재빨리 먹어치우는 굶주린 새이다. 곡식을 다 먹고 나면 새는 날아가 버릴 것이다. 그러니 신을 섬기고, 신을 따르고, 평화를 얻도록 하라.

정신세계사의 책들

【겨레 밝히는 책들】

한단고기
사대주의와 식민사학에 밀려 천여 년을 떠돌던 문제의 역사서/임승국 역주

天符經의 비밀과 백두산족 文化
우주의 원리가 숨쉬는 秘典《天符經》의 심오한 세계와 우리 문화/권태훈 지음

민족비전 정신수련법
우리 민족 고유의 정신수련법을 정리, 해설한 책/봉우 권태훈 옹 감수/정재승 편저

실증 한단고기
25사에 나타난 단군조선과 고구려·백제·신라의 대륙역사를 파헤친다/이일봉 지음

우리말의 고저장단
우리말의 고저와 장단의 유기적 시스템을 완벽하게 입증해낸 역작/손종섭 지음

숟가락
숟가락 문화를 통해 본 우리말, 우리 풍속의 역사/박문기 지음

장보고의 나라
장보고호 한중일 횡단 뗏목탐험기. 해상왕 장보고가 빚다 만 미완성의 제국 '장보고의 나라'가 되살아난다!/윤명철 지음

아나타는 한국인
일본과 한국의 언어학자가 함께 찾아낸 일본어의 유전자/시미즈 기요시·박명미 공저

한자로 풀어보는 한국 고대신화
한자를 통해 새로 쓰는 한국 고대사! 한자 속에 담긴 오천 년 비밀의 역사/김용길 지음

우리민족의 놀이문화
우리민족 고유의 스포츠, 놀이, 풍속의 기원과 역사를 밝힌다/조완묵 지음

【몸과 마음의 건강서】

사람을 살리는 생채식
불치병, 난치병을 완치시키는 비방인 생채식의 원리와 방법을 밝힌 책/장두석 지음

기와 사랑의 약손요법
한국 전래의 약손정신을 기공과 경락의 이론과 결합한 맨손 나눔의 건강법/이동현 지음

밥따로 물따로 음양식사법
10만여 독자가 그 효력을 입증하고 있는 음양감식조절법/이상문 지음

암이 내게 행복을 주었다
암을 극복한 사람들, 그 기적 같은 치유의 기록/가와다케 후미오 지음/최승희 옮김

자연치유
하버드 의대 출신의 의학박사가 밝히는 자연치유의 원리/앤드류 와일 지음/김옥분 옮김

손으로 색으로 치유한다
손에 색을 칠해 병을 낫게 하는 신비의 색채 치유/박광수 지음

박광수의 이야기 대체의학
내가 나를 치유하는 생활 속의 대체의학/박광수 지음

사람을 살리는 사혈요법
피가 맑으면 모든 병이 물러난다. 사혈요법의 원리와 실제 치료의 모든 것/양태유 지음

건강도인술 백과
젊음과 아름다움을 지켜주는 중국 3천 년 건강 비법/하야시마 마사오 지음/김종오 편역

예뻐지는 도인술
중국 3천 년 미인 비결. 여성을 위한 생활 도인술 모음집/편집부 엮음

【수행의 시대】

명상의 세계
명상의 개념과 역사, 명상가들의 일화를 소개한 명상학 입문서/정태혁 지음

박희선 박사의 생활참선
과학자가 터득한 참선의 비결과 효과. 심신강화의 탁월한 텍스트/박희선 지음

붓다의 호흡과 명상(전2권)
불교 호흡 명상의 근본 교전 《安般守意經》과 《大念處經》 번역 해설/정태혁 역해

보면 사라진다
수행인들의 생생한 체험를 통해 만나는 붓다의 위빠싸나/김열권 지음

나무마을 윤신부의 치유명상
성직자인 지은이가 명상을 치유의 수단으로 바라보며, 그 다양한 기술들을 소개하고 있다(명상CD 포함)/윤종모 지음

게으른 사람을 위한 잠과 꿈의 명상
티베트의 영적 스승이 들려주는 잠과 꿈을 이용한 명상/텐진 왕걀 린포체 지음/홍성규 옮김

하타요가와 명상
동식물과 자연을 표현한 요가 동작의 깊은 의미와 목적을 명상상태에 대한 비유로 해설한 책/스와미 시바난다 라다 지음/최정음 옮김

호흡수련과 氣의 세계(전3권)
한 공직자가 실사구시의 관점으로 밝혀낸 호흡수련의 구체적인 방법과 효과. 꼼꼼한 체험 기록/전영광 지음

요가 우파니샤드
국내 최초의 요가 수행자가 전하는 정통 요가의 모든 것/정태혁 역해

누구나 쉽게 깨닫는다
나와 우주가 하나되는 지구점 명상. 누구나 할 수 있는 단순하고 쉬운 수련/김건이 지음

달라이 라마의 자비명상법
나 스스로 관세음보살이 되는 가장 쉽고 빠른 길/라마 툽텐 예세 해설/박윤정 옮김

붓다의 러브레터
조건 없는 사랑을 체계적으로 길러내는 자애명상 실천서/샤론 살스버그 지음/김재성 옮김

【정신과학】

宇宙心과 정신물리학
우주, 물질, 의식의 해명을 시도하는 혁명적 시각을 읽는다/이차크 벤토프 지음/류시화·이상무 공역

현대물리학이 발견한 창조주
새로운 우주상을 제시한 현대물리학과 종교의 만남/폴 데이비스 지음/류시화 옮김

신과학이 세상을 바꾼다
공학박사가 밝히는 사상운동으로서의 신과학, 실제적 연구성과가 담긴 교양과학서/방건웅 지음

마음의 여행
영혼과 사후세계의 실상을 찾아 떠나는 여행/이경숙 지음

홀로그램 우주
홀로그램 모델로 인간, 삶, 우주의 신비를 밝힌다/마이클 탤보트 지음/이균형 옮김

우주의식의 창조놀이
우주와 하나되는 과학적 상상 여행/이차크 벤토프 지음/이균형 옮김

영성시대의 교양과학
전 인류를 위한 심신상관적인 지혜와 통찰로서의 과학의 가능성과 대안/윤세중 지음

【티베트 시리즈】

티벳 死者의 書
죽음의 순간에 단 한번 듣는 것만으로 해탈에 이른다/파드마삼바바 지음/류시화 옮김

티벳의 위대한 요기 밀라레파
단 한 번의 생애 동안에 부처가 된 위대한 성인 밀라레파의 전기/라마 카지 다와삼둡 영역/유기천 옮김

티벳 밀교 요가
위대한 길의 지혜가 담긴 티벳 밀교 수행법의 정수/라마 카지 다와삼둡 영역/유기천 옮김

티벳 해탈의 서
마음을 깨쳐 이 몸 이대로 해탈에 이르게 하는 티벳 최고의 경전/파드마삼바바 지음/유기천 옮김

사진이 있는 티벳 사자의 서
두려움 없는 죽음을 위하여 살아 있는 동안 반드시 명상해야 할 책/스티븐 호지 · 마틴 부드 편저/유기천 옮김

달라이 라마 자서전
신적인 존재로 추앙받으며 자라온 달라이 라마의 어린 시절에서 망명정부의 지도자로서 티베트 해방을 위해 부심하는 오늘에 이르기까지의 고뇌 어린 발자취/텐진 갸초 지음/심재룡 옮김

티베트 역사산책
티베트 창세기부터 달라이 라마에 이르기까지, 세계 최초의 티베트 역사 여행기/다정 김규현 지음

티베트 문화산책
우리 안의 티베트를 찾아 떠나는 다정 김규현의 티베트 문화 여행기/다정 김규현 지음

히말라야, 신의 마을을 가다
히말라야의 오지, 그 속에 오래도록 지혜의 텃밭을 일궈온 티베트인들의 삶과 풍경/이대일 사진 찍고 씀

【자연과 생명】

식물의 정신세계
식물의 사고력, 감각와 정서, 초감각적 지각의 세계/피터 톰킨스 외 지음/황정민 외 옮김

동물은 무엇을 생각하는가
의식적이고 효율적으로 사고하는 동물의 정신세계/도널드 그리핀 지음/안신숙 옮김

장미의 부름
시를 쓰고 우주와 교신하는 식물의 신비로운 세계/다그니 케르너 외 지음/송지연 옮긴

동물도 말을 한다
동물은 무엇을 생각하고 어떻게 느끼는가? 텔레파시로 전해 듣는 동물의 세계/소냐 피츠패트릭 지음/부회령 옮김

【점성·주역·풍수】

인간의 점성학
점성학의 가장 기본이 되는 인사점성학의 결정판. 천궁도 작성CD 포함/유기천 편저

주역의 과학과 道
음양으로 풀어보는 우주와 인간의 비밀/이성환 · 김기현 공저

알기 쉬운 역의 원리
원리를 모르면 외우지도 말라! 주역, 음양오행, 사주명리의 길잡이/강진원 지음

알기 쉬운 역의 응용
독자 스스로 자신에게 필요한 오행을 찾게

하는 종합 생활역학 실용서/강진원 지음
역으로 보는 동양천문 이야기
하늘, 땅, 사람을 아우르는 제왕의 학문인 동양천문학의 소중한 입문서/강진원 지음

【종교·신화·철학】

달마
오쇼가 특유의 날카로운 시각으로 강의해설한 달마어록/오쇼 강의/류시화 옮김
성서 속의 붓다
세계적인 비교종교학자 로이 아모르가 명쾌하게 밝혀낸 불교와 기독교의 본질과 상호 영향관계/로이 아모르 지음/류시화 옮김
알타이 이야기
알타이 사람들이 입담으로 전해주는 그들의 신화, 전설, 민담들/양민종·장승애 지음
샤먼 이야기
기발한 착상과 색다른 세계관이 가득한 샤먼 세상으로의 여행/양민종 지음
창조신화
인간과 우주의 기원에 관해 신화의 종교와 과학이 알고 있는 모든 것/필립 프런드 지음/김문호 옮김
어느 관상수도자의 무아체험
다 비워버린 내 안에서 만난 하느님! 40여 년 동안 관상기도를 해온 저자의 체험과 깨달음/버나뎃 로버츠 지음/박운진 옮김
성전기사단과 아사신단
유럽과 중동의 중세 역사에 한 획을 그은 두 신비주의 비밀결사의 진실이 밝혀진다. / 제임스 와서만 지음/서미석 옮김

【환생·예언·채널링】

전생여행
전생의 기억을 되살려 환자를 치료해온 김영우 정신과원장의 치료 사례집/김영우 지음
나는 환생을 믿지 않았다
두 번의 임사체험을 통해 들여다본 삶의 비밀과 인류의 미래/브라이언 와이스 지음/김철호 옮김
죽음 저편에서 나는 보았다
죽음의 문턱까지 갔다가 되돌아온 저자의 생생한 임사체험 보고/대니언 브링클리 지음/김석희 옮김
세계의 미스터리, 비밀을 벗다
세상의 모든 불가사의에 대한 도발적 질문과 충격적 해설/실비아 브라운 지음/김석희 옮김
죽기 전에 알아야 할 영혼 혹은 마음
수호령, 천사, 유령, 소울메이트 등 우리와 늘 함께하는 영혼들의 이야기/실비아 브라운 지음/박윤정 옮김

【비총서 - 소설】

마니
의사이자 화가, 예언자이자 마니교의 창시자였던 마니의 일생을 그린 작품/아민 말루프 지음/이원희 옮김
타니오스의 바위
19세기 격동하는 세계정세에 휘말린 한 마을의 역사를 신화적으로 그려낸 아민 말루프의 대표작/아민 말루프 지음/이원희 옮김
사마르칸트
11세기 페르시아를 풍미했던 철학자이자 수학자이며 시인이었던 오마르 하이얌의 파란

세상으로의 여행/양민종 지음

참사람부족의 메시지
고대로부터 전해진 호주원주민의 지혜로 현대인의 영혼을 치유하는 소설/말로 모건 지음/도솔 옮김

그대, 여신이 되기를 꿈꾸는가
고대 그리스 여성의 일상 속으로 떠나는 고고학자의 시간여행!/우성주 지음

영혼의 거울
인간의 육체와 심령을 정밀하게 해부한 수십 폭의 그림 속으로 떠나는 환상여행!/알렉스 그레이 지음/유기천 옮김

동물도 말을 한다
동물은 무엇을 생각하고 어떻게 느끼는가? 텔레파시로 전해듣는 동물의 세계/소냐 피츠패트릭 지음/부희령 옮김

마법사 프라바토
실존했던 20세기 최고의 마법사, 프란츠 바르돈의 자전소설/프란츠 바르돈 지음/조하선 옮김

비르발 아니면 누가 그런 생각을 해
지혜로 가득한, 인도우화의 가장 빛나는 보석/이균형 엮음/정택영 그림

인도네시아 명상기행
인도네시아 섬 누스타리안, 그곳에서 일어나는 자연과 치유, 원시의 이야기/라이얼 왓슨 지음/이한기 옮김

하타요가와 명상
요가 아사나의 상징·비밀·은유의 세계/스와미 시바난다 라다 지음/최정음 옮김/정강주 감수

행복한 아이 성공하는 아이
상담전문가 윤종모 교수의 자녀교육 특강/윤종모 지음

여자, 혼자 떠나는 세계 여행
'나홀로 여성' 스물두 명의 지구촌 여행/탈리아 제파토스 외 지음/부희령 옮김

암이 내게 행복을 주었다
암으로부터 살아돌아온 사람들, 그 기적 같은 치유의 기록/가와다케 후미오 지음/최승희 옮김/기준성 감수

내 운명 내가 바꾼다
김영국 교수의 그림첨면! 가만히 보는 것만으로 운명을 바꿀 수 있다/김영국 지음

창조신화
인간과 우주의 기원에 관해 신화와 종교와 과학이 알고 있는 모든 것/필립 프렌드 지음/김문호 옮김

세계의 미스터리, 비밀을 벗다
세상의 모든 불가사의에 대한 도발적 질문과 충격적 해설!/실비아 브라운 지음
김석희 옮김

명당의 원리
잃어버린 우리의 정신문명, 그 명당의 원리가 처음 밝혀진다/덕원 지음

나는 왜 아버지를 잡아먹었나
자기들의 진화 문제를 놓고 고민한 '원시인들 이야기'/로이 루이스 지음/김석희 옮김

붓다의 러브레터
조건 없는 사랑을 체계적으로 길러내는 자애명상 실천서/사론 살스버그 지음/김재성 옮김

사람을 살리는 사혈요법
피가 맑으면 모든 병이 물러난다. 사혈요법의 원리와 실제 치료의 모든 것!/양태유 지음

옮김

그대 여신이 되기를 꿈꾸는가
고대 그리스 여성의 일상 속으로 떠나는 고고학자의 시간여행/우성주 지음

비르발 아니면 누가 그런 생각을 해
황제 아크바르와 신하 비르발이 지혜를 겨루는 우화 54편/작자 미상/이균형 옮김

그대, 여신이 되기를 꿈꾸는가
고대 그리스 여성의 일상 속으로 떠나는 고고학자의 시간여행!/우성주 지음

영혼의 거울
인간의 육체와 심령을 정밀하게 해부한 수십 폭의 그림 속으로 떠나는 환상여행/알렉스 그레이 지음/유기천 옮김

인도네시아 명상기행
인도네시아 섬 누스타리안, 그곳에서 일어나는 자연과 치유, 원시의 이야기/라이얼 왓슨 지음/이한기 옮김

행복한 아이 성공하는 아이
상담전문가 윤종모 교수의 자녀교육 특강/윤종모 지음

세상 속에 뛰어든 신선
소설《단》의 실제 주인공 봉우 권태훈 선생의 개인적, 사회적 행적과 일화 모음집/정재승 지음

바이칼 한민족의 시원을 찾아서
각계의 전문가들과 여행자들의 바이칼 현지 답사를 통한 한민족의 뿌리 찾기/정재승 지음

그대를 위한 촛불이 되리라
스스로를 무식한 영웅이라 칭하는 음양식 사법의 창안자 이상문 선생이 숨김없이 밝히는 자신의 수행과정/이상문 지음

세계를 이끌어갈 한국 · 한국인
새롭게 한반도를 진원지로 하여 펼쳐질 생명문화의 모습과 한민족과 한반도에 부여된 21세기의 사명/이상문 지음

여자 혼자 떠나는 세계여행
'나홀로' 여성 스물두 명의 지구촌 여행기/탈리아 제파토스 외 지음/부희령 옮김

오리에게
순수에 바치는 아름다운 잠언/마이클 루니그 지음/박윤정 옮김왓슨 지음/이한기 옮김

인도네시아 명상기행
인도네시아 섬 누스타리안, 그곳에서 일어나는 자연과 치유, 원시의 이야기/라이얼 왓슨 지음/이한기 옮김

초인들의 삶과 가르침을 찾아서
인류에게 진리의 빛을 던져주는 불멸의 초인들, 그들이 펼치는 기적의 초인생활/베어드 T. 스폴딩 지음/정창영 · 정진성 옮김

도시 남녀 선방가다
선 수행와 연인들의 사랑을 접목시킨 21세기 사랑의 기술/브렌다 쇼샤나 지음/부희령 옮김

세계 명상음악 순례
영적으로 가장 고양된 상태의 음악, 명상음악에 대한 개론서이자 에세지/김진묵 지음

말리도마
문명에 납치된 아프리카 청년 말리도마가 태초의 지혜를 되찾아간 생생한 기록/말리도마 파트리스 소메 지음/박윤정 옮김

라마크리슈나
노벨문학상에 빛나는 로맹 롤랑이 집필한 인도의 대성자 라마크리슈나 일대기/로맹 롤랑 지음/박임, 박종택 옮김

마음의 불을 꺼라
현대 사회의 문젯거리가 되고 있는 일상의 분노와 상처에 대처하는 능력을 키운다/브렌다 쇼샤나 지음/김우종 옮김